# 俄罗斯问题研究
（2011）

Исследования по России

中央编译局俄罗斯研究中心
主　编／徐向梅
副主编／王秋文

中央编译出版社
Central Compilation & Translation Press

《俄罗斯问题研究（2011）》

主　　编：徐向梅
副主编：王秋文
顾　　问：李兴耕　郑异凡　杨金海
编委会成员：王秋文　王新颖　刘敏茹
　　　　　　高晓惠　徐元宫　徐向梅

目 录

序　言 / 李兴耕 / 001

政党·政治 / 001

与弗拉基米尔·普京对话 / 徐向梅 摘译 / 003

梅德韦杰夫与俄罗斯三大电视台领导的对话 / 刘敏茹 摘译 / 009

俄罗斯总统在2011年达沃斯论坛上的讲话 / 彭晓宇 摘译 / 015

俄罗斯总统梅德韦杰夫记者会 / 彭晓宇 编译 / 021

苏尔科夫与俄罗斯主流意识形态 / 李兴耕 / 032

俄罗斯三月地方选举初步结果 / 李兴耕 / 036

公正俄罗斯党第五次代表大会综述 / 李兴耕 / 039

普京政府工作报告新看点 / 王秋文 / 044

普京组建全俄人民阵线 / 高晓惠 编译 / 049

梅德韦杰夫的"第三条道路" / 阿尔季安·巴伯斯坦 著　黄登学 编译 / 053

梅德韦杰夫的民主与自由价值观 / 陆南泉 / 059

俄罗斯媒体评公正俄罗斯党的衰落 / 李兴耕 / 066

俄罗斯政党的最新变动 / 塔·斯坦诺娃娅 著　高晓惠译 / 071

民主已经成为一个全球性的争议话题
　　——《民主与现代化——有关21世纪挑战的争论》
　　　　　　　　　　　　中译本序言 / 俞可平 / 076

多民族社会的民主制度
——第八届中俄经济社会发展比较论坛国际学术
研讨会纪要 / 徐向梅 整理 / 079

俄罗斯与欧盟关系发展现状 / 马细谱 / 088

专题：俄罗斯杜马选举 / 095

俄罗斯杜马选举简介 / 高晓惠 / 097

统一俄罗斯党的竞选纲领 / 彭晓宇 编译 / 099

俄罗斯共产党怎样为大选做准备 / 徐元宫 / 105

公正俄罗斯党如何准备杜马选举 / 高晓惠 / 111

俄罗斯自由民主党的竞选纲领 / 高晓惠 编译 / 114

社会经济透视 / 119

没有苏联的二十年
——俄罗斯的经济社会与民生 / 徐向梅 / 121

俄罗斯现代化的目标及其现实矛盾 / 田春生 / 127

俄罗斯政府抵御危机的建设性和
破坏性政策措施 / 米·弗·罗曼诺夫斯基等著 童 伟 译 / 132

俄罗斯民意调查发展特点 / 徐向梅 / 138

在各种现代化方案中选择我们的制度 / 维·坦博夫采夫 著 彭晓宇 译 / 144

对当前推进中俄经贸合作的几点思考 / 陆南泉 / 149

俄罗斯的经济发展与现代化 / 弗·伊诺泽姆采夫 著 李铁军 译 / 154

俄罗斯经济20年 / 瓦·法捷耶夫 著 李铁军 译 / 157

圣彼得堡国际经济论坛成就及其评析 / 徐元宫 / 160

圣彼得堡国际经济论坛未履约的合同 / 彭晓宇 摘译 / 166

俄罗斯人口状况对经济发展的影响 / 王秋文 / 169

1995—2010年间俄罗斯规范价值体系的发展变化 / 彭晓宇 编译 / 175

目 录

中东欧与中亚观察 / 183

    2010年中东欧国家选举述评 / 高 歌 / 185

    中东欧国家左翼政党缘何失势 / 高 歌 / 189

    中东欧共产党关于共产党基本理论的认识 / 马细谱 / 194

    中东欧政治体制转轨20年的得与失 / 马细谱 / 199

    2011年中亚形势回顾与展望 / 赵会荣 / 204

历史之窗：苏联解体20年 / 211

    有关苏联剧变问题研究的几点思考 / 陆南泉 / 213

    苏联崩溃与地缘政治 / 郑异凡 / 219

    苏联解体的原因和教训

        ——应该关注的视角 / 徐向梅 / 223

    俄罗斯政界如何评价戈尔巴乔夫 / 张盛发 / 228

    俄罗斯有关1991、苏联解体和戈尔巴乔夫的民意调查 / 徐向梅 编译 / 234

    关于苏联解体：你所了解的一切都是错的 / 列昂·阿伦 著

                                        赵铁铸 编译 / 237

    苏东剧变多米诺骨牌效应何以会发生 / 徐元宫 / 243

    苏联联邦制的问题与缺陷 / 刘显忠 / 249

    二十年后看戈尔巴乔夫 / 彭晓宇 编译 / 254

    未完成的革命

        ——匈牙利学者对1989年剧变等问题的再认识 / 黄立茀 刘 凡 / 258

    《20世纪俄国史》前言 / 安·波·祖波夫 著 郑异凡 译 / 262

中央编译局俄罗斯研究中心简介 / 265

序 言

俄罗斯是世界上幅员最为辽阔的国家，也是我国最大的邻邦。两国之间已有400多年的交往，相互产生着巨大影响。我国学术界一贯重视对俄罗斯历史和现状的研究，尤其是对苏联在20世纪兴衰成败的过程展开全面深入的探讨，力图从中吸取有益的经验教训。目前中俄建立了"平等互信的全面战略协作伙伴关系"，这是两国关系史上的最好水平。在这样的形势下，进一步加强对俄罗斯问题研究的深度和广度，不仅有助于中俄两国相互了解和相互借鉴，而且对建设中国特色社会主义伟大事业具有现实意义。

中央编译局俄罗斯研究中心成立于1999年11月，正值世纪之交俄罗斯政局出现重大变化之际。2000年3月普京当选总统，标志着俄罗斯从"叶利钦时代"进入"普京时代"。在这样的背景下，中央编译局俄罗斯研究中心于2000年4月创办了不定期内部刊物《俄罗斯研究信息》，介绍俄罗斯以及东欧、中亚地区后社会主义国家的政治、经济、外交、社会、文化等方面的最新发展动态，这些国家政治经济发展、体制改革、政党制度演变、社会思潮的新动向，国内外学者对俄罗斯历史和现状的重要研究成果，以及对苏联兴衰的经验教训的评述，译介新出台的重要政策法规、新解密的历史文献档案以及各种出版信息，供有关部门及研究人员参阅。为这个刊物撰稿和提供资料的除了我局的研究和翻译人员外，还有国内外学术研究机构及高校的专家学者和翻译工作者。本刊于2000年出版了5期，后因经费问题中断，2010年在中央编译局社科基金和东方历史学会（北京）

的资助下复刊,在 2010—2013 年间共出版 34 期。《信息》内容丰富、资料扎实,时效性和学术性强,受到了中央有关部门、学术机构、研究人员和读者的好评,许多文章被国内众多报刊引用或转载。为满足读者的需要,中央编译局俄罗斯研究中心决定把 2010—2013 年的《俄罗斯研究信息》所发表的文章和信息资料予以精选、结集,每年一本,共 4 本,由中央编译出版社正式出版。

4 本文集的内容涉及当代俄罗斯发展的两个重要阶段:一个阶段是 2010 年至 2011 年,它是发端于 2008 年的"梅普组合"的继续;另一个阶段是 2012 年至 2013 年,从"梅普组合"转到"梅普易位",进入"新普京时代"。

普京在其执政 8 年(2000—2008 年)间,励精图治,扭转了叶利钦时代的混乱局面,促使俄罗斯逐步走上复兴之路,赢得了民众的赞扬。2008 年普京的两届总统任期结束后,全力支持梅德韦杰夫接任总统,自己任总理,形成了"梅普组合"的政治局面。2012 年普京第三次出任总统,掌握了实现其"给我 20 年,还你一个强大俄罗斯"诺言的有力杠杆。

在 2010—2013 年这 4 年间,俄罗斯经济经历了曲折的发展过程。从 2008 年下半年开始的国际金融危机使俄罗斯遭到重创,导致国民经济在 2009 年大幅下降。俄政府采取了一系列反危机措施,获得了一定成效,使俄经济在 2010—2011 年出现恢复性增长,增长率达到 4% 左右。但是,由于经济增长主要依靠石油天然气等能源出口,受多种外部因素的制约,基础比较脆弱。2012 年经济增长速度开始减弱,2013 年增速只有 1.3%。俄经济发展部在 2013 年 11 月份公布的俄罗斯 2013—2030 年经济社会发展预测,保守估计平均年增长率只有 2.5%。尽管这几年俄罗斯遇到不少困难,但总体上仍保持了稳定发展,各项建设取得了很大成就。俄官方统计,2012 年 GDP 总额按平均名义汇率突破 2 万亿美元,人均 14000 美元,2013 年在此基础上略有增长。2012 年 8 月,经过长达 18 年的努力,俄罗斯在得到世界贸易组织第八届部长级会议批准并完成各项法律手续后终于正式成为世界贸易组织成员国。

梅德韦杰夫在其执政期间提出了国家"全面现代化战略",包括经济现代化和政治民主化。在经济现代化方面,强调发展"智慧型经济",建立以现代最新技术为基础的经济结构,实现科技创新。在政治民主化方面,强调国家的现代化必须在民主价值和机制的基础上进行,提出并实施了一系列有关反对腐败、精简机构、推进司法改革、改革政党体制和选举制度的建议和法律。

普京重返克宫以来,进一步展开了全面的综合性改革:在经济方面,调整经济结构,发展多元化经济,改变过分依赖能源出口的状况,大力发展新兴技术、新兴产业,发展创新经济,实施稳健的财政政策,改善社会保障体制,推行有限度的私有化政策;在政治方面,继续推进反腐败斗争,进一步实施政党制度和选举制度改革,修改关于集会、示威和抗议,关于互联网,关于非营利组织的法律,加强对公共政治空间的控制,维护社会稳定。俄国家杜马通过并经普京签署公布了禁止各级公务员、军人及其配偶在境外的外国银行拥有或开设账户、拥有或购买不动产、购买或持有外国公司有价证券的法案,以及关于俄政府官员及其家庭成员必须申报财产收入的法律修正案。普京在2012年12月发表的国情咨文中强调,"选择俄罗斯式的民主是俄罗斯人民的权力。"他指出,"执政党、政府、总统可以更换,但不应动摇国家和社会的基础,不能中断国家发展的连续性。"

在2010—2013年这4年间,俄罗斯政党格局发生了不少变化。俄司法部批准了一大批新政党的登记。到2013年年底,获准登记的政党达到75个。尽管获准登记的政党很多,但在国家杜马中仍然只有4个政党:统一俄罗斯党是实际的执政党,俄共、自由民主党、公正俄罗斯党则是议会反对党。它们具有不同的意识形态:统俄党主张"俄罗斯保守主义",俄共提出"21世纪社会主义",公正俄罗斯党倾向于社会民主主义,自由民主党则鼓吹民族主义、民粹主义和自由主义。从2011年12月国家杜马选举以来,反对派发动了一系列游行示威和抗议集会,抗议选举舞弊,反对普京和统一俄罗斯党。普京采取了软和硬两种手段应对这一局面,一方面降低政党登记门槛,批准大批新党注册,同意与反对派领导人举行对话,加强"全俄人民阵线"运动;另一方面对组织非法街头抗议活动的头面人物的违法行为提出诉讼并给予罚款或监禁处罚。在2013年9月举行的地方选举中出现了引人注目的事件。例如:在莫斯科市市长选举中,原普京总统办公厅主任、莫斯科市长索比亚宁以51.37%得票率当选,反对派领导人之一纳瓦利内作为俄人民自由党候选人获得27.24%选票,居第二位,俄共候选人梅利尼科夫获得10.69%选票,排名第三。在叶卡捷琳堡市长选举中,罗伊兹曼作为亿万富翁普罗霍罗夫建立的公民纲领党候选人当选市长,击败了统俄党候选人西林。今后也许会有更多反对党进入议会,但总体看来,俄罗斯仍将保持统俄党"一党独大、多党并存"的政党格局。

在外交政策方面,"梅普组合"和"梅普易位"两个阶段之间既有继承性,又有差异性。其总的目标是加强俄罗斯在世界上的大国地位,维护其政治、经济、军事、文化的安全和利益。二者都致力于实现"独联体"一体化,反对北约东扩,巩固和发展与中国、印度的关系,提高"上合组织"和"金砖国家"在国际事务中的作用。在"梅普组合"阶段,美国曾宣布"重启"俄美关系,两国关系略有好转。2010年4月俄美签署了削减进攻性战略武器条约。2012年"梅普易位"后,俄美关系逐渐恶化,争执不断,在中东、叙利亚等问题上处于对立状态。俄力图通过举办2012年符拉迪沃斯托克APEC峰会和2013年圣彼得堡20国集团峰会的机会显示自己的实力,扩大国际影响。俄罗斯外交部网站2013年2月18日公布了由总统普京批准的新的《俄罗斯联邦外交政策构想》,确定了俄罗斯外交的四大优先方向,其中把发展同中国和印度的友好关系视为俄罗斯外交政策的最重要方向之一,宣称要继续增进与中国"平等互信的全面战略协作伙伴关系",要求美国作出其反导系统不针对俄罗斯核威慑力量的法律保证,遵守包括不干涉他国内政原则在内的国际法准则。

在2010—2013年这4年间,中俄学者对苏联解体的原因教训、苏东剧变后东欧中亚各国的转型问题进行了深入研究和探讨,举办了一系列学术研讨会,撰写并出版了许多论文和专著，提出了各种不同见解，对正确认识这些问题具有重要的借鉴意义。本刊对这些成果作了大量报道，可供读者参考研究。

我相信，4本《俄罗斯问题研究》文集的出版将为读者提供丰富的具有重要理论价值和现实意义的学术资料，有助于加深对俄罗斯、东欧和中亚问题的了解，为进一步推动我国在这一领域的研究作出贡献。

最后，我作为曾经参与本刊创办的一名老编辑，要借此机会对各位撰稿人以及编辑出版人员表示真诚的谢意！向所有给予我们支持和帮助的读者致以衷心感谢！

李兴耕

2013年岁末

政党・政治

政党·政治 ▶▶▶

与弗拉基米尔·普京对话

徐向梅 摘译

2010年12月16日,俄罗斯联邦政府总理普京通过电视、广播和因特网与俄罗斯百姓直接对话,这是普京担任总统和总理以来第九次在年终与国民直接对话,因而这次直播节目被命名为:《与弗拉基米尔·普京对话——续》。在长达4小时26分钟的连线中,普京总共回答了90个问题,其中31个问题是普京自选的,其余是主持人随机选择的,内容涉及经济、社会、政治、司法、安全和打击恐怖主义等很多方面。在此选择一些重要或有意思的对话摘译如下。

提问:我们不得不谈论危机话题已经是第三个年头了。我们似乎有点摆脱出来了,一方面,工业包括汽车工业缓过气来,油价已经接近90美元一桶,卢布坚挺而稳定;但同时,预算仍然赤字,价格上涨,药品、食品和住宅税费都变得昂贵起来。什么时候不光是经济,普通人也能感觉到,那些最坏的日子已经过去了呢?

普京:我这样理解,这是建议我们对即将逝去的一年进行总结。

当然,我们应该进行总结,照例如此。有最新的数据。讲去年的结果很难。体现国家经济工作效率的主要指标是国内生产总值的增长或者下降,这代表我们经济的整体规模。

去年由于世界金融经济危机我们的经济总量严重缩水,甚至比其他国家还要严重——GDP下降了7.9%。2011年出现了积极的趋势,增长了大约4%,准确说是3.8%。当然了,这不如中国,但是比欧洲国家和美国好。这是主要的基本的指标，值得肯定。

第二方面，去年我们的工业下滑严重，超过9%，达到9.8%，而2011年增长了8%多。这还不能抵补去年全部的下滑，但已经接近了——工业生产将增长8.5%—8.6%。

去年农业增长不多，大约1.4%，但2011年，大家都知道，由于干旱，没有收成，导致农业生产出现严重下降，降幅将达到9.9%。前年粮食收获1.08亿吨，去年9800万吨，2011年只有6050万吨。这是极严重的下降。不过为了支持和保护农业的发展趋势，我们采取了有力的措施。我不怀疑，这些措施都将付诸实施。

去年固定资本投资下降，现在已经转入增长。

这些经济动态反映到社会指标上怎么样呢？我想强调，尽管扣除通货膨胀，去年实际工资下降了3.5%，但居民实际收入总体上还是有所提高，提高了2个多百分点。2011年实际工资也提高了4.2%。

居民总体实际收入相应提高指的是退休金的实质性增长。去年增长了24%。这是相当可观的增长。而2011年又增长了44.9%。原来是5333卢布，现在是7800卢布，甚至更多。我们没有让退休者生活在贫困中。

顺便说说贫困的范围。从全国来说生活在贫困线以下的人数减少了，去年贫困人口占总人口的13.1%，2011年是12.5%。这是多还是少？您知道，这是良好的指标。

我想提醒大家，2000年的时候俄罗斯生活在贫困线以下的人口占29%，大约有4500万人。

总的来说，即将结束的这一年整体上是令人满意的。

提问：我们什么时候才能恢复到危机前的生活水平？

普京：我觉得人们应该已经感觉到某种改善的趋势。你们看，我们在去年有620万失业人口，而2011年失业减少了，就是说创造了新的工作岗位，或者是恢复了原有的工作岗位，总计120万个。这是很好的指标，甚至是非常满意的指标。

我希望，人们能感觉到，有什么东西在变好。

不过从国家整体上说，只有当经济总量完全恢复到危机前2008年的水平，才能谈论人们对工资增长的感觉和劳动力市场的总体复苏。

对我国GDP何时能恢复到危机前水平，专家们有各种不同的估计，一些人认为要到2012年底，另一些人认为到2011年底。我认为取中间值比较合适，就是说到2012年上半年我们应该恢复到危机前的水平。

提问：就是说2011年将是个"转折"？

普京：我觉得，转折已经发生。你们看，去年GDP下降了7.9%，而2011年增长了3.4%[①]。总体趋势明显带有转折性质。主要的是这个趋势应该得到保持。

提问：弗拉基米尔·弗拉基米罗维奇，您向来支持企业，最近的经济危机表明，许多实业家正是因为您的支持才获得了贷款。您强调这不是礼物。那么请问，他们偿还这些贷款了吗？

普京：这个问题提得很有必要。我们把很多钱通过各种渠道用于支持实体经济部门。但是如果说到"诺里尔斯克镍业"以及其他同类企业，我们通过了专门的法律，实际上从国家黄金外汇储备中拨出110多亿美元，通过我们的国有发展与对外经济活动银行（以下简称"外经银行"）贷款给这些大公司，用于重组其对西方债权人的债务。我们试图避免、也避免了出现这样的情况，即在企业资本总额下降陷入困境需要补仓时面临着将自己的资产抵给西方银行的威胁。因为这是战略性资产，我们不希望发生这样的事情。我们提供钱给这些企业，让他们偿还外国银行贷款，转而从我们借贷。我们为此通过外经银行划拨了115亿美元。目前所有的资金都已经偿还了。这是我们支持的第一个方向。

顺便说一句，外经银行不只是把钱还给了中央银行，还在这些业务中净赚了4亿美元。就是说它从这些公司还获得了利息。

我们支持的第二条线是实体部门。我们从国家福利基金中划拨了1750亿卢

[①] 此处原文有误，前文为3.8%。

布给外经银行，用以支持俄罗斯公司股票市场。外经银行直接赎买俄罗斯公司的股票，并稳定了局势。此后，经过短暂的稳定后这些股票开始上涨。外经银行在这项业务中赚到1000亿卢布。这笔钱中的500亿卢布用于大的国家投资计划，包括索契冬奥会建设项目；500亿卢布用于降低抵押贷款利率——这是成功的举措，现在国内抵押贷款利率平均为11%。这不是用于这个目的的全部资金，但500亿来源于此。所有这些资金都提前还给了国家福利基金。

提问：我有一家小商铺，我和我的三个合伙人，她们其中一个是多子女的母亲，一个是单身妈妈，我们一起工作了6年……现在社会税提高2.4倍，这会压垮我们的……

普京：这是个沉重的问题。的确，将统一社会税从14%调高到34%，这是一个重大的举措，是大的跳跃，对企业特别是小企业而言是沉重的负担。我们计划实施这一举措是在2011年初，但提高税率从明年初开始执行。为什么这么安排呢？我们制定了退休金制度和医疗保健制度改革的庞大计划。2011年退休金提高了44.9%，明年计划在医疗保健方面有巨大的支出，这是整个现代历史上最大的支出：在最近两年间将支出4600亿卢布。自然，钱不会凭空获得，我们不得不提高社会税。但也不是所有企业部门都提税这么多，我们将中小企业进行分类，对那些创新性企业、生产性企业和社会服务类企业只提高到26%。那么提高哪部分小企业的税收呢？主要是从事不动产业务、有价证券业务和贸易部门的小公司。

我很遗憾，我们实在是别无选择。

但是我们不是要毁掉这类企业，它们也是重要和必需的，因此我们应该通过消除严重的行政掣肘和腐败障碍来减轻企业的负担。据专家评估，如果这折算成钱的话，可以减轻企业大约6%的负担。其次，我们当然应该创造最有利的条件提高竞争力，为此可以引进并尽快有效地使用新设备。因此需要继续下调进口关税。当然，我们还将研究支持所有中小企业发展的其他可行方案。

提问：卢日科夫为什么被解职？

普京：我已经解释过，做出这个决定是因为在莫斯科市长和总统之间发生了冲突。我再重复一次，在我们当代体制下总统有权直接领导州长，而州长们是他的属下。每一位州长都应该以适当的方式摆正与自己领导人的关系。

提问：您从前的副手谢尔盖·索比亚宁担任莫斯科市长一职，这不过分吗？

普京：新市长上任后着手整顿秩序，我对其工作的细节不了解，现在还不准备作出评论。我早就知道他，因为是我选择他出任总统办公厅主任的——他正是作为总统办公厅主任和我一起工作了几年。但在此前我根本不熟悉他。他跟我的出生地圣彼得堡以及我工作过的安全机关没有任何关系。他是一个卓有成效的地方长官和州长，我当年选择他担任总统办公厅主任首先是因为他的个人品质和工作能力。他在联邦委员会工作过，领导地方成绩显著，是总统办公厅的优秀管理人，他有在全国层面和地方工作的经验。俄罗斯的首都正需要一位这样的市长。

提问：您认为霍多尔科夫斯基坐这么多年牢是公正的吗？

普京：我认为小偷就应该坐牢。按照法庭对霍多尔科夫斯基的裁决，他犯有侵吞国家财产罪，且数额相当巨大。我们不妨看看其他国家的做法，美国的麦道夫先生因为类似的罪名被剥夺自由150年。

提问：涅姆佐夫、雷日科夫和米洛夫等人到底想要什么？

普京：金钱和权力，除此以外他们还能想要什么？他们在20世纪90年代与别列佐夫斯基以及那些目前被关在牢里的人一起窃取了数十亿的资产。现在他们被从能捞到大把油水的地方赶走了，钱也花得差不多了，自然想回来充实自己的口袋。但是，如果我们允许他们这么干，几十亿已经难填欲壑，他们会把整个俄罗斯都卖光。

提问：什么时候俄罗斯会出现这样一种理念，人们值得为它生活和创造？

普京：我认为，为了孩子，为了孙子，为了俄罗斯，为了我们的祖国而生活和创造总是值得的，在现在和将来都值得。此外，还能为了什么呢？

提问：您在我们面前感觉到惭愧吗？

普京：不，我不觉得惭愧。

应该说，很多事情大概可以做得更好，从经济合理性的角度可以更有效。

我们说，在危机发生的时候可以也需要出于经济安全的考虑开辟更残酷的卢布贬值的通道，而不是在几个月的时间里坐视投机者偷光我们的黄金外汇储备。从经济合理性的角度可以也需要这么做，但这就像1998年那样的休克，国民一觉醒来发现他们的积蓄都蒸发了。就为了给人们适应形势变化的机会，我们履行了承诺——不允许休克疗法。许多事情可以不那样做，但结果也就是另一个样了。

提问：将来国家会发生什么样的变化？

普京：将来，毫无疑问，我们将克服世界金融经济危机的后果，按照俄联邦2020年前发展纲要所阐述的那些计划发展，有些计划我们已经制定到2030、2035年。我相信，这些计划中没有什么是我们实现不了的，如果我们能一如既往地团结一致、负责任和卓有成效地工作。

提问：当您和俄罗斯总统都睡觉的时候，谁管理国家？

普京：我们轮流睡觉，不用怀疑，一切都在控制之中。

对民众普遍关心的住房公用设施改革，普京强调，明年住房和公用设施领域税费涨幅不会超过13%。普京谈到2011年预算赤字只有3.5%—3.8%，这个指标比预期的6.8%好很多，也比许多发达市场经济国家好很多。普京说2011年通货膨胀8.5%，是历史上最低值。

对莫斯科等地最近爆发的种族骚乱，普京指责执法部门事先未能给予足够重视。他表示，政府将严厉打击各种形式的极端主义，秩序应该存在且必须得到维护，国家是为保证大多数人的利益而存在。普京在谈话中证实俄罗斯间谍被美方逮捕确系叛徒出卖，并充分表达了自己对叛徒的憎恶。有些老百姓趁着有幸获得的跟总理通话的机会要求普京祝贺自己女儿的诞生或者出嫁，普京都给予了满足。

资料来源：

http：//premier.gov.ru/events/news/13427/.

译者单位：中央编译局俄罗斯研究中心

梅德韦杰夫与俄罗斯三大电视台领导的对话

刘敏茹 摘译

2010年12月24日,俄罗斯总统梅德韦杰夫参加电视直播"俄罗斯总统年终总结",他在节目中接受了三家俄罗斯国家级电视台领导人——第一频道康斯坦丁·恩斯特、俄罗斯电视台奥列格·多布罗杰耶夫和独立电视台弗拉基米尔·库利斯季科夫的采访。在访谈中,梅德韦杰夫对2010年俄罗斯内政外交状况进行总结。现择其部分观点编译如下。

康·恩斯特: 德米特里·阿纳托利耶维奇,每个人回忆即将过去的一年,都会闪现出一些永远难以忘怀的印象,2010年的哪些事件使您印象深刻?

梅德韦杰夫: 我想提出五个大家普遍认为具有特殊意义的事件。

第一,这是一个长期的,但对所有人来说都非常重要的事件,即我们走出了全球经济危机。2011年经济停止下滑,已经开始增长和发展。当然,还存在困难、问题和不足,但即使如此,这已经是相当平稳的增长。国民生产总值增长了近4%。这种增长的确不合乎我们的标准,但其中还是有我国经济现代化和生活现代化因素的作用。

第二,同样非常重要的是我们对儿童问题和俄罗斯的人口发展问题有了新的认识。我在2011年的国情咨文中特别选择了这个重要而专业的主题,并提出了一整套措施。但我认为,这还远远不够,我们还要努力完善这些制度和措施。在任何情况下,这一问题都是社会发展的中心环节。在对待孩子的问题上如果没有正确的政策,我们就没有未来。

第三个极其重要且至今难忘的事件是2011年夏天让全国震撼的复杂气候、

火灾和异常天气现象。当时形势极为严峻,对民众的心理和身体以及我国的经济都造成了影响。因此,我们的发展速度有所减缓,一些产品出现短缺。这无疑是非常严重的事件,特别是还造成了人员伤亡。

还有一个我认为非常重要的问题,即安全问题。尽管国内的安全形势无疑非常重要,但我们所理解的安全并不仅限于此,还要包括全球安全。2011年因一个重大事件而引人注目,我们与美国人终于签署了最重要的限制进攻性战略武器条约。当然,这一文件有可能是未来几十年保障世界和欧洲大陆安全的最重要基石。令人高兴的是,我们正在推动该文件的批准进程。

当然,我还不能不提到卫国战争胜利65周年。无疑,这对于我们来说是一个特殊的日子,是使我们成为俄罗斯公民的日子,是使我们成为现代人的日子,但同时,也让我们不会忘记过去。

我提出的上述五个事件可能是最重要、最复杂的。当然还有其他一些事件,例如,我们开展了改进执法行为、惩治犯罪、完善关于执法机关活动的法律等工作,这都是很重要的。

弗·库利斯季科夫:德米特里·阿纳托利耶维奇,关于进攻性战略武器,我很喜欢在卡特和克林顿执政年代欧·亨利在《白菜与国王》中写的一句话:"那一年民主党人总统上台对美国来说是一个特别的不幸。"奥巴马也是民主党人,但他完全不同,非常棒,他迫使国会批准了这份关于进攻性战略武器的文件。请问为何昨天您与他通话很晚,难道他去庆祝条约获得批准吗?

梅德韦杰夫:不,他去休息了。他像普通人一样有权利休息。我同意您的看法,他的确很优秀。他能够在极为复杂的条件下迫使国会批准这份最重要的进攻性战略武器的文件,我认为这是未来一些年两国安全的基础。

总体来讲,我与奥巴马总统合作愉快,他是善于倾听的人,是不会为任何陈规所束缚的人,他是一个基本上能符合这样一个条件的人(或许,对于政治家来说这是最重要的):他能履行承诺——无论是进攻性战略武器条约问题、世界贸易组织问题,还是批准一个非常重要的核能合作协议,或是处理国际问题。

弗·库利斯季科夫:德米特里·阿纳托利耶维奇,明年他的工作不会如此顺利，毕竟11月中期选举失利给他造成很多困难。请问，上述协议是否有无法履行的危险，俄美关系是否会出现倒退？

梅德韦杰夫： 您知道，我希望这种危险性能降到最小。不言而喻，美国有一些人对重启两国关系持欢迎态度，也有些人会因此战栗不已。他们认为，俄罗斯联邦是万恶之源。这种人的确存在，那又怎么办？总的来说，这是民主成熟的后果。因为掌握权力的人有不同的信仰，他们努力通过立法机构来实现这些信仰。但我希望，美国社会和美国统治阶层能够掌握分寸，支持该方针的实施。奥巴马总统可能会较为艰难，但他最终会解决这些问题的。

康·恩斯特： 德米特里·阿纳托利耶维奇，一年前在这间演播室里总结2009年时，我们谈到了所发生的事情的结果，统计了危机造成的损失，谈到了对何时能够摆脱危机的预测，您讲到应该充分利用形势和机会来改变技术落后状态。在即将过去的一年中，"现代化"一词成了俄罗斯国内政治中最流行的词汇。您如何评价现代化的初步成果？

梅德韦杰夫： 您知道，我的评价是还不错。我认为，有一些成果，但还不多。我从一开始就明白，这一方针付诸实施后不会在一年之内取得多么巨大的成果。但重要的是，现代化确实进入了政治议程，不再仅仅是谈论，而是行动起来。相关法律正在制定中，我要感谢国家杜马着手此事并支持总统的方针，政府也出台了相关决议。最重要的是，总体上实业界将更多的注意力放在创新上。

虽然尚未出现某些根本性的转变，但是我们的实业界终于意识到，如果不投入资金进行生产的现代化改造和创新，如果不在五个优先发展方向上下功夫，那么很可能等待我们的就是技术落后和资源依赖型经济。说实话，过去几年有许多类似的评价。

因此，现代化实施的速度可能已经快于2011年年初，但完成的还太少。至于日用品，您也知道，甚至都有了现代节能灯泡，这意味着，应该在日用品领域也推进现代化。

弗·库利斯季科夫： 德米特里·阿纳托利耶维奇，我想就霍多尔科夫斯基的事向您提问。您知道，我觉得他就像是现今我们俄罗斯实业界的道林·格雷画像。大概所有实业家都做过霍多尔科夫斯基受到指控的那些事，然而所有的矛头都只指向他及其同谋列别杰夫。请问，用我们的审判系统这个磨盘去残酷地碾碎这些人的命运，这不过分吗？作为法学家或普通人，您怎么看这个问题？

梅德韦杰夫：首先讲作为一个总统的看法。无论是总统，还是任何其他国家机关官员，都无权在判决作出之前表达自己对这件事或其他事的立场，这是显而易见的。站在法学家的立场上，如果有证据证明其他人犯有类似罪行，那么根据在哪里？这些被提起的事在哪里？假如说的确如此，那么类似罪行应当受到追究，因为已经有一个可以遵循的案例。我现在说的是法院正在审理的这件事。

很明显，在所有国家、所有社会中，并不是所有罪犯都被绳之以法，都受到追究。这就是证据问题。您把证据拿过来，我们将行动起来。

康·恩斯特：您如何评价日本对您视察千岛群岛的反应？

梅德韦杰夫：我认为很正常，我没有改变看法，在我看来，日本人过分紧张了。

康·恩斯特：他们召回了大使。

梅德韦杰夫：我对于这一事件在当时事实上导致日本驻俄大使的政治生涯终止而感到遗憾，不知道他接下来会做什么。

康·恩斯特：剖腹自杀。

梅德韦杰夫：但我们并不希望这样。我要提醒一下，南千岛群岛的所有岛屿都是俄罗斯联邦的领土。总统可以到那里去，在我之前谁也没去过，那里太远了，这是事实。但这是我们的国土，我们应该采取一切必要措施为千岛群岛安装设备，让那里的人过上人性化生活，这是我亲口对他们承诺的。之后，我已经派舒瓦洛夫到那儿去，他去继续这项工作，还有其他人将会去那儿。但这并不意味着，我们不准备同日本同行合作。我们准备实施共同经济规划，我们会清查千岛群岛上的各种历史遗迹，也就是说，我们打算与他们合作。但这并不说明，我们要放弃作为我国领土的千岛群岛，我们的伙伴应当切实了解这一点。

我认为，日本人只是有必要稍微重新认识俄罗斯人对千岛群岛的理解。什么也比不上共同经济计划更能拉近双方的关系，可以考虑建立统一经济区、自由贸易区。所有人都可以到那儿去挣钱。那里将成为特殊的媒介，人们到那里去工作，日本国民可以去那里，可以参观历史遗迹，也可以工作。这些我都与日本首相菅直人谈过，并邀请他访问俄罗斯。

康·恩斯特：德米特里·阿纳托利耶维奇，记忆是有选择性的，人们很少能想起某些事件发生时的光线、声响和气味。但是我清楚地记得2011年一个事件发生时的光线和声音，但我想，您在经历这件事时感受更加强烈。您是如何得知波兰总统专机坠毁的？您在这一时刻想到了什么？波兰总理唐纳德·图斯克说国家间航空委员会的调查结果是不能接受的，对此您作何评价？

梅德韦杰夫：是啊，这是沉痛的一天。我当时在圣彼得堡，那天是周六休息日，我打算休息一下。早上侍卫长来报告了这件事。当然，很震惊。每当有这种消息的时候，我都会感到震惊，并对遇难的人们感到惋惜。此外，这里遇难的全都是波兰的政治精英，又是在这样的地点，简直是有些诡异。这是难以置信的，但却真的发生了。在那之后，我们和波兰都走过了一段艰难的历程，关系十分复杂。我觉得，现在两国关系更简单、也更好了。我对波兰进行了正式访问，我们互相交往。当然，需要将调查进行到底，不要政治化，也不要相互指责，要倾听各种观点，并由各级国际组织审理和国内调查作出结论。

波兰人对调查结果的态度是带有情绪的，也是波兰本国国内政治变故的反映。很明显，波兰国内政治是分裂的，他们的社会反应也不同，这多少可以理解，因为这是真实的悲剧。但这不应当影响我们的关系，这是首要的，我们对此有所准备。其次，不应该将国家间航空委员会的调查结果政治化。我希望波兰政治家能有足够的理智和意志来接受相关结论，不要进行过多的政治性解读。

弗·库利斯季科夫：在政治上，您和普京掌控着俄罗斯，那么在您看来，我国是否还有其他有前途的政治家？如果有，那么或许您会愿意把谁看做是自己的同盟者，又有谁可能是您的强有力对手？

梅德韦杰夫：我想正式声明，在我国有这样的政治家，甚至有些人对你们来说是非常著名的。我不能不提到那些在我们国家杜马中担任党团领导的优秀人物。说实话，他们的确是非常著名的政治家。这些人在政界不止一个十年了。也有一些政治家并未进入国家杜马,但大家对他们早有耳闻。有人说他们很出色,也有人说他们并不优秀。但他们还是为人所知,那些有名的公众政治家,例如卡西亚诺夫、涅姆佐夫、利莫诺夫、卡斯帕罗夫。对他们有不同的评价,他们都有自己的选民基础。

　　然而最主要的资源我们没说,即我们国家大量有才能的人才资源。我认为,未来的总统、总理、国家杜马议员就在他们之中。

资料来源:
http://news.kremlin.ru/news/9895.

译者单位:中央编译局俄罗斯研究中心

政党·政治

俄罗斯总统在 2011 年达沃斯论坛上的讲话

彭晓宇 摘译

2011 年 1 月 26 日，俄罗斯总统梅德韦杰夫在达沃斯论坛发表讲话。恰在前一日，莫斯科多莫杰多沃国际机场发生恐怖爆炸，总统因此推迟了行程。在讲话中，梅德韦杰夫批判了恐怖主义行为，阐述了建设美好世界的几个原则以及俄罗斯的现代化问题。

前天，在莫斯科多莫杰多沃国际机场发生了恐怖袭击，导致几十位各国无辜平民死亡，100 多人受伤。尽管我们国家经历过类似事件，但这一次的悲剧对于俄罗斯社会来说是真正的震动。它引起了整个文明社会的愤慨。恐怖主义否定人类最基本的价值——生命价值，践踏各种权利和自由，散播恐惧和仇恨，妨碍改造和改良我们的世界。恐怖活动彻底打断了人们正常的生活进程、改变了人民惯常的生活方式，彻底改变了那些被恐怖活动伤害的人以及生活在地球上的所有人的思维。

很遗憾的是，今天世界上没有一个国家能免受恐怖主义的威胁。恐怖活动可能在任何时间、在世界的任何地点发生。没有人能保证不发生恐怖活动。对付这个邪恶力量，没有通用的方法。但可以肯定地说，我们今天的团结和协调行动，决定了未来能否取得对这个人类共同威胁的胜利，尤其是全球化使得世界比以往任何时候都更加需要相互依存，我们必须积蓄力量共同对付恐怖主义。尽一切努力去改变恐怖主义的思想，或至少改变恐怖主义的社会经济根源：贫困、失业、文盲、孤独，让整个世界的发展稳定、安全而公正。

本届论坛召开时，人们谈论经济危机要结束了。同时，我们也知道，事情还没有那么简单。超速发展导致很多人有一种盲目乐观情绪。危机让大家清醒了。我们应对了很大一部分问题，但不是全部。目前还没有找到新的增长模式，经济发展会比我们想的慢一些。

为了让世界变得更美好，需要新的思想，这些思想会把要求变成实际行动。我们应该尽己所能，建设一个在大多数人看来更公正的新世界。为此，我们应该依靠一些众所周知、但时常会被忘记的原则：

首先，解决问题时要有长期性战略方法。一般的方法100个中有90个是不正确的，可能还是人们所想到的最差的方法。最明显的一个例子就是，人们倾向于通过实行国有化、包括对金融机构的国有化来解决经济问题。

的确，在金融危机期间，许多国家考虑过这点，许多国家也这样做了，包括发达的自由经济国家。我们的经济（我指的是俄罗斯的经济）还不够发达，但我们没有这样做。我认为，这绝对是正确的。我相信，在大多数情况下，在私人领域可以找到解决危机的方案，长期来看，这样也是更有效的。

第二，现实主义和愿意量入为出。在危机期间，许多泡沫破裂了，其中不仅有金融的泡沫，还包括幻想的泡沫、盲目自大的泡沫。大家都明白，没人能断言不会再有新的泡沫。冒风险的权利是必要的，这是自由经济的组成部分。但是，权利要与责任相平衡。企业主、公民、当然还有学者都有冒过度风险的权利，但要在理性的范围内。可是，国家和整个世界，没冒这种风险的权利。

主权债务危机、预算赤字是当今许多发达国家的现实，但尽管如此，这些国家没有打算缩减预算支出。在这种情况下，世界孕育着新的经济和政治危机。而且，美国总统昨天发表的关于国内形势的年度咨文说，美国要冻结预算支出五年。这是一项重大的举措。

第三，全球伙伴关系及其正确的结构。无论放弃个体利益和小集团利益有多么难，也必须这样做。我认为，建立二十国集团是向前迈进的一大步。越多国家坐下来谈判，一方面，会越难协调观点，会浪费更多的时间，但另一方面，这样作出的决定就越有质量。我希望，二十国集团会表现出这一点来。

我们准备使用所有既有的工作方式，但二十国集团的工作效率应该更高一些。必须从讨论（尽管很有益）转入解决具体任务。我们应该取得实际的成果，并最终决定国际货币基金组织和世界银行这些国际金融机构的发展。这很好。但我们做的还不够多。

我现在还要谈一个话题。知识产权领域原有的管理原则显然已经不起作用了，尤其是互联网的规则。这可能导致整个著作权体系的瓦解。下一次的二十国会议可以把这个问题提上日程，建议国际社会作出新的决议，然后成为国际性的公约。俄罗斯会提出自己的建议。

同时，需要发展新的领导联盟。 金砖四国作为将来能采取实际行动的组织，获得了威信和地位，这点很重要。在任何情况下，我们都希望扩大在这方面的工作，从2011年起，南非加入该集团。现在，不是金砖四国，而是金砖五国了。这些有机会成为全球发展领袖的国家，要承担责任。我认为，一个想法很快就可以实施，那就是把金砖五国的货币作为国际货币基金组织特别提款权的一篮子货币。

最后一点，就是多样性。 现在，世界上存在着不同的市场经济模式和本国特色的民主模式，这是好事，不是坏事。危机表明，即使那些原来看似完美的模式在危机中也都经历了震荡，遭受了巨大损失，所以，单一形式的世界，不论建立在什么基础之上，都有很大风险。多样的世界会平衡这些风险，让世界有机会适应新挑战。

我再说几句俄罗斯的情况。俄罗斯经常受到批评，有时批评是公正的，有时就完全是不应有的。有人指责俄罗斯缺乏民主、有专制的趋势、法律和司法体系薄弱。俄罗斯在建设法制国家过程中、在建立高效现代经济中确实有很多困难，俄罗斯所遭遇的恐怖主义和极端主义挑战也是最严重的。我们有很多社会问题。要明白一个明显的事实：俄罗斯正在发生很多重要的变化，我们一直在发展，也确实在前进。特别是反腐败、司法和护法部门的现代化，尽管我们还没有在这些领域取得什么显著成就，但这是我们改善我国投资环境和人民生活的现实尝试。我们满怀信心继续努力。我们在学习，准备接受友好的建议。但是，不要教导我们，而是要跟我们一起工作。

人们的感受、社会评价和自我感觉,这可能是国家发展最重要的指标。公民坚信他们生活在民主国家,政府与公民之间可以进行坦诚的对话,这是当代民主、常常是直接民主的重要标志。这种民主制度的质量和效率,不仅取决于政治程序和机构,也取决于当局和公民社会能在多大程度上倾听彼此。仅仅拥有个人自由是不够的,还要尊重别人的自由。这个原则在处理民主国家间关系时是很公正的。

我也相信,有了经济现代化,民主会发展得更好。初级原料经济不能保证未来人们生活质量的提高,也就不能保证民主稳定发展。为了保证民主不受平民主义的威胁,民主制度的牢固基础应该是发达的经济以及由自主和独立的人构成的社会。

今天,我还要讲一讲,现代化将为俄罗斯成功的实业发展提供哪些新的机会。我简要说十点。

第一,近些年俄罗斯要进行前所未有的大规模的国有资产私有化计划。战略性企业缩减到原来的1/5。未来三年,一些银行、基础设施和能源部门主要公司的股份将被私有化,总值达几百亿美元。同时,预算收入不是我们的最终目标,尽管很重要,最重要的是提高这些公司的效益,改善我国的商业竞争环境。因此,我们引进了外国银行参加私有化运作。

第二,最近要建立一个专门的主权基金,通过与外国投资者共同投资我国的经济现代化项目来分担风险。

第三,我们希望从发展本国金融部门中获得实质性好处。所以,在这里我想再次宣布,我们不会在金融部门征收特别税,相反,从2011年1月1日开始,取消长期投资中有价证券销售的所得税。在这方面,我们的立场与一些伙伴的观点不同,包括二十国集团的伙伴。

我们不会再限制金融活动。相反,我们希望最大限度地为金融机构创造机会。为了这个目的,我们要把莫斯科变成国际金融中心。莫斯科不仅要成为俄罗斯金融体系的核心,还要成为整个后苏联地区金融市场发展的催化剂,我也希望,莫斯科成为中东欧金融市场发展的催化剂。为此,我们已经采取了初步的实际步骤。

我希望，从2011年开始，外资公司能在俄罗斯卢布市场融资。这个计划有着全球性意义，是俄罗斯融入世界经济的重要工具。补充一句，为了那些将在俄罗斯金融中心这个平台运作的金融公司，我们正致力于提高司法体系的效率。

第四，我们建立新的市场，统一管理规则，以此吸引投资者。俄罗斯早就准备好加入WTO了。我认为这个过程会在2011年完成。我的所有伙伴都向我保证了这一点。加入WTO后，俄罗斯会加入经合组织。最终，我们将为建立与欧盟统一的经济空间而努力。建立这个空间将基于这样一些原则：整体安全，人、资本和商品在统一的技术标准下自由流动。

不久前，俄罗斯与白俄罗斯和哈萨克斯坦建立了关税同盟。我们正在加速建立与欧洲模式相类似的统一经济空间。这两个过程都很重要，互不冲突，我希望它们会互相促进。最后，我们会朝着建立跨大西洋和太平洋的统一市场而努力，这个大市场将对所有人有益。

第五，我们为创新经营和风险业务、风险投资创造了新的机会，并将继续做下去。我提议了一项法律，让大学可以利用知识产权开办企业。该法律已经生效。我们已经有了大约1000家这样的企业。2011年将为风险投资创造更适宜的法律环境。

斯科尔克沃创新中心应该成为我们在这一领域最大的项目。2011年将有俄罗斯各地几十家大小企业加入该项目，它们会获得特别优惠。我们可以期待未来几年会有新的国际品牌在俄罗斯诞生。

第六，我们的大规模能效计划，为商业创造了更多机会。我们已经确定了清晰的量化指标，目前正在俄罗斯许多地区试行。任何新项目都要符合能源利用效率的现代要求。

对俄罗斯来说，考虑到它特殊的能源地位，应该使能源部门成为创新的一个主要推动力，这也很重要。为了这个目标，现代化将借助于资产交易基础上的全球合作来推进。这类合作将是能源安全的重要环节。今天在达沃斯，还有之前在其他地方，签订了一些重要的能源协议。我期待，"俄罗斯石油公司"的新联盟，将成为从语言到实践的转变。

第七，我们将充分利用技术转移机制，实现俄罗斯的工业现代化。合作和技术交流，对各个领域都很重要，对国防领域也是。所以，我们非常欢迎建立生产"西北风"级直升机航母的俄法财团。

第八，我们正在实施在全俄罗斯普及宽带因特网项目，准备为所有合法企业提供使用的可能。最重要的国家项目是以通用支付卡为基础实现银行服务和公共服务的一体化。电子支付、国家采购和服务的发展给人们、普通人、我国的公民和商业都带来很大便利。最后，这是我国反腐败斗争中的有效手段。

第九，吸引人才的计划。我们知道，现代化的成功，是俄罗斯公民、数十万商人、企业家和来自世界各国的专家的成功史。当今世界，任何一个国家的力量源泉，它在全球经济中领先的能力，都来自聪明且受过良好教育的人们，是他们有知识、有想象力、有创造的意愿。

我希望，在未来十年会有上万名青年学者、工程师、官员和各行业的专业人士在世界主要大学获得高等学位。然后他们可以在俄罗斯的实业、国家机关、科研教育机构占据重要的位置。我们的任务是让俄罗斯对各国人才更有吸引力。要吸引外国专家，首先要吸收经验，建立适于我们的专家进行创造活动的发展环境。正是为了这个目的，我们准备单方面地自动承认在世界主要大学获得的文凭和学位，这个方案正在制定中。我还想指出，我们已经简化了来俄高级专家的移民手续。实业界代表也向我提出了这个请求，我也做到了。

第十，在取得了重要国际体育赛事的举办权之后，我们开始实施大规模的基础设施方案。这不是个别体育爱好者的要求，而是更新基础设施的现实机会，这就是我们的出发点，让这些体育设施首先为人民、商业和贸易所用。所有这些项目都是建立在私人—国家合作的基础上。当然，这些项目不只是为发展俄罗斯个别地区，也是让世界各地许多人看看俄罗斯，让他们明白，俄罗斯尽管目前有自己的困难，但这是个开放的国家，它已经成为国际社会的一部分了。

译者单位：中央编译局俄罗斯研究中心

政党·政治 ▶▶▶

俄罗斯总统梅德韦杰夫记者会

彭晓宇 编译

2011年5月18日,在有俄罗斯"硅谷"之称的斯科尔科沃高科技园区的莫斯科高级管理学院,梅德韦杰夫总统亲自主持上任以来最大规模的记者会。参加记者会的815名记者中,有约300名外国记者。全程配有英语、德语、法语和日语同声传译。

在两个多小时的时间内,梅德韦杰夫总统就俄罗斯现代化进程、地方行政长官产生办法、总统选举、梅普关系、中俄关系、俄乌关系、俄与北约的关系等问题发表了自己的看法。下面按提问顺序将记者会上的主要问题归纳整理如下。

1. 关于现代化的深度和方式

现代化是一个非常重要的过程,其重要性在于能使国家的发展实现质的变化。现代化不仅是渐进式的发展和巩固已取得的成果,更是整体状况的质变。我们目前还没有实现现代化,但这并不意味着我们需要改换旗帜去谈论新的现代化浪潮或者其他什么。现代化应该继续推进,我之前提出的五个优先方面,依然是重要的工作方向。针对这些方面,国家和政府都制定了计划,这些计划都得到了资金支持并且在执行。这将推动我和我的同事们更加努力、夜以继日地工作。

我很高兴能在斯科尔科沃重申这一点,因为这里是对我有着重要的标志性意义的平台。希望全世界都知道这个地方。希望斯科尔科沃成为俄罗斯现代化的重要环节,当然不是唯一的环节,斯科尔科沃创新中心的经验应在俄罗斯其他地区得到复制和应用。

2. 关于中央和地方官员的任免

自从我任总统以来，实际上更换了一半的州长，有些州长是自愿离开的，有些是我决定撤换的，有些只是任期届满，不再延长而已。这些都是重要的人事变动，因为任何一个人都不可能永远掌握权力。抱有这种幻想的人一般结局都不太好，最近世界上有不少这样的例子。州长们也不例外，即使再有水平、再熟悉自己的领域，也不能一干就是二十年。要让路给年轻人，培养新的后备干部，培养称职的接班人。所以，这项工作还会继续推进。

中央的情况未必好于地方。但是每个决定都有其合理性。当我们讨论政府工作的时候，我只谈政府总体的工作，而不是每个部长的工作，因为政府是一个整体。我经常批评政府，但我同时认为，政府是一个相互协作的工作机体，所以，从中去掉个别环节是不正确的。但是总统有组建和解散政府的权力，我从来没有改变、也从来没有放弃过这些权力。

3. 关于总统选举问题

我读了之前发表在各种媒体上的文章。在座的很多朋友都期待着有意思的消息。但是政治生活不只是作秀，甚至完全不是作秀，这是个异常复杂的工作。我认为，大多数从政的人也这样认为，这项工作要遵守一定的规则。我们从事这些工作，是为了实现自己的目标。宏观目标是要改善我们的生活，让我们生活得更好，让人们感觉良好，提高收入水平，履行各项社会纲领。

我们从事实际政治活动，是为了有所成就。所以，只有当各种前提条件都成熟时，只有当会有最终的政治效果时，才能作出这样的决定。我认为，要宣布这样的决定，我会选择其他的形式，而不是记者会，虽然记者会看着很好，也很吸引人。但是这样的决定还是要以其他形式宣布。

同时我认为，每个政治家都会在必要时发表声明。全世界有很多政治家会在完成某一政治任期之后，立即宣布要竞选总统，却往往无果而终。所以，能取得成功的策略才是合理的。不管别的国家怎么做，在我国一切要按照明确、合理的程序进行。但不是说这将无休止地持续下去。选举活动有自身的规律，我也要遵守这些规律。等我决定要作出声明的时候，我会发布的。我在不久前的采访中对中国同仁说过,在目前情况下,不会等待太久了,这个声明很快就会出来的。

4. 关于汽油价格问题

这个问题显然是因为石油产品的价格都在上涨。政府确实采取了应对措施。但所有努力都未必会立刻见成效。某些地方可能有相互的勾结,这完全可能。但是这根本地反映了石油市场的某种客观趋势。所以,要理解,不是所有努力都能见成效。然而,政府行使了一切权力,我也下了指示在努力解决这个问题,努力降低石油产品和汽油的价格。

很遗憾我只能提出有限的措施,这是政府的权利。要征收严格的出口关税可能暂时有用,但不会永远有用。石油产品价格是我国经济的重要指标,这个价格保持在合理的高位,但又不超出限度,对俄罗斯比较有利。现在价格越来越高,之后必然会下滑。2008年时,油价达到了每桶147美元。结果呢,全球发生了金融危机。这个情况当然不好。对俄罗斯也是如此。当然,要解决涨价问题并不容易,应制止市场上的勾结。

5. 关于召回米罗诺夫和联邦委员会组成原则的问题

谁离职都是正常的。担任国家公职,早晚都要结束,总统也不例外。政治生涯开始之时,就要准备好结束的时刻,这样就不会对做过或没做过的事情后悔了。在这个意义上,谢尔盖·米哈伊洛维奇·米罗诺夫同其他政治家一样,他做上院议长很久了,也做得不错。但是他还代表着一支政治力量——公正俄罗斯党。而统一俄罗斯党产生了一些问题,这没什么可奇怪的,相反,这正是政治竞争的反映。

我们都赞成政治竞争,都不希望在俄罗斯只有一个党来决定一切。然而,这反映了目前政治生活中存在的矛盾。如果今天通过了这样的决定,谢尔盖·米罗诺夫应平静地接受。这最终将既有利于统一俄罗斯党,也有利于公正俄罗斯党。因为统一俄罗斯党显示出,它终究是我们应当重视的有威信的力量,它不能随便地对本党推举出来的人进行批评,也不能通过决定停他的职,尽管想这样做。这就是党的生活。而公正俄罗斯党显示出,它毕竟是一支反对党,而不只是某个仅能促进国内政治发展的力量。在这个意义上两党将是双赢的。

联邦委员会的发展经历了几个阶段,组成的方式也有变化。起初,联邦委员会是由选举产生的,而后开始组建,后来又转至另一种体系,目前议会上院的成员由地方选举产生。这完全是民主的,能更好地帮助上院完成自己的最高目标——成为地方议会。

要考虑到我们的民主制度还年轻。我不排除,过一段时间后还会有形成联邦委员会的其他主张。现在就用这个方式吧,也许以后联邦委员会成员的选举会更符合议会活动原则。但是,我们必须沿着自己选择的道路前进。许多国家是用几十年时间来完善议会的,我们现在也是这样。

6. 关于与北约的关系问题

目前与北约的关系还不是最坏的,这对双方都好。曾经有过一段时期,双方关系紧张,几乎停滞了。但这不是俄罗斯挑起的,而是北约,我当时说过,你们随便,如果不想合作,我们也不强求。我指的是2008年的8月。从那以后,几年过去了,我认为情况整体发展良好。

在里斯本召开的俄罗斯—北约峰会让我很满意。我们谈到了许多重要问题,表示要在一些重要战略方面进行合作,比如阿富汗、反恐、反毒品。我认为我们还有不少必须要商议的新问题,比如反导系统。我们希望欧洲反导防御的发展应遵循一些明确的规则。大家都应该看到,反导防御系统阻碍或消除了许多国家的战略可能性。当有人对我们说,这不是针对你们的,我注意到了这个说法,但我知道所指的其他国家不像俄罗斯一样有这种可能性,在未来一些年,它们也没有这种可能性。一直有人对我们说,这是对伊朗的,那是对哪个国家的。但这些国家没有这种可能性。那就是说,这是针对我们的?如果是,那就邀请我们合作吧,或者直接告诉我们。

我希望我对奥巴马总统提出的那些问题能够得到答复,他们回答了这些问题,我们才能制定反导防御系统的合作模式。否则我们将不得不采取对应措施,这是我们非常不希望看到的。加速发展核武器的打击能力,这将非常糟糕,将使我们重回冷战时代。我们应该想想,把这个问题以何种面貌留给未来的政治家。

问题解决得不好，可能会破坏我们这些年的一切努力，包括我们在限制进攻性战略武器上达成的重要协议。我希望北约的伙伴们会关注这些，我们准备进行合作，同时我们希望能得到这些武器不针对我们的保证。

7. 关于欧洲人权法院问题

俄罗斯是欧洲人权法院的成员国。成为欧洲各机构的成员国，对我们很重要。同时我们也遇到了一些困难，因为作为正在进行民主建设的国家，我们存在很多问题。

欧洲人权法院经常作出针对俄罗斯的判决，原则上来说，这些判决都得到了执行，包括俄罗斯联邦对诉讼人的支付。但是，在个别情况下会让人感到，法院的裁决并不是不偏不倚的，有时甚至是出于政治原因。在俄罗斯国内存在这种看法。正因为如此，俄罗斯一些政治家说需要在法律界讨论这些裁决，但这并不意味着俄罗斯要停止成员国身份和打算退出欧洲人权法院。我请大家注意，任何一个法院都要让各方面感受到客观和公正。

8. 关于与普京的关系和总统是否可以参加政党的问题

任何政治决策都应该是深思熟虑的结果。这不是游戏，我们确实影响着许多人的命运。这不是可以草率对待的事，以满足个人的野心。所以是否参选都要根据这个来决定。

我与普京的关系，不仅是大家通常说的所谓组合，更是20多年的交情。我们彼此了解，感觉很好，我们确实是志同道合的。我们对国家发展的关键问题都有相同看法。但并不是说我们完全一致，这是不可能的，每个人都有权利拥有自己的感受和立场。我们在战略上是相近的，否则我们无法一起工作。如果我们不能一起工作，这个政治伙伴关系也就解体了。今天我们有了另一种政治形势，在决定未来如何做时要以这一形势为出发点。有的竞争是有益的，也有的会将我们引向绝境。我希望，我们在决策时都要本着对国家、对人民负责的态度。

如果我要竞选总统，那当然要依靠一定的政治力量，否则是不可能的，而这种政治力量就是政党。我们的政党并不多，这是好事。我们经历过各种政治组织林立的时代，现在我们有了几个大的政党。依靠哪一个呢？如果我参加竞选，我希望首先依靠推举我为候选人的那个政党。其次，总统可以建立自己的政治力量。总统可以成为某个党的党员。大多数民主国家的发展，都是这个模式。只不过我们过去认为，如果俄罗斯的总统领导某个党，国家某个时期所需要的共识会被破坏。但是现在，我们已经形成了各种政治力量，我们对如何建设、发展和改善国家有了各种看法，所以，总统可以领导一支政治力量。

9. 关于农业问题

我国的农业人口占总人口的1/3，而工业发达国家的农业人口只占3%—5%。我们这些年的工作在优先大力发展国家的这个方面，后来又制定了农村发展、农工综合体发展的纲要，我们做得还不错。另一方面，发生了危机，损害了农业居民的利益，去年还发生了干旱，农产品大量减产。

所以，我们不得不采取措施使农业活下来。法律并不禁止破产，但实际上要求延迟农业企业的破产，去年，农村几乎没有大的企业破产。即使有，也屈指可数。实际上，所有现存的企业都贷款过滥了，都获准了延迟支付。我们有意这样做，尽管有些人说这不对，说应该把这些企业都抛出去，让其自由发展，看谁能活下来。在竞争的环境下可以这样，但是我国农业还没有处在竞争阶段。农业需要扶持，需要我们创造条件，直到我们的种植业、养殖业和加工业都有能力与外国的农业企业进行竞争的时候。

所以我认为，需要认真对待农村的破产程序。简单地禁止破产也是不对的。我会考虑修改认定农业生产企业无支付能力和对其进行拍卖程序的法律。对农业企业应该特别对待，它们与贸易企业、工业企业有很大不同。这还涉及税费、地方自治等问题。

10. 关于北高加索的经济发展问题

发展北高加索共和国的确是国家的优先方面，因为那里的形势要比其他地方复杂得多。原因很多。首先，那里青年失业人口众多。在一些共和国，达到了30%—40%。这会引起严重的消极后果，如极端主义、青年人参加抢劫活动等。所以，我们给那里投入很多钱，我认为这是正确的。有人跟我说要重新分配这些钱，这是短视。

我们国家之所以强大是因为保持在统一的边界内。如果我们彼此不再如此相待，就会破坏之前建立的一切。所以，支持北高加索这个优先工作必须坚持下去，使它变成繁荣的现代化地区，使生活在那里的年轻人和普通人把自己的未来同它联系在一起。

补贴是一种临时手段，但仍会保留，直到那里出现有竞争力的私人或国有工业部门，出现良好的服务部门。北高加索各共和国在这方面做得不错，它们在利用传统优势大力发展旅游业。我们将一直这样做下去，直到那里出现正常的经济形势。

11. 关于中俄关系问题

两国的关系非常好，就像中国领导人说的，我们过去从未有过这么深入和良好的关系。我非常希望，未来几十年也保持这样的关系。发展同中国的关系不是短期政策，而是长期的优先方面。我们是政治伙伴，在上合组织和金砖国家组织中彼此协作。我们是经济伙伴，中俄贸易额已经达到了 600 亿美元。我与胡锦涛主席已经约定，要把贸易额提到 1000 亿美元。我认为，发展两国间的大能源项目是非常必要的。

两国关系的前景也非常好，不应放慢速度，要研究新的合作项目，包括人文项目。我们举办了中国的俄罗斯年和俄罗斯的中国年，然后是两国的语言年，这都是重要的大事。2011 年是两国的《战略协作伙伴关系条约》签订十周年，这是我们着眼未来的另一个契机。

12. 关于乌克兰问题

乌克兰是我们的近邻，对我们很重要。我对乌克兰的欧洲化从不感到惊讶。作为一个主权国家，乌克兰可以选择跟谁一体化，是欧盟还是俄罗斯。我唯一可以明确的是，乌克兰如果选择欧洲，那么在俄罗斯、白俄罗斯和哈萨克斯坦组成的统一经济空间和关税同盟中会更不方便。因为这是另外的一体化联合体。不可能两头都占，或者这头，或者那头。乌克兰的朋友和同事们应该明白这一点。欧洲一体化是一条很好的道路。欧洲国家也包括乌克兰和俄罗斯。俄罗斯与欧盟的贸易额达到了 2500 亿美元，欧盟是我们很重要的贸易伙伴。但不能脚踩两只船，需要作出某种选择。

《哈尔科夫协议》是在很多媒体在场的情况下公开签署的。协议本身经过了很多协商、讨价还价的过程。它是我和亚努科维奇总统共同的想法。这个协议可以帮助乌克兰解决许多复杂的经济问题，但不是所有的。要想想以后怎么办。

天然气问题是我们在乌克兰的政治活动中最常遇到的，我们一直在讨论。这是个经济问题，但其后果大大超出了经济的范围。首先是互利合作，天然气价格是根据经济规则、按照普遍接受的方式制定的，以后也将如此。但并不是说，价格只能如此。你们可以提出建议认为怎样做是对的，我们可以研究。但是，在达成更大的合作模式之前，目前还要执行几年前签订的这个协议。

13. 关于腐败、警察与犯罪勾结以及内务部改革问题

在决定改革内务部、建立新的警察局时，我不幻想通过组织方面的措施就能建立起有效的工作结构。这是人的问题、钱的问题和组织资源问题，是法制文化的问题。

我不能在几天、几个月内建成新的护法机关。这些机关应该改变，但要逐步进行。但是，这些机构的领导不一定总待在位子上。犯罪的、自毁声誉的、不能跟上形势的，就要换掉。最近几个月，我换掉了很多这样的警察，规模可能是前所未有的。但是，问题不仅是换人，而是那些新上来的人要重视自己的工作、自己的岗位，能成为秩序的真正守护者，成为有威信的人，而不只是熬日子或者是伪装的贪污犯。

我知道，我们要从已经发生的事情中吸取教训，而且很多人被追究了责任，这表明事情在向好的方向变化。这是最近三四十年没有过的。我认为，这对内务部和其他机构都有好处。要对付腐败问题，各部门机关之间要协调机制、明确责任。另外，人们不冷漠、不旁观的立场很重要。很多刑事案件都是从下面反映出来的。

我在推广总统的灵活接待制度。人们可以到总统办公厅与负责人谈话，反映问题。国家领导人、国家级的领导们到各地区去看看、收集信息也很重要。同时，互联网和传媒也是如此。

14. 关于远东边疆区的人口外流和发展问题

我们曾经采取措施，阻止远东地区的人口外流，但是这个过程还在继续。想要留住人，办法就是增加就业机会，创造新的经济增长点，发展商业，提高收入水平。只有这样，年轻人才会留下来，谁也不会离开，都会很高兴地留下来。

远东有许多很美丽的地方，这就需要在国家和地区层面上，制定负责任的政策。首先，已经通过了重要的决定。一些计划已经制定出来，正在实施，今后将继续提供资金支持，其中就有发展远东的项目。其次，我们需要非传统的措施，更大程度地把全国团结在一起。对此，国家要不惜资金发展通讯、交通。我听见有人说：我们远东是这个样子，而俄罗斯是那个样子。这样很不好，我们都是俄罗斯，我们是一个整体，这需要我们投入很多。

15. 关于俄罗斯的投资环境和与普京的分歧问题

投资环境问题是我们取得成绩的重要组成部分，这个问题将在不久后举行的圣彼得堡经济论坛上谈到。大的合作项目是投资环境的一部分。我不知道俄英石油之间的交易结果将会怎样，实际操作时情况会更复杂，但总体来讲，这种交易对我国没有坏处。

我所说的我与普京总理在战略上的观点相近或一致，是指我们有相同的教育背景、相近的价值观，我们都希望国家发展、人民幸福。但这不是说我们的策略立场完全一致。我认为，这很好，因为真理总是在问题、立场的碰撞甚至冲突中产生的，这是进步的保证。比如在现代化问题上，普京总理认为，现代化应是平静的、渐进的。而我认为，我们有机会有实力快速实现现代化，只要不损害已取得的成绩。

16. 关于可否恢复民选州长的问题

当时作出这一决定，是由于出现权力松动及其平民主义这样的明显趋势。为了巩固权力，采取了这个措施。我丝毫也不隐瞒，当时，在我的前任出台这一决定时，我也是参与者之一。我认为，目前的程序符合国家的利益，因为我们的国家很复杂，有许多内部的、隐藏的矛盾。放弃目前这个方式，可能会导致出现上世纪90年代的紧张局势。前不久，我说过不必改变这一程序，但现在我已经不那么相信这个了。我认为，在近期可预见的将来保留这个程序是正确的，因为它可以非常有效地管理国家。也许这个程序在未来10—15年内会改变，但是必须前提条件成熟。

事实上，各个国家在这方面的程序也各有不同，地区权力的效力不会因此而减少。而且我国经常有这种情况，有一些人偶然地成为了地区领导人，这正是因为遵守形式上最低限度的民主程序。地方的情况因此变得糟糕透顶。人们选举出了具有平民主义色彩的人，而这个人并没有工作能力。那怎么办？因此我认为，这仍是将来应当解决的问题。

17. 关于马格尼茨基案件的问题

这个问题要仔细分析。俄罗斯会支持所有根据法律进行的程序，包括在瑞士进行的程序。总检察长向我报告了这些质询。我已经指示办理。我与调查委员会和联邦安全局的领导都谈过这个问题。这个问题涉及一件很悲伤的事，即马格尼茨基的死。死因也是必须调查清楚的。从这个意义上说，调查已经大大推进了。我接到报告说，马格尼茨基死因的调查结果不久将会公布。至于说到这个案件，可能有税务犯罪或其他犯罪，而不是像媒体上报道的那么简单。要调查清楚，确定俄罗斯方面和外国的相关关系人。我倾向于迅速进行客观、全面和彻底的调查，调查结果向社会公布。

18. 对三年任期的工作评价

三年来取得的明显和重要的成绩在于，在近十年最复杂的发展环境下，在全球经历金融危机及失业率上升期间，我们保住了国家发展的方向，我们保留了所有主要的发展项目。人民的生活状况没有发生显著恶化。相反，我们很快从危机中恢复了过来并继续向前迈进。

在我看来，我们执行的外交方针经受住了检验，改善了与很多国家的关系。这算是一项成绩。这让我们专心发展，不会被其他问题牵扯精力。但同时，我们也能保护自己，维护国家的独立和主权。我指的是包括2008年的那些重大事件。我认为，为了不使国家解体，为了使国家感到自己的强大，这对国家很重要，不管其他国家作出什么解释，这首先对我们自己很重要。

关于失败和不足。我想，答案很明显。我们没有根本改善人民的状况。我们在发展，但发展得没有我们希望的那么快。我们解决了一些社会问题，但仍存在很多问题：贫困率很高，大概有13%的人。这个数字很大，尽管不久前贫困人口还是30%。我们没有能够实现经济的多样化，还没有摆脱资源型增长。投资环境尚未改善。这是未来工作的内容。

译者单位：中央编译局俄罗斯研究中心

苏尔科夫与俄罗斯主流意识形态

李兴耕

弗拉季斯拉夫·苏尔科夫先后在叶利钦、普京、梅德韦杰夫三任总统手下担任总统办公厅副主任,充当总统的政治智囊和高级助手,俄罗斯媒体称其为当今克里姆林宫的首席政治谋士和理论家,甚至有人把他比做原苏共中央负责意识形态工作的苏斯洛夫。

在意识形态领域,苏尔科夫提出或参与制定了一些新的政治理论主张,其中包括"主权民主"、"现代化"、"创新型发展"等,这些主张成为俄罗斯主流意识形态的重要组成部分。

1. "主权民主"

虽然"主权民主"并不是苏尔科夫最早提出来的,但他首先对"主权民主"作了比较系统的阐述,并使这一理论在普京执政期间成为俄罗斯的主流意识形态。俄罗斯青年组织"纳什"运动领导人瓦西里·亚克明科2005年10月在《共青团真理报》上发表的一篇访谈中就提到了"主权民主"这个词,但当时并未引起重视。2006年2月,苏尔科夫在统一俄罗斯党的干部培训中心作了题为"主权是竞争力的政治同义语"的报告。他指出:"俄罗斯将成为主权民主国家。也就是说,俄罗斯将走上持续发展的道路。它将是经济繁荣、政治稳定和高度文明的国家。它将拥有对世界政治施加影响的杠杆。它作为自由国家,将与其他自由国家一起建立公正的世界秩序。"他认为,原先俄罗斯流行的"可控民主"这个说法不确切,因为"可控民主"可能会使人得出一个印象,似乎这种体制受到某种外部力量的控制。而"主权民主"则把民主与国家主权联系在一起,强调民主要符合本国的历史传统和具体国情。后来,苏尔科夫又在《未来的国有化——赞成主权民主的短评》(2006年11月)、《俄罗斯的政治文化》(2007年6月)等文章中对此作了进一步论述。在他看来,"主权民主"是一种"社会的政治生活方式,在这种方式下,政权及其机构和行动完全由俄罗斯国家来选择、组成和调整,从而为全体公民、各社会团体及各民族谋取物质福利、自由和公正"。2006年7月,当时担任俄罗斯第一副总理的梅德韦杰夫在《专家》杂志的访谈中对"主权民主"这一表述提出了不同看法。他认为,主权民主"远不是理想的术语"。他说,给民主加上各种限定词只会使人们认为,这是"不同于传统意义的另一种民主"。他主张使用"真正的民主"或"具有充分国家主权的民主"的表述。2006年8月30日,统一俄罗斯党在莫斯科召开关于主权民主的研讨会。2006年12月,统一俄罗斯党第七次代表大会通过的纲领性声明宣称,主权民主是党的意识形态基础。后来,梅德韦杰夫和苏尔科夫都表示,两人在原则上没有分歧,只是在表述上有一些差异。梅德韦杰夫2008年当选总统后,没有公开使用"主权民主"的说法。

2. "经济现代化"和"创新型发展"

2009年10月,苏尔科夫作为梅德韦杰夫总统领导的俄罗斯经济现代化和科技发展委员会副主任在接受《总结》杂志采访时,对梅德韦杰夫总统的《俄罗斯,前进!》一文中提出的"现代化"作了解释。他指出,俄罗斯的经济现代化是一个关系到国家生死存亡的重大问题。在他看来,梅德韦杰夫总统提出的"现代化"必须具有两个条件:首先,必须把国家的经济"提升到正常国家的相应发展水平";其次,必须不仅仅是模仿他国的技术,而是要表现出自己具有最先进的科技创新能力。俄罗斯经济现代化和科技发展委员会计划在若干年内在高效节能技术、核子技术、航天技术、医学技术和战略信息技术等五个战略方向展开工作。委员会的主要任务是为科技创新活动建立基础。为此，必须为俄罗斯的经营活动建立激励机制，促使它们开展创新活动。苏尔科夫强调："不可能有任何的主权现代化"，必须对先进国家采取开放和友好态度，以便从它们那里获得更多的资金、知识和技术，从而"使我国的民主更加具有主权性和更加强大"。他指出，俄罗斯在改革经济的同时，决不能放弃民主。但是，没有充分的集中，没有团结一致的政权，就不可能实现现代化。他强调："我们依靠民主制度可以实现现代化，但不应把自由民主社会同混乱无序状态混为一谈。"2009年12月31日，苏尔科夫被梅德韦杰夫总统任命为俄罗斯高科技园区专门工作小组负责人，此后他参与了在莫斯科近郊斯科尔科沃建立类似"美国硅谷"那样的高科技园区（称为"俄罗斯硅谷"）的筹建工作，并在2010年2月向媒体记者详细介绍了俄罗斯硅谷的创办与进展情况。

综上所述，在当今俄罗斯政治舞台上，尤其是在政党制度改革和意识形态领域，苏尔科夫发挥了举足轻重的作用。但是他与普京和梅德韦杰夫双人组合究竟是什么关系？俄罗斯舆论界对此众说纷纭。有的认为他是普京的亲信；有的则认为他在协助梅德韦杰夫总统，推动俄罗斯的经济和政治现代化进程；也有的认为他是梅普双人组合和俄罗斯政治稳定的维护者。俄罗斯右翼组织对苏尔科夫的评价也不一致，这反映在对2010年11月莫斯科发生的《生意人报》记者奥列格·卡申遭殴打事件的态度上。以涅姆佐夫为首的"团结"运动，以米洛夫为首的"争取民主选择"运动和以雷日科夫为首的共和党三个右翼组织2010年11月9日发表声明，认为苏尔科夫作为总统办公厅第一副主任是普京政策的推行者，应对压制大众媒体和破坏言论自由的行为承担直接责任并辞去职务。但是，另一个右翼组织人民民主联盟领导人卡西亚诺夫虽然表示同意声明的精神，但没有在这个声明上签字。他认为对这一事件应承担责任的是普京和梅德韦杰夫本人，而不应夸大他们下属的作用。涅姆佐夫还反对苏尔科夫担任美俄两国关于公民社会问题双边委员会的俄方协调人。

总的说来，苏尔科夫的思想十分复杂，既受到俄罗斯的历史传统和文化思想的影响，也接受了一些西方民主主义思想。他有时强调俄罗斯的独特传统和国家主权，有时强调为实现现代化必须向西方国家学习，其中包括先进的科学技术和现代民主政治制度。可见，他的思想不是一成不变的，而是处于不断发展变化之中。

作者单位：中央编译局俄罗斯研究中心

俄罗斯三月地方选举初步结果

李兴耕

2011年3月13日,俄罗斯12个联邦主体举行地方议会选举。同日,俄罗斯10个联邦主体的中心城市还举行了城市议会选举。根据俄罗斯中央选举委员会网站2011年3月14日公布的初步统计结果,在3月13日举行的12个联邦主体立法议会选举的546个议席中,统一俄罗斯党得375席(68.56%);俄罗斯共产党得72席(13.16%);公正俄罗斯党得46席(8.41%);自由民主党得33席(6.03%);爱国者党得9席(1.65%);自荐候选人得11席(2.01%)。这次选举是将于2011年年底举行的第六届国家杜马选举之前的最后一次地方选举,因此被俄罗斯媒体称为联邦选举的总预演。其初步统计结果如下:

一、俄罗斯12个联邦主体的地方议会选举初步结果

	统一俄罗斯党	公正俄罗斯党	俄罗斯共产党	自由民主党	爱国者党	自荐候选人
阿迪格共和国	75.9%	3.7%	11.1%	5.5%	-	3.7%
达吉斯坦共和国	68.8%	12.2%	10%	-	8.8%	-
科米共和国	83.3%	3.3%	6.6%	6.6%	-	-
加里宁格勒州	60%	5%	15%	7.5%	2.5%	10%
基洛夫州	51.8%	16.6%	18.5%	9.2%	-	1.8%

（续表）

	统一俄罗斯党	公正俄罗斯党	俄罗斯共产党	自由民主党	爱国者党	自荐候选人
库尔斯克州	73.3%	6.6%	13.3%	6.6%	-	-
下诺夫哥罗德州	60%	8%	26%	6%	-	-
奥伦堡州	68%	8.5%	13.7%	10.6%	-	-
坦波夫州	84%	4%	8%	2%	-	2%
特维尔州	65%	10%	20%	5%		
汉特—曼西自治区	71.4%	8.5%	5.7%	14.2%		
楚科奇自治区	58.3%	8.3%	-	8.3%		25%

二、10个联邦主体中心城市议会选举初步结果

2011年3月13日，俄罗斯10个联邦主体的中心城市汉特—曼西斯克、瑟克特夫卡尔、彼得罗扎沃茨克、彼尔姆、克麦罗沃、萨拉托夫、弗拉基米尔、奥廖尔、斯塔夫罗波尔、加里宁格勒举行了城市议会选举。其结果如下：

1. 彼得罗扎沃茨克

统一俄罗斯党14席（46.7%）；公正俄罗斯党7席（23.3%）；俄罗斯共产党5席（16.7%）；自荐1席（3.3%）。

2. 瑟克特夫卡尔

统一俄罗斯党17席（56.7%）；俄罗斯共产党6席（20%）；自由民主党5席（16%）；公正俄罗斯党1席（3.3%）；自荐1席（3.3%）。

3. 彼尔姆

统一俄罗斯党23席（63.9%）；公正俄罗斯党1席（2.8%）；俄罗斯共产党1席（2.8%）；自由民主党1席（2.8%）；自荐9席（25%）。

4. 斯塔夫罗波尔

统一俄罗斯党19席（63.3%）；自由民主党5席（16.7%）；俄罗斯共产党

4 席（13.3%）；公正俄罗斯党 1 席（3.3%）；自荐 1 席（3.3%）。

5. 弗拉基米尔

统一俄罗斯党 24 席（68.6%）；俄罗斯共产党 7 席（20%）；公正俄罗斯党 2 席（5.7%）；自由民主党 1 席（2.9%）；自荐 1 席（2.9%）。

6. 加里宁格勒

统一俄罗斯党 22 席（81.5%）；俄罗斯共产党 3 席（11.1%）；自荐 2 席（7.4%）。

7. 克麦罗沃

统一俄罗斯党 31 席（88.6%）；俄罗斯共产党 7 席（20%）；公正俄罗斯党 2 席（5.7%）；爱国者党 2 席（5.7%）。

8. 奥廖尔

统一俄罗斯党 20 席（52.6%）；俄罗斯共产党 18 席（47.4%）。

9. 萨拉托夫

统一俄罗斯党 37 席（90.2%）；俄罗斯共产党 3 席（7.3%）；公正俄罗斯党 1 席（2.4%）。

10. 汉特—曼西斯克

统一俄罗斯党 10 席（50%）；俄罗斯共产党 3 席（15%）；公正俄罗斯党 2 席（10%）；自由民主党 3 席（15%）；自荐 2 席（10%）。

资料来源：

http：//www.cikrf.ru/news/cec/2011/03/14/itogi_ 10. html.

作者单位：中央编译局俄罗斯研究中心

政党·政治 >>>

公正俄罗斯党第五次代表大会综述

李兴耕

为了迎接将于 2011 年 12 月举行的第六届国家杜马选举,2011 年 4 月 16 日,公正俄罗斯党在莫斯科的索科尔尼基召开了第五次代表大会,改选了党的领导人,原则通过了党的竞选纲领草案。现将大会的主要内容及俄罗斯各政党和媒体的有关评论综述如下。

一、大会的主要内容

1. 改选党的领导人

谢尔盖·米罗诺夫在会上辞去了党的主席职务,推荐该党的国家杜马党团领导人尼古拉·列维切夫为党的新主席。米罗诺夫说,他与列维切夫出生于同一大院,在同一学校和同一年级上学,非常熟悉。他称赞列维切夫是一个富有经验的政治家和组织家,学识渊博,坚决捍卫党的利益,善于妥善处理各种冲突,能够胜任党的领导工作。大会以不记名投票方式选举列维切夫为党的主席,同时选举米罗诺夫为公正俄罗斯党议员团理事会主席。该议员团成立于 2009 年,其任务是协调该党在国家杜马、联邦委员会、联邦主体立法会议和市政自治机构中的议员活动。目前,公正俄罗斯党在各级立法机构中拥有 5000 多名议员,在 30 个联邦主体建立了地区议员团。米罗诺夫将主要负责党的干部和政治工作,而列维切夫负责组织工作。[①]

[①] http://newsru.com/russia/18apr2011/mironov.html.

2. 原则通过党的竞选纲领草案

米罗诺夫宣称，该党在 2011 年 3 月举行的 12 个地区选举中获得了 95.2 万票，得票率排在统一俄罗斯党（321.1 万票）和俄共（125.3 万票）之后，居第三位，自由民主党（73.9 万票）居第四位。米罗诺夫在会上提出了改革选举制度的建议，要求按照政党原则建立选举委员会，政府当局不应干预选举委员会的工作，在选票上恢复"反对所有候选人"这一选项，以全面反映选民的真实意愿。

米罗诺夫说，为了迎接第六届国家杜马选举，党必须在其纲领和意识形态基础上制定竞选纲领，对俄罗斯最迫切的社会问题作出回应，阐明党的"21 世纪新社会主义"战略方案。竞选纲领的核心是消除社会不公正现象，这是党的主要战略目标。社会不公正是国家和社会面临的最尖锐的政治问题，是国家发展的最大障碍。贫富差距悬殊损害了公民权利和自由，最终将导致丧失社会信任和团结。根据俄罗斯国家统计局公布的资料，2010 年 1—9 月，俄罗斯 10% 最富的人占有了居民货币总收入的 30%，而 10% 最穷的人只占有不到居民货币总收入的 2%。这个指数不仅在欧洲，而且在独联体国家都是最差的。竞选纲领草案提到了人们普遍关注的一系列问题，例如：工资低下；税收制度不合理；退休金和社会补助金不够；住房建设部门经营不善和浪费严重；中小型私营企业所处的环境恶劣；腐败现象猖獗等。竞选纲领草案还提出了解决上述问题的建议：实行收入再分配的现代机制，征收累进税和奢侈品税；建立新的独立工会；颁布有效监督国家公务人员的收入和支出的法律；对国家开支进行切实的公民监督等。米罗诺夫宣称，"只有负责的反对派和公民社会才能卓有成效地抵制官僚的独占统治、自私自利和贪婪本性"①。大会原则通过了竞选纲领草案，将提交党的各地区分部讨论，然后由今秋举行的第六次党代会表决通过。

3. 修改党章

大会通过了修改党章的决议，对党徽的颜色和式样作了若干改变，并规定从

---

① http://www.spravedlivo.ru/news/first_face/376.php.

2012年1月1日起党员必须缴纳党费，数额另定。大会选举了184人组成新的中央理事会。

4. 关于推荐总统候选人

米罗诺夫在大会期间接受记者采访时表示，公正俄罗斯党对统一俄罗斯党采取坚决的反对派立场，因此在2012年总统选举中不会支持统一俄罗斯党提出的候选人。他不排除公正俄罗斯党提出自己的候选人的可能性，但最终要由下一次党代表大会决定。米罗诺夫宣称，在第六届国家杜马和圣彼得堡市立法会议议员选举中，他将领衔公正俄罗斯党的议员候选人名单，因为按照新的法律，只有地区立法会议议员才有资格成为联邦委员会成员。[①] 这意味着，米罗诺夫将争取蝉联下一届联邦委员会主席职务。

然而，在第五次党代表大会之后一个月的5月18日，圣彼得堡市立法会议以43票赞成、5票反对的表决结果通过了一份关于从联邦委员会（议会上院）召回米罗诺夫的决定，理由是他近十年来虽然一直在联邦委员会代表圣彼得堡市立法会议，但是却没有反映圣彼得堡市立法会议的意愿和要求。这一议案通过后，米罗诺夫不仅失去了议员资格，同时也失去联邦委员会主席的职务。这对米罗诺夫本人和公正俄罗斯党来说是一个沉重打击。

二、俄罗斯各政党和媒体的评论

俄罗斯各政党和媒体对公正俄罗斯党"五大"评价不一，主要包括：

1. 关于米罗诺夫辞去党主席职务

俄共主席久加诺夫认为，米罗诺夫辞职是一种欺骗选民的手法，表明他没有能力领导公正俄罗斯党在杜马选举中获胜。在久加诺夫看来，公正俄罗斯党今后将继续与统一俄罗斯党结合起来，推行给国家带来严重后果的有害政策。自由民主党主席日里诺夫斯基认为，米罗诺夫辞职是由于他领导的党在选举中成绩不佳，该党本来想把俄共挤出俄罗斯政坛并取而代之，但是它迄今未能实现这一目

---

① http://vpartycongress.spravedlivo.ru/news/14523.html?site=spr.

标。尚未获准注册的人民自由党主席卡西亚诺夫认为,米罗诺夫辞职是杜马选举前的一种竞选手段。

俄罗斯有效政策基金会主席帕夫洛夫斯基认为,米罗诺夫辞职可能有两个原因:一是公正俄罗斯党近来遭到一系列挫折,在三月地方选举中成绩不佳,未能成为一个强大的政党;二是米罗诺夫本人不准备参加总统选举,而是为某一个更有影响的人物腾出位置。① 至于这个人物是谁,他没有直接说出名字。政治学者萨林认为,米罗诺夫辞职是为了摆脱目前的两难处境:一方面,他是国家官僚体制中的第三把手(上院议长);另一方面,他又是一个反对党的主席。政治评论家巴多夫斯基认为,米罗诺夫的辞职表明,公正俄罗斯党遇到了困难,需要新的战略,新的领导人。公正俄罗斯党的一些党员表示,米罗诺夫虽然不再担任党的主席,但仍然是该党的领袖。他将继续对党的干部和议员进行管理,挑选新的候选人。公正俄罗斯党的杜马议员阿克萨科夫认为,在党内将形成"米罗诺夫—列维切夫"双人组合。②

也有人认为,米罗诺夫辞去党主席职务是为了把这个位子留给梅德韦杰夫,以便在2012年总统选举中从政党层面上与统一俄罗斯党领袖普京进行竞争。但是无论总统办公厅、政府办公厅或者公正俄罗斯党领导机构都予以否认。列维切夫说:"据我所知,梅德韦杰夫现在是无党派人士。他有时间考虑是否加入某一个政党。假如我处在他的位置,我目前不会加入任何政党"。③

2. 关于列维切夫担任党的新主席

有些人认为,列维切夫虽然当选为党的新主席,但他只是一个过渡性人物,因为他缺乏很高威望和全国性影响力。公正俄罗斯党的杜马议员、原人民党主席古德科夫在答记者问时说,在秋天到来之前,可能会有著名的政治家出任党的新的领导人。但他没有提到具体的名字。有人提到,祖国党原主席、现任俄联邦驻北大西洋公约组织常驻代表罗戈津可能接替列维切夫担任党的领导

---

① http://newsru.com/russia/16apr2011/mironov2.html.
② http://www.pravda.ru/politics/parties/other/17-04-2011/1073943-spravtandem-0/#.
③ http://newsru.com/russia/18apr2011/mironov.html.

人，但米罗诺夫对此予以否认。他说："罗戈津本人不准备进入党的领导机构，我们也没有打算请他来领导党。但我们与他保持着良好的关系，我党现在和将来都会与他进行合作。"[1] 看来，列维切夫今后能否长期担任党的领导人，还存在一定变数。

作者单位：中央编译局俄罗斯研究中心

---

[1] http://www.pravda.ru/politics/parties/other/17-04-2011/1073943-spravtandem-0/#.

普京政府工作报告新看点

王秋文

2011年4月20日,俄罗斯总理普京向本届国家杜马发表2010年政府工作报告。这是2012年俄总统大选前普京以国家总理身份向现任国家杜马所作的最后一次政府工作报告。报告总结了2010年政府工作,提出了2011年工作计划及未来几年俄罗斯的发展方向。此次报告被认为是普京在大选前的重要表态,甚至被变相看做是竞选纲领,引起了广泛关注。

一、2010年政府工作报告的主要看点

首先,对于俄罗斯的未来发展,提出了"俄罗斯需要10年不间断的可持续发展"的目标。

普京表示,稳定、可持续的发展是俄罗斯实现技术突破、经济迅速增长的先决条件。现代化改造,就是循序渐进的高质量发展。无论是对人才的投入,还是创造个人发展条件、提高生活质量,保持延续性和稳定都应放在第一位。换言之,就是需要始终如一的连续发展。俄罗斯必须保证10年持续稳定的发展,在此期间不应采取任何草率和激进的改革措施。

其次,对于俄罗斯的国家地位,提出俄罗斯必须成为"真正有竞争力"的国家。

普京表示,俄罗斯从危机中吸取的最大教训是国家应当独立和强大。事实证明,国力的软弱必然导致政权被操纵和来自外部的干涉。"在国际社会,如果你很弱小,就会有人对你指指点点,告诉你未来的发展方向在哪里,应制定何种政

策甚至选择怎样的道路。"因此，俄罗斯必须成为"真正有竞争力"的国家，普京提出了具体的计划和目标。

第三，对于俄罗斯的经济发展，提出俄未来"应进入世界五大经济体行列"。

普京表示，俄罗斯的劳动生产率在未来十年至少应该提高一倍。在俄罗斯经济的关键领域，应该提高两至三倍。而且"创新产品在生产总量中的比例应该从目前的12%提高到25%—35%"。按国内生产总值计算，到2020年，俄罗斯应该进入世界五大经济体行列，人均国内生产总值将达到3.5万美元以上，超过目前法国和意大利的水平。

第四，对于俄罗斯的经济复苏，提出"2012年前俄罗斯经济将完全复苏"。

报告指出，俄罗斯将于2012年重新达到经济危机前的水平，实现经济完全复苏。此前俄政府预测完全复苏的时间为2013至2014年。普京表示，2010年俄罗斯的年增长率达到4%，"这在八国集团中是最高的"。预计2011年将提高到4.2%，到2012年俄经济增长将弥补经济衰退的损失，提前实现经济完全复苏。

同时指出，应集中资源实现工业和基础设施的更新，发展各地区的潜在优势产业。为此，俄政府将于2011年年底前出台各地区具体发展战略，重点扶持北高加索、远东和贝加尔地区的社会经济发展。

第五，对于军事力量建设，提出"俄罗斯必须保持足够独立和强大"，以抵御外部干预和威胁。

为此，报告提出空军升级：在不久的将来，实现空军和防空系统的更新升级将成为俄罗斯武装力量的优先发展任务；导弹生产扩大：俄军已开始装备新型S-400防空导弹系统，不久后还将开始生产S-500防空导弹系统。从2013年起，俄计划将战略和战术导弹系统的生产规模提高一倍；国防预算资金不应该流向国外，尽一切努力掌握国防技术关键领域和主要武器系统的优先技术等具体计划。

第六，对于社会领域的发展目标，提出在社会结构中保持人口稳定，"形成大批中产阶级"。

面对俄罗斯严重的人口问题,报告指出,必须保持人口稳定。提出了帮助俄罗斯解决"人口危机"的具体措施:俄将在未来3年投入1.5万亿卢布(约合530亿美元)刺激人口增长。一是提高俄罗斯人的平均寿命,二是提高25%—30%的生育率。为俄罗斯民众提供高质量的医疗和教育服务,为退休人员支付足够的退休金,在社会中形成大规模的中产阶级。

第七,在文化和教育领域加大投入。

报告建议从2012年起加大对文化领域的投入,加强对精神、历史和文化遗产的保护和传承,提高文化领域工作人员的待遇、增建和修复图书馆、博物馆等公共文化设施。加大教育投入,提高大学生奖学金等。

二、普京重返克宫的"强烈信号"

普京2010年政府工作报告详细阐述以往成绩和对未来的承诺,被普遍认为是普京重返克宫的"强烈信号"。

1. 国内外媒体和俄罗斯各党派评价

俄罗斯《生意人报》说,普京2010年政府工作报告更像是总统候选人的竞选纲领,而不是政府的年度工作总结。英国《独立报》网站报道认为这是普京迄今为止重返总统职位的最强烈的暗示。俄罗斯《晨报》报道,报告表明,普京将重新执政,并且不止一个总统任期。因为普京总理自信地制订了今后十年的计划,他以不容置疑的领导人立场提出了未来时期的社会经济计划。

不只是媒体如此评论,除统一俄罗斯党外的其他俄罗斯政党也是如此评论。俄罗斯自由民主党议会党团领导人列别杰夫表示,总理的报告不太像政府工作报告,更像是总统的国情咨文。公正俄罗斯党议会党团领导人列维切夫表示,报告的字里行间可见,政府在准备这份报告时考虑到了2011年的议会选举和2012年的总统选举。所选择的数字都是令人愉快的,大学生的助学金将增加9%,承诺给依靠财政拨款的单位职工增加工资30%。俄共议会党团领导人列舒尔斯基认为,报告的主要内容是对未来的计划,这是一个到2015年甚至到2025年的计划。俄共确信,普京是作为总统候选人在杜马作报告。

2. 报告明确批评自由主义改革，推出为大多数人谋福利的社会经济政策

普京在2010年政府工作报告中吁吁政治稳定，警告防范"不必要的自由主义"。这对目前极为敏感的政治局势来说，耐人寻味。被认为是提出了与梅德韦杰夫的现代化发展战略不同的另一种选择。

因此有评论说，总理的报告再次表明，他与总统的纲领不一致。普京认为现代化应当是渐进而非革命性的。俄罗斯需要的不是建立在没有根据的自由主义基础上的改革，而是十年持续而平稳的发展。报告指出了施政重点是保护民众利益的社会经济政策，强调社会保障，承诺提高工资。因此，也有政治家指出，报告明确了普京选举前的施政重点，即推行为大多数人谋福利的社会经济政策。有效政策基金会主席帕夫洛夫斯基认为，"普京提出了本质上不同于现代化构想的国家发展模式"。这将在选举中发挥作用，因为这种模式受到约半数民众的拥护。

3. 报告言辞犀利，进一步彰显普京的强硬作风

普京在2010年政府工作报告中着重强调俄罗斯的独立强大，承诺跻身世界经济五强，加强军事实力等，充分展示自己是强有力的国家领导人，是俄罗斯大国地位的捍卫者、自身安全和未来繁荣的担保者。如此一来，一旦票箱开启，愿意为普京投票的选民很大程度上肯定的还是他的强硬作风。最新的民调结果显示，普京的"社会认同度"已从3月份的69%上升到4月份的71%。

三、解读报告的影响

1. 政府工作报告是俄罗斯政治民主的桥梁

总理向国家杜马作政府工作报告是普京为俄罗斯政治体系开创的新传统。2009年，普京在政府工作报告中着重介绍了政府的反危机计划和社会政策。2010年，普京在报告中宣布政府的反危机措施使国家度过了金融危机最危险的阶段。2011年，普京在报告中为俄罗斯的未来发展指明方向。普京在接受采访时表示，政府工作报告不仅仅是宪法规定，更重要的是它可以作为加强国家政治体系中民主原则的工具。政府工作报告可以帮助政府和议会协调各自在国家政治经济领域发展的立场和看法。各党派在国家发展规划和目标的制定上会有不同看法，但是在国家社会经济发展领域的大方向上始终保持了一致。换句话说就是，政府工作报告成为俄罗斯政治民主的桥梁。

2. 大选前夕的选举性解读不可避免

随着2012总统大选年的临近，俄罗斯国内政治的任何举措都牵动着人们的神经。对普京2010年政府工作报告的选举性解读是不可避免的。透过报告揣摩普京的2012年大选，才是各方关注的重点。普京报告陈述政府业绩，承诺今后作为，强调国家地位，既有述职成分，又有竞选宣言的意味；既是承诺选民，也是展示自己。如此解读普京的2010年政府工作报告，普京2012年的参选已无悬念。

3. 公开展示梅普不同的治国方略，孰优孰劣有待选民选择

目前，梅德韦杰夫的国家现代化发展战略正在高调展示，普京的2010年政府工作报告"提出了本质上不同于现代化构想的国家发展模式"，梅普组合面临考验。据最新民调结果，俄罗斯民众对梅普组合的信任度降至历史最低点。虽然迄今为止，梅普尚未公开宣布参加2012年大选的准确消息，但两人都已公开表示，不排除参加2012年大选的可能性。普京2010年政府工作报告使梅普不同的治国方略公开明朗，孰优孰劣有待选民的选择。

资料来源：

①http：//rusnews.cn/eguoxinwen/eluosi_ neizheng.

②http：//news.xinhuanet.com/world/2011-04/22/.

③http：//rusnews.cn/eguoxinwen/eluosi_ caijing/.

④http：//gb.cri.cn/27824/2011/04/22/5105s32268.

作者单位：中央编译局俄罗斯研究中心

普京组建全俄人民阵线

高晓惠 编译

普京讲了什么

2011年5月6日，统一俄罗斯党在伏尔加格勒举行了关于南俄社会经济发展战略问题的地区间会议。普京在会上发表了讲话，并提出了建立全俄人民阵线的思想。

普京说，2011年将举行的国家杜马选举，是2011年主要的政治事件。"统一俄罗斯党将制定涵盖全国各个地区发展计划的竞选纲领参加国家杜马选举。""对于我们极为重要的是为年轻人，为每个有潜力和意愿为祖国工作的人建立干部梯队的问题。"

因此，普京提出了一个具体建议。他说："党将在8月前完成国家杜马代表候选人的遴选工作，在9月份党的代表大会上最终确定党的竞选名单。参加遴选候选人程序的，不仅有统一俄罗斯党的成员，而且有支持统一俄罗斯党的无党派人士、工青妇组织和其他社会联合组织的参加者以及积极热心的公民，即所有想通过统一俄罗斯党在杜马中的资源直接影响国家决策的人。"

"事实上，我建议建立的是在政治实践中被称为广泛人民阵线的东西。在重大政治性事件之前，以这种形式联合各种政治力量：无论左派，右翼自由派，还是民族主义分子和爱国主义者，在各个国家、在各个时期，都采用过，迄今仍在采用。问题不在于叫什么。问题在于我们赋予这个概念什么内容，我们想达到什么目标。这是联合精神实质接近的政治力量的方法。"

"我十分希望，使统一俄罗斯党以及其他一些政党、工青妇组织、老战士团体，也就是使所有人怀着巩固我们国家的共同愿望，带着解决我们面临的问题的最佳方案，在统一的行动纲领的范围内联合起来。"

普京着重强调了一个重要问题。他说："最重要的是，在这个结构中所有政治组织是绝对平等的：无论统一俄罗斯党，还是工会、青年组织，所有组织都应该是平等的。所有组织不分大小，都有可能和有权利不仅就俄罗斯的最佳和最有效的发展途径提出自己的意见和建议，并且推举自己的候选人，这些候选人仍然可以保留无党派身份，但可以通过统一俄罗斯党的名单进入议会。"

普京的倡议得到迅速的反应。第二天普京即与全俄人民阵线协调委员会成员见面，商讨具体的筹建事宜。在这次会见中，普京再次强调了昨天所讲的内容。

普京首先感谢对他的建议所作出的迅速反应。他说："我重申一下这个建议的关键所在。它在于要建立一个社会联合组织，这个组织的基础是赞同热爱祖国，提高人们的福利，巩固国家的强大，探索公正解决社会领域问题等共同价值的社会组织、政党和公民。我们赋予它的重要内容在于：在这个平台上，联合起那些关心俄罗斯命运的人，而且大家相互平等，不管什么政治力量，不管组织成员的人数有多少，大家都平等地讨论国家的问题并准备参加俄罗斯议会的选举。"

普京认为现在这一任务十分重要，因为，"第一，我们即将举行国家杜马的选举，我认为这是国家最重要的政治事件，对于形成下一届议会十分重要。第二，应该开诚布公地说，在这些条件下，我国的主要政治力量统一俄罗斯党需要注入新的思想、新的建议、新的面孔。我们还需要考虑下一阶段国家的发展，需要确立原则，确立基本的目标。"

普京最后强调，这个联合组织，即全俄人民阵线对于所有赞同这些观点的政治力量都是开放的。

全俄人民阵线成立宣言

普京提出成立全俄人民阵线的倡议后，该组织的协调委员会很快组建了起来，有大约30个组织进入了联邦级的协调委员会。在俄政府网站上已专门辟有全俄人民阵线的链接。据该网站截止到 6 月 14 日的统计，加入该阵线的组织已达 500 个左右。目前，协调委员会倡议加入人民阵线的各个组织提出自己的纲领性建议，以形成人民阵线的人民纲领和竞选纲领。该网站上还公布了全俄人民阵线成立宣言（草案）。下面将宣言的全文附录如下。

我们，社会联合组织的代表：

我们的行动将有利于俄罗斯及其多民族的利益；

尊重人权、宪法和俄联邦法律；

发展真正的民主制，所有关心国家命运的公民实际参与解决国家的命运；

支持我们的领袖普京的倡议，实施俄罗斯总统的方针；

我们声明建立全俄人民阵线作为各社会力量的广泛联盟，以制定和实施我国的长期发展规划。

我们的目的是：

建设强大、民主和主权的俄罗斯：这是拥有市场经济国家，其基础是自由原则、支持企业家活动、竞争、社会伙伴关系、雇主的责任和对劳动者权利的可靠保护；这是自由人和成功者的社会，这个社会建立在男女权利平等，不同宗教、民族、代际和各种职业活动的人相互尊重和公民团结等价值之上。

我们的国家必须在复兴生活的各个领域及现代化的基础上发展，必须为达到 2020 年战略目标而满怀信心地前进。

如上所述，我们达成协议共同参加俄罗斯联邦国家杜马的选举，按照法律的要求并按照共同的协议形成统一俄罗斯党全俄候选人名单。

我们的候选人将制定共同纲领去参加选举，我们准备在进入全俄人民阵线的所有社会组织中广泛讨论这个纲领。

我们打算让我国成千上万的公民成为这一人民纲领，也就是我国将采取的方针的制定者。全俄人民阵线的任务是为新思想开辟道路，吸引公民社会（青年组织、妇女组织、老战士组织、商业团体、工会等）和所有热情的人士解决国家发展的最重要问题，这样做，可以使公民职业的、创造性的潜能，使他们的社会首倡精神得到发扬。

我们号召所有热爱俄罗斯、尊重它的历史、准备为了它的今天和伟大的未来而工作和创造的人团结到全俄人民阵线中来。

我们相信我们将会胜利，俄罗斯将会胜利！

资料来源：
① http：//premier.gov.ru.
② http：//narodfront.ru.

译者单位：中央编译局俄罗斯研究中心

政党·政治 ▶▶▶

梅德韦杰夫的"第三条道路"

阿尔季安·巴伯斯坦 著 黄登学 编译

　　《全球政治中的俄罗斯》2010 年第 5 期刊登了英国肯特大学政治学教授阿尔季安·巴伯斯坦所著的题为《梅德韦杰夫的"第三条道路"》的文章,文中指出,梅德韦杰夫执政后改变了俄罗斯的内外政治方针,实行的是一种既有别于自由主义、又与保守主义不同的路线;梅德韦杰夫提出的现代化战略不是一个促进经济发展的狭隘技术性方案,而是一个通过融合俄罗斯内外政策、调整国内发展轨道及建立更加稳固的基础来增强俄罗斯在国际舞台上作用的大胆尝试,它应当被视为梅德韦杰夫式的"第三条道路",这一道路尚未实现的潜力正在为俄罗斯的系统性变革打开通道,从而将推动符合俄罗斯优良传统的真正的现代化。现将文章部分观点介绍如下。

一

　　对于德米特里·梅德韦杰夫总统的现代化战略,国内外反对他的人都持一种怀疑态度。一些批评者断言,该战略过于"迷恋"高新技术,不实行全面的政治自由化与司法改革,它将不会带来什么成果,而全面的政治自由化与司法改革必然遭到普京和掌控俄罗斯政府与商界的"强力"集团的阻挠。
　　梅德韦杰夫执政后改变了俄罗斯的内外政治方针,开始实行另外一种既有别于自由主义、又与保守主义不同的路线。对国家与市场相互关系的多元论认识,巩固作为中介者的公民社会,促进中小商业和地区发展以取代完全依靠个人意志或中央集权的国家机关所具有的至高无上的权力——这些即是梅德韦杰夫"第三条道路"的基石。

梅德韦杰夫的现代化战略提出,俄罗斯需要更加注重巩固与那些准备与其进行互利合作的国家和机构的联系,双方合作的起点是以自然资源的出口换取技术与投资。梅德韦杰夫总统在2010年7月12日有关对外政策的讲话中声称,世界经济危机已经导致"国际关系范式的转换",这为俄罗斯带来了"最为有效地利用对外政策手段实现国家现代化目标的独特机遇"。他指出,没有与国内外的广泛联系,任何个人、任何国家都不可能实现其独特或至高无上的影响力。

对于最近几年俄罗斯国内——从不完善的代议制民主到半独裁的行政制度——所取得的进步,梅德韦杰夫总统并不认同,而是赞成下面这种说法,即:市场经济与民主制度不仅需要正式的自由主义性质的机构设施,而且需要公民社会框架内的非正式社会联系。梅德韦杰夫有关"俄罗斯公民社会虚弱,而自我组织与自我管理水平低下"的看法是其现代化战略不可分割的组成部分,该战略的目标就是要改变俄罗斯千百年来所形成的行政命令式管理方法,而代之以政治生活中的个体首创精神与公民社会参与原则。

二

考虑到俄罗斯落后的经济以及世界竞争的压力,技术现代化是实现俄罗斯国家进步的必要条件而非充分条件。确保所有权的安全和巩固法律的权威当然很重要,但技术与外资也需要许多其他机制和新办法。这里不仅指物质基础设施以及需要财政扶持的高等教育或者科技发明的转化能力,而且指健全的公民社会赖以依靠的互信与互助的紧密社会关系。因为没有信任与始终不渝的公民美德,签定契约和调动创业积极性的经济成本可能会高得无法接受。

西方自由主义在强调社会契约以及财产领域契约关系的同时却忽视了非正式的社会文化因素,这些社会文化因素在经济发展和政治生活中同样发挥着关键作用,这也是总统将政治经济改革与社会本身的变革联系起来的原因所在。

正如梅德韦杰夫多次强调的那样，仅仅改革落后的经济是不够的。俄罗斯是一个拥有相互之间宽容相待的不同宗教与世界观的多民族国家，俄罗斯的任务是要建立健全公民社会，使俄罗斯的发展符合其多民族国家的这些优良传统，并使人们养成热爱大自然的习惯，善待被斯大林工业化以及休克式经济危机严重损害的周围环境。

人的相互关系与人的联合体是新发展模式的核心，世界的财政资源应服务于能够创造收益的生产活动的需要。就俄罗斯而言，就是要发展农村与农业，同时借助于外国资本发展现代生产与高新技术领域。梅德韦杰夫的现代化战略至今仍然存在有待实现的潜力：将俄罗斯的发展与融入世界经济一体化结合起来。

三

在西方和东方正在进行的有关多极化与多边世界的对话没有考虑到老牌帝国回归以及新兴帝国诞生的进程问题。也许，除了非洲以外，帝国形式正在所有大洲兴起：拉丁美洲的巴西、欧洲的欧盟、中东及南高加索地区的土耳其、波斯湾地区的伊朗、欧亚大陆上的俄罗斯、东亚的中国以及南亚次大陆的印度。美国在北美以及中美洲的霸权可能正在走向衰落，但美国仍然是一个世界超级大国。

毫无疑问，这些（以及其他一些）国家之间存在很大的差异，也许需要更为准确地指出帝国、殖民大国以及霸权国家之间的不同。然而，不管是发达国家还是快速发展的市场国家，其影响力都远远超出了它们的国家边界。归根结底，实际上任何一个国家政权都天然地抱有帝国追求。首先，任何一个政权都力图稳定边境地带的不安定的形势（俄罗斯在北高加索，而欧盟则是在巴尔干）；其次，任何一个大国都力图通过地缘政治手段（俄罗斯设在中亚地区的军事基地或者中国在非洲及横跨各大洋的不断扩大的存在）确保自己地缘经济利益的安全；再次，每一个大国都力图实现某种文明的使命（美国争取民主的"十字军东征"、欧盟方面的人权"出口"或者中国对所谓"和谐发展"理念的宣传等）。

无论在西方还是东方，意识形态在相当程度上都名誉扫地。苏联国家共产主义制度瞬间坍塌之后，与一些人的预判截然不同，世界民主制度并未遍地开花；相反，西方自身还从很多方面偏离了代议制民主与市场竞争的准则与传统，而走向了专制民主和卡特尔资本主义。同样，东方宣称的所谓国家主权与领土完整绝对至上的说法也没有引起人们的特别热情与信任。像俄罗斯和中国这样的国家，实质上都是帝国性大国，它们认为自己有权在自己的势力范围内显示软硬实力，甚至有时可以进行军事干涉（2008年8月南奥赛梯事件即是如此）。

莫斯科和北京在与弱小邻国的相互关系中仍然保持着纳贡体系，它们以提供安全保证来换取销售市场与廉价商品的进口。俄罗斯出售军事技术并从中亚地区购买能源以便将其出口到西方，同时引进廉价的劳动力以填补自己人口的不足；中国需要直接获得原材料以支撑经济的快速增长，同时需要市场来销售自己廉价的消费品，铺设从土库曼斯坦经由乌兹别克斯坦与哈萨克斯坦到中国的新天然气管道以及北京对外投资（对非洲以及不久前对希腊和巴尔干管道的投资等）不断增加的原因就在这里。

中国与俄罗斯对"近邻"以及"远处"国家日益增多的经济干涉可能使它们时不时地卷入到地区冲突中去，因而它们不得不部署军事基地与军事装备来捍卫自己的帝国利益，这也正是两个大国对海军舰队和军事装备进行现代化改造与更新的原因所在——因为它们需要在自己的国界之外展示实力。

如同19世纪大国角逐中沙皇俄国与大英帝国划分自己的利益范围那样，21世纪莫斯科与北京也在谋求中亚地区的霸权。就本质而言，这些国家就是某种形式的帝国，和过去一样，它们的势力范围也存在重合之处，因而可能会引起摩擦与冲突。虽然不久前这些国家间的贸易与政治关系发展很快，但它们之间的相互猜疑以及公民社会层次上稳固联系的缺失却增加了对抗的风险。在大国新一轮的角逐中，能源安全的地缘经济意义并不比控制领土的地缘政治意义小，甚至，前者的意义可能还更大。由此一来，中俄合作与伙伴关系将越来越有可能蜕变成一种战略竞争关系。这一点，再加上对实现现代化的迫切需要，将进一步驱使俄罗斯步入广阔的欧洲轨道。

四

上述发展趋势对于俄罗斯的现代化战略来说具有三重后果。

第一，正如现代化的自由主义辩护者所断言的那样，经济与法制的现代化决不意味着必然能够促进政治向代议制民主方向发展，民主的革新更有可能发生在现有宪法与政治制度的框架内——比如说，通过能够导致选举竞争的各种力量组合的摩擦与碰撞等。

第二，俄罗斯复兴的帝国因素使制度的建构与巩固成为一个更加重要的优先领域。不论在国内还是在国际舞台上，莫斯科都需要更加广泛而优化得多的制度化途径来控制帝国势力范围，莫斯科需要现代化的行政、公民与政治制度。

第三，在中亚地区与中国日益加剧的竞争导致不太可能建立长期的东方"轴心"，俄罗斯与西方实现融合的可能性在增大，但这种融合并不是像上世纪90年代初所设想的那样。回归西方比较可能的情况是，在梅德韦杰夫时期，俄罗斯利用现代化的目的是要展示自己是西方文明的另外一个支柱，这个支柱拥有构建泛欧经济共同体以及安全体系的平等权利。

从这个意义上讲，今天的俄罗斯现代化战略具有双重目标。一方面，美俄关系的"重启"正在增加俄罗斯在世界政治中的分量，而新的削减核武器条约也将使俄罗斯逐渐腾出资源用于军队的现代化建设并提高其战备水平；另一方面，与土耳其以及乌克兰关系的改善为俄罗斯提供了其与欧盟关系的另一个杠杆。并未加入欧盟的这一新的国家"轴心"有可能把自己看做是"大欧洲"不可分割的一部分，没有它们欧盟将无法在"大中东"以及具有重要战略意义的黑海地区或欧亚大陆的中心地带发挥影响。

由此看来，梅德韦杰夫式现代化并不是一个促进经济发展的狭隘技术性方案，而是一个调整俄罗斯国内发展轨道与建立更加稳固的基础以增强其在国际舞台上作用的大胆尝试。俄罗斯总统拟定的这些政治计划，实现了俄罗斯对内政策与对外政策的融合。

当然，在梅德韦杰夫的战略中也存在大量的内部矛盾与缺陷，不过他对促进各种中介组织、对公民参与以及国家间合作的高度关注也表明，其方案仍然属于自由主义与保守主义的传统思想谱系，若作进一步的联想，它应当被视做是某种"第三条道路"，这一道路尚未实现的潜力正在为俄罗斯的系统性变革打开通道，从而将推动符合俄罗斯优良传统的真正的现代化。

译者单位：山东大学政治学与公共管理学院

梅德韦杰夫的民主与自由价值观

陆南泉

2008年5月7日,梅德韦杰夫正式成为第三届俄罗斯民选总统;8日,普京被俄罗斯国家杜马批准为政府总理。这样就形成了梅普组合的政权。应该说,在梅普组合初期,两人的发展战略目标是一致的,都要实行富民强国战略,加速经济发展,提高人民生活水平,强化市场化改革方向。为了将其执政8年期间的发展战略和基本政策继续下去,普京于离任前的2008年2月8日,在俄罗斯国务委员会扩大会议上作了题为《关于俄罗斯到2020年的发展战略》的讲话,为今后12年经济社会发展规定了大框架。执政初期,梅普两人更多地强调一致,梅德韦杰夫表示将沿着普京确定的路线走下去,要继续执行普京执政时期的政策。但随着时间的推移,梅德韦杰夫的治国理念与普京出现分歧,且渐行渐远。现在看来,产生分歧的根本原因在于不同的价值观,并以此反映出不同的治国理念与发展道路:即普京坚持带有威权特征的、中央集权的、强人治国的理念,在此条件下推行以政府主导的市场经济模式;而梅德韦杰夫坚持以民主与自由价值观为基础,推行国家全面民主化的基本政策,以此为出发点,强调实行不断弱化国家对经济干预的自由市场经济模式。

梅德韦杰夫民主与自由价值观的基本思想理念

2008年5月7日,梅德韦杰夫在就职演讲中说:"人权和自由在我们的社会被认为是最高的价值,正是这两点决定着所有国家活动的意义和内容。"他认为,"自己的最重要任务是继续发展公民自由,为自由和有责任感的公民实现自我价值和国家繁荣创造宽泛的条件。"据可信的说法,梅德韦杰夫的就职演说是由他本人撰写的。2008年11月5日,梅德韦杰夫在其首个总统国情咨文中又特别强调指出,宪法所保障的个人自由和民主体制的成熟程度是俄罗斯今后发展的源泉,要通过宪法来扩大经济与商业自由,形成中产阶级、发展中小企业与建立创新经济。

从经济社会发展思想来看,梅德韦杰夫主张更自由化一些。俄罗斯经济评论网2008年2月11日的一篇评论说:"梅德韦杰夫被认为是普京亲信中自由化程度最高和反西方色彩最低的人物。商界精英和西方都在实施自由化方针上对他寄予厚望。"美国媒体说:"梅德韦杰夫具备相对有力的准自由主义经济和政治资格。"① 波兰学者罗戈札认为:"梅德韦杰夫是具有自由派形象的体制内的人。"② 国内外的上述评价,被梅德韦杰夫后来发表的一些值得关注的言论所证实。

2010年9月9—10日,召开了俄罗斯雅罗斯拉夫尔全球政策论坛。该论坛由梅德韦杰夫倡导于2009年创立。这次论坛的主题是:"现代国家:民主标准与效率准则。"梅德韦杰夫在会上发表了题为《现代国家:民主标准和效率准则》的讲话(以下简称为《讲话》),并在会议期间与国际著名政治学者进行了对话(以下简称《对话》)。③ 梅德韦杰夫集中论述了有关现代化与民主及自由问题。他指出:"我不仅坚信作为管理形式的民主,不仅坚信作为政治制度形式的民主,而且坚信民主在实际应用中能够使俄罗斯数以百万计的人和世界上数以亿万计的人摆脱屈辱和贫困。"他还强调:"与人权一样,民主标准(实际上民主标准包括人权在内)也应该是国际公认的。只有这样,它才能成为有效的。"梅德韦杰夫提出五条民主的普遍标准:

一是从法律上体现人道主义价值和理想。要使这些价值具有法律的实际力量,从而引导所有社会关系的发展,并以此来确定社会发展的主要方向。

---

① [美]《东西双边关系》,2008年1月号。
② 参见《中国社会科学院院报》2008年2月21日。
③ 以上两个材料见俄罗斯总统网站。

二是国家拥有保障和继续保持科技高水平发展的能力，促进科学活动，促进创新，最终生产充足的社会财富，使公民能够获得体面的生活水平。贫困是民主的主要威胁之一。

三是民主国家有能力保卫本国公民不受犯罪集团侵犯。

四是高水平文化、教育、交流手段和信息沟通工具。

五是公民确信自己生活在民主社会。这也许是主观的，但却是极端重要的事情。每个人应该独立地对民主作出自己的判断。只有当公民本身认为自己是自由的，那时才开始有民主。

梅德韦杰夫在强调民主的普世性的同时，反对普京认同的"主权民主"的概念，他上台后，没有公开使用过"主权民主"的说法。

梅德韦杰夫在《对话》中强调，民主是发展俄罗斯这个国家、这个庞大经济和政治系统的必要条件。他与学者谈到俄罗斯推行民主进程中所遇到的困难：一是在国家转型初期，由于复杂与困难的政治及经济形势，大多数公民又不具有在市场条件下生活的素养，不得不集中精力谋求个人生存之术，因此，当时的民主仅仅限于参加选举时投票；二是正是在那种形势下，新的统治精英很快学会了操纵选举程序，建立保障他们一直掌握政权的机制。而西方国家当时所关心的是制止在俄罗斯复辟共产主义制度，因此并没有对俄罗斯推行民主化施加更多的压力。这样就使得俄罗斯国家转型初期的民主化进程中出现很多缺陷，并且使威权主义抬头；三是广大民众总体上还没有准备好接受完整意义上的民主，没有准备好去亲身经历民主、去共同参与政治进程，并感觉到自己的责任；四是俄罗斯千年历史上从来没有过民主。人们习惯于主要寄望于沙皇老爷，寄望于高层力量。

俄罗斯已经历了20年的转型，民主政治有了进展。在梅德韦杰夫看来，俄罗斯虽已经是个民主国家，存在着民主，但这种民主是年轻的、不成熟的、不完善的，还处于民主发展道路上的起点，因此，俄罗斯在这方面还有很多事情要做。

价值观分歧在国内外政策中的反映

1. 在国家现代化问题上的差异

2009年11月,梅德韦杰夫总统在国情咨文中正式提出俄罗斯将以实现现代化作为国家未来十年的任务与目标,他提出需要"全方位的现代化"的概念。梅德韦杰夫说:"我们将建立智慧型经济以替代原始的原料经济,这种经济将制造独一无二的知识、新的产品和技术,以及有用的人才。我们将创造一个有智慧的、自由的和负责的人们组成的社会,以取代领袖思考决定一切的宗法式社会。"就是说,21世纪俄罗斯现代化将以民主与自由的价值观和体制为基础。

2009年9月10日,梅德韦杰夫在俄罗斯报纸网发表长篇文章,概述了他对俄罗斯未来十年的看法。他在文章中说:"效率低下的经济、半苏联式的社会领域、脆弱的民主、人口负增长的趋势以及动荡的高加索,这些即使对俄罗斯这样的大国来说都是非常严重的问题。"

梅普都主张国家现代化,但存在不同的理解。

第一,有关国家现代化的内涵不同。梅德韦杰夫的现代化是包括经济、政治、社会等领域的国家全面现代化,且特别强调政治现代化,加速推进民主化的进程。而普京主要强调经济现代化。

第二,对现代化的目标"富民强国"的理解不同。在梅德韦杰夫看来,"富民"应包括富裕的俄罗斯公民感觉到自己生活在民主国家里并享受充分的自由;而"强国"的含义应包括一个强大的俄罗斯,它的民主与自由应得到国际社会的公认。而普京的富民强国纲领主要着眼于经济。

第三,梅德韦杰夫在《对话》中强调,不论经济层面还是政治层面,要实现国家现代化,只有靠自由的人,那些感觉自己是自由的人,才能从事现代化建设。如果一个人畏首畏尾,束手束脚,怕国家,怕司法机关,怕竞争对手,怕生活,就不可能去搞现代化。普京则更多从国家政策与技术层面来谈现代化如何实现的问题。

第四，梅德韦杰夫虽然也认为现代化的进程要视客观条件而定，但他总的来说主张加快推进现代化进程。他在《对话》中说，政府以及我本人的任务，就是要推进现代化运动，我们确实不能原地踏步了。而普京则强调渐进地推行，一再反对跳跃式的现代化。梅德韦杰夫在2010年11月24日的一次讲话中表示："在某种程度上，我们的政治生活开始出现停滞不前的症状。"而普京在同年1月22日的一次讲话中说：俄罗斯的政治体制改革需要"特别谨慎"。

2. 在对苏联历史与斯大林评价问题上的不同

总的来说，梅德韦杰夫对苏联历史基本上持否定与批判的态度，并且这一态度越来越鲜明。2009年10月30日俄罗斯政治镇压受害者纪念日，他在网上发表了题为《对民族悲剧的纪念如同对胜利的纪念一样神圣》的视频博客。他说："在战前的20年里，我国人民中的整个阶层和整个专业界遭到毁灭。哥萨克人实际上都被消灭了。农民们被'剥夺了生产手段和土地'，变得毫无生气。知识分子、工人和军人都遭到了政治迫害。所有的宗教界代表都遭到了迫害。""我们只要想一想：几百万人死于恐怖和不实指控——那是几百万人。"他接着说："但是，直到今天仍然可以听到这种说法：为了某些崇高的国家目标，这么多人的牺牲是值得的。""我坚信，国家的任何发展、国家的任何成就和理想，都不能以人的苦难和损失为代价来取得和实现。没有任何东西可以高于人的生命的价值。"

即便在重塑俄罗斯大国地位，强调苏联在对德战争中发挥重要作用的庆祝"二战"胜利65周年活动期间，梅德韦杰夫也一再谴责斯大林所犯下的永远不可饶恕的严重错误与罪行。他非常明确地说，自新的俄罗斯产生以来，国家领导人对斯大林的评价非常明确。他还说，俄罗斯每个人都有权利对斯大林作出自己的评价，但"这种个人评价不应影响到国家评价"。

普京对待苏联历史与斯大林的评价，在不同时期是有变化的。他在执政前或执政初期，更多持否定立场，最典型的反映是1999年发表的《千年之交的俄罗斯》。他在文中指出："苏维埃政权没有使国家繁荣，社会昌盛，人民自由。用意识形态的方式搞经济导致我国远远落后于发达国家。无论承认这一点有多么痛苦，但是我们近 70 年都在一条死胡同里发展，这条道路偏离了人类文明的康庄大道。"① 但后来，普京的态度逐步发生了变化，他对苏联历史与斯大林不再持全盘否定的看法，而是采取两分法，既有肯定又有否定。普京在应用两分法过程中，又往往趋向于更多地肯定苏联历史与斯大林。这种变化，是普京价值观变化的一种反映，也是为了迎合俄罗斯各阶层的不同认识、不同情绪与感受的需要。

至于在对外政策方面，梅普同样持有不同看法。例如，当普京批判西方国家对利比亚的军事干涉是中世纪进行的十字军远征时，梅德韦杰夫很快提出不同看法。他说："利比亚所发生的一切完全是利比亚领导人的丑陋行为、与对自己的人民所犯下的罪行有关。这一点不能忘记。其他所有的事情都是结果。"

几点看法

第一，梅普之间的分歧是在不同价值观基础上产生的治国理念的差异，因此，随着 2012 年 3 月总统大选的临近，两人的分歧有可能进一步显露与发展。因为，这种分歧很难因他们之间的私人关系、长期的工作关系而消解。

第二，至今，梅普俩人都没有明确宣布是否参加 2012 年 3 月的总统大选，估计都要在 2011 年底杜马选举之后才能明确表态。但可以预测的是，普京将会参选，他比梅德韦杰夫具有更高的支持率和更强大的权力基础。因此，当选的可能性要大于梅德韦杰夫。一旦普京当选，仍将按照他原来的治国理念推行国内外政策。但如果梅德韦杰夫当选，完全有可能在其民主与自由价值观的支配下，使当今俄罗斯国内外政策发生重大的甚至是根本性的变化，定会按照他的思路推进国家现代化，从而使俄罗斯政治、经济与社会环境发生彻底改观，出现一个与当前不相同的新俄罗斯，并还可能使世界格局发生变化。

第三，在梅德韦杰夫不能连任的情况下，如何估量他的价值观对俄罗斯今后发展道路的影响，乃是一个十分值得关注的问题。笔者认为，梅德韦杰夫民主与

---

① 《普京文集》，中国社会科学出版社 2002 年版，第 5 页。

自由的价值观，在俄罗斯是得到相当一部分人士认同与支持的，有一定的市场。这种情况，不可能对俄罗斯今后经济社会的发展不产生影响。

第四，如果普京当选为总统，意味着梅普组合的结束，也不可能出现普梅组合，即普京任总统、梅德韦杰夫任总理。现在已有不少人士暗示，普京当选总统后很可能会选择现任副总理兼财政部长的库德林为总理。

作者单位：中国社会科学院俄罗斯东欧中亚研究所

俄罗斯问题研究（2011）

俄罗斯媒体评公正俄罗斯党的衰落

李兴耕

公正俄罗斯党自2011年4月第五次代表大会以来，处境艰难。俄媒体认为该党面临衰落危险。5月18日，圣彼得堡市立法会议以压倒多数通过了从联邦委员会召回公正俄罗斯党领袖米罗诺夫的决议，使他失去了国家"第三号人物"联邦委员会主席职务。2011年5月，普京领导的统一俄罗斯党宣布成立"全俄人民阵线"后，公正俄罗斯党的部分党员（包括杜马副主席和议员）相继宣布退党，转而支持人民阵线，给了公正俄罗斯党沉重打击。本文拟对俄媒体有关公正俄罗斯党衰落的评论作一简单介绍。

汹涌的退党浪潮

公正俄罗斯党是在2006年10月由米罗诺夫领导的生活党等多个政党联合而成的，其各个组成部分之间在思想上和组织上存在不少差异，党的整合过程远未完成。社会上一有风吹草动，党内就发生地震。早在2007年第五届杜马选举期间，由于米罗诺夫发表了反对普京的激烈言论，引起部分党员抗议，在圣彼得堡和下诺夫哥罗德等地出现了退党风波。5年后，在第六届杜马选举即将到来之际，公正俄罗斯党内又一次爆发了大规模的退党浪潮。据俄媒体报道，在公正俄罗斯党的38名杜马议员中，目前至少有5名议员宣布退党，已经加入或准备加入普京领导的全俄人民阵线。其中尤其引起轰动的是公正俄罗斯党创始人之一、第五届杜马副主席亚历山大·巴巴科夫于7月21日宣布退党并加入人民阵线。巴巴科夫将在佩尔姆边疆区参加人民阵线杜马议员候选人初选，但他暂时还没有加入统一俄罗斯党。他发表了一封公开信解释其退党的理由。他说，当2006年组建公正俄罗斯党时，目标是建立一个政权党的"建设性反对派"及其思想上的对手，以便发挥新的左翼思想中心的作用。党的主要任务是建设社会国家。但是他没有想到，5年来，党变成了"对国家领导人采取严厉反对派立场的党"。巴巴科夫批评党的领导人对待统一俄罗斯党的方针是错误的。

公正俄罗斯党的杜马议员Э.格鲁博科夫斯卡娅和该党阿尔汉格尔斯克地区分部领导人E.弗托雷金娜也已宣布退党。不久前，在米罗诺夫失去联邦委员会主席职位后，弗托雷金娜自愿把自己的议员席位让给了米罗诺夫，使他有可能进入议会并担任公正俄罗斯党杜马党团领导人。弗托雷金娜的退党使该党领导人十分难堪。除此之外，杜马议员米·斯塔尔希诺夫、基拉·卢基亚诺娃和瓦西里·舍斯塔科夫也已退党。舍斯塔科夫是原社会主义统一党领导人、公正俄罗斯党杜马党团副主席。他是普京的柔道教练，与普京合写过关于柔道的著作。

在5月18日圣彼得堡市立法会议表决从联邦委员会召回米罗诺夫的决议时，公正俄罗斯党的多数议员与统一俄罗斯党、俄共和自由民主党的议员一起投了赞成票。公正俄罗斯党圣彼得堡市分部实际上陷入瘫痪状态，那些在市立法会议中投票赞成召回米罗诺夫的议员都被开除了党籍。

在阿尔汉格尔斯克州，除了该州分部领导人弗托雷金娜已退党外，还有一些公正俄罗斯党的市议员和普通党员宣布退党。萨拉托夫州立法会议的公正俄罗斯党党团负责人弗·波扎洛夫也准备加入人民阵线。克拉斯诺亚尔斯克市杜马中的公正俄罗斯党议员团领导人伊·科洛米伊采夫和该地区分部领导人表示不再信任米罗诺夫，并宣布退党。新西伯利亚州的全俄残疾人协会分会主席伊·加尔-萨瓦尔斯基由于加入人民阵线而被公正俄罗斯党开除党籍。

在公正俄罗斯党支持下当选新西伯利亚州鄂毕市市长的安·涅申也加入了人民阵线。公正俄罗斯党萨马拉市分部成员、市杜马议员叶·谢尔佩尔已宣布退党并加入人民阵线。别尔哥罗德州的著名法学家列·卡普里宣布退党。斯维尔德洛夫州立法会议议员伊·加夫涅尔也已退党。卡尔梅克党组织的一些领导人由于拒绝执行党中央的指示而遭到解职处分。这些人打算召开自己的党代表会议，选举代表出席将于9月举行的公正俄罗斯党代表大会，并准备在会上要求开除米罗诺夫和列维切夫的党籍。

针对地方上出现的上述现象，米罗诺夫声称，公正俄罗斯党将依据是否对党中央忠诚这个标准来调整一些地区党组织的领导人。特维尔州和图拉州的地区分部将进行改组，原因是那里的立法会议议员对统一俄罗斯党提出的候选人投了赞成票。

衰落的原因

《独立报》2011年8月8日刊登了俄罗斯政治形势研究中心专家帕维尔·萨林的《公正俄罗斯党的衰落》一文，分析了公正俄罗斯党衰落的原因。

他回顾了公正俄罗斯党的创建过程。2006年初，总统办公厅副主任苏尔科夫在会见公正俄罗斯党的前身、原生活党的代表时说，俄罗斯现在缺少可供选择的第二大党，社会需要有"第二条腿"，以便在"第一条腿"不管用的时候，把重心移到"第二条腿"上。新党应是一个具有社会主义倾向的政党，以吸引左翼分子以及温和民族主义者的选票，把部分抗议性选民引导到建设性轨道上来。米罗诺夫作为联邦委员会主席应该保证党对当局的忠诚，把那些拥护普京总统、但不愿意加入统一俄罗斯党的人员吸引到公正俄罗斯党内来。在2007年第五届杜马选举中，该党得票率达到了7%，在议会中组成了自己的党团。

但是，此后出现了问题。首先是缺乏干部。该党在建立地区分部时也遇到了很多困难。米罗诺夫作为国家"第三号人物"为党提供了若干资金和行政资源。但是，无论在地方上或在联邦范围内，加入公正俄罗斯党的基本上是那些由于各种原因被第一政权党——统一俄罗斯党排除在外的"替补队员"。他们加入公正俄罗斯党多半是为了实现个人的野心。还有一些谋求私利的企业家也入了党。公正俄罗斯党为了增加党员数量，把他们都吸收了进来，使该党成为国内第二大党。

此外，该党还缺乏有能力的院外活动家。无论米罗诺夫还是列维切夫都不适合担任这样的角色。在米罗诺夫失去了联邦委员会主席职位后，干部问题和党的形象设计问题显得更为突出。活动经费也成为棘手问题。该党曾经指望梅德韦杰夫来担任党的领导，后来又邀请原祖国党领导人、俄驻北约组织代表罗戈津加入公正俄罗斯党，但这些都成为泡影。罗戈津拒绝加入公正俄罗斯党，最近宣布成立了"祖国—俄罗斯村社大会"（Родина-Конгресс русских общин），获准在联邦司法部正式注册为全俄社会运动，将来可能改组为政党。

公正俄罗斯党的严重问题是思想危机。该党无法向选民清楚地解释自己的立场，由此总是被人们戴上"第二条腿"、"执政党的仿制品"和"统一俄罗斯党的附庸"等帽子。该党企图把自己装扮成左翼政党，打着社会主义的旗号。但是，这样仍无法把俄共的基本选民争取过来。它一再声称要同俄共联合，但遭到俄共的拒绝。它试图玩弄民族主义的词句，但这一阵地早已被自由民主党所占领。它打出"现代化"和"前进吧，俄罗斯！"的旗号，企图争夺统一俄罗斯党的行政资源和选民，但这一企图也以失败告终。

前景暗淡

面对大规模退党浪潮的严峻局面，公正俄罗斯党领导人仍然摆出十分自信的样子。在米罗诺夫8月初接受《莫斯科共青团员报》记者采访的过程中，当记者问他作为正在沉没的轮船（指公正俄罗斯党）的船长有何感想时，他笑着说："不要相信轮船就要沉没的说法。轮船正在乘风破浪地前进。今天我更愿意把公正俄罗斯党比做气球，它卸掉了各种包袱之后，会飞得更高！"他透露说，圣彼得堡市的俄共议会党团成员马尔科夫已经转到公正俄罗斯党一边。统一俄罗斯党的一些党员要求加入公正俄罗斯党。梁赞州立法会议的自由民主议员弗·克雷姆斯基也已转向公正俄罗斯党。米罗诺夫声称，假如杜马选举在2011年7月举行，公正俄罗斯党能够得到9.6%的选票。他预测在2011年12月举行的第六届杜马选举中，公正俄罗斯党的得票率将比2007年高出一倍，达到15%。

可是，俄多数媒体并不认同米罗诺夫的上述说法。俄民意研究机构调查的结果显示，公正俄罗斯党的前景不容乐观。据全俄社会舆论研究中心（ВЦИОМ）2011年8月公布的最新民意调查结果，公正俄罗斯党的支持率只有4%。看来，公正俄罗斯党要在第六届杜马选举中达到7%得票率门槛，难度较大。

资料来源：

①Лев Правин：" Справедливая Россия" пошла на фронт/www. pravda. ru/19 – 08 – 2011.

②Илья Афиногенов：Бабаков идет во Фронт/www. vz. ru/politics/07 – 21 – 2011.

③Лев Правин：" Справедливая Россия" пошла на фронт/www. pravda. ru/19 – 08 – 2011.

④Павел Борисович Салин：Закат "Справедливой России"/Независимая Газета/08 – 08 – 2011.

⑤Александра Самарина："Родина" – 2 получила зеленый свет/Независимая Газета/08 – 22 – 2011.

⑥Интервью Сергея Миронова 《МК》/ Московский комсомолец/18 – 08 – 2011.

⑦http://www. vciom. ru/08 – 13 – 2011.

作者单位：中央编译局俄罗斯研究中心

俄罗斯政党的最新变动

塔·斯坦诺娃娅 著 高晓惠 译

2011年5月23日,俄罗斯政治技术中心网站发表该中心分析部主任塔·斯坦诺娃娅的文章《为了选举的党》。文章对俄罗斯为准备年底的杜马大选政党格局内的新变化作了简单的评述。

普京总理宣布建立全俄人民阵线,可以说拉开了杜马选举运动的序幕。所有的政治派别都发生了重大变化:在左边,公正俄罗斯党失去了自己的主要行政资源;在右边,"正义事业"产生了新领袖。

自2003年开始的议会选举有一个显著特点,那就是当局的高度操控。目前,当局需要解决几个问题。一个最重要的问题是,动员拥护普京的多数以有利于政权党。统一俄罗斯党遇到了新的挑战:第一,它的支持率有所降低,有失去宪政多数的危险。第二,如何在两个有分歧的政治领袖的组合体制下发挥作用。

为了动员拥护普京的选民,建立了人民阵线,这个阵线形成了联盟的假象,把亲政权的力量团结在统一俄罗斯党的周围。但加入阵线的多数组织,缺乏选民的影响。充实阵线的问题对于当局而言是十分尖锐的,而且俄罗斯人对普京的新倡议完全持怀疑态度。比如,据"列瓦达中心"的调查数据,47%的被调查者听说过建立阵线的事;29%的人相信,阵线的建立只是为了增加统一俄罗斯党的支持率;28%的人认为,需要阵线是为了保持政权党的压倒多数。40%的人肯定总理的倡议,33%的人不同程度地反对。

人民阵线成绩的取得在许多方面也将取决于能否从内容上丰富和充实竞选纲领并找到相应的口号。5月20日有消息称,为制定纲领成立了社会经济与政治研究所。普京在同楚瓦什前总统尼·费奥多罗夫会面时发布了这一消息，并建议他领导该所。这里有意思的是，费奥多罗夫是在2010年夏季被迫离开自己的岗位的，这是由于梅德韦杰夫总统要求限制执政年限（费奥多罗夫于1994年即担任该职）。有传闻说，费奥多罗夫将被派任伏尔加联邦区总统全权代表，但总统没同意，不得不进入上院，但这个职位对他不具有吸引力。这里，值得提醒的是，比如，费奥多罗夫当初最积极地反对取消地方长官直选，反对恢复苏联国歌的旋律，但最近几年并没有任何的不守法表现。看来，普京在维·沃洛金的积极参与下为自己的阵线找到了一些人，这些人原先虽然没有进入统一俄罗斯党的领导层，但富有公开政治活动的经验。

当局希望依靠一个广为人熟知、但在某种程度上独立于统一俄罗斯党的人来"振兴"阵线，这是完全合乎逻辑的。目前，媒体在讨论不久前重新在司法部登记的"祖国—俄罗斯村社大会"加入人民阵线的事。此外，目前统一俄罗斯党不得不筹备选举的条件也与2007年不同，党在互联网上受到最广泛的社会阶层的批评。对党的主要威胁已经不是来自于反对党，而是来自于独立的政治人物，他们有广泛的知名度和潜在的支持率。比如名博主阿·纳瓦利内（А. Навальный），他给政权党贴上了"骗子和盗贼的党"的标签。上周，对于人民阵线最有挑衅性的行为是，国家储备银行行长亚·列别杰夫（А. Лебедев）声明离开商业银行而加入人民阵线。列别杰夫不久前在自己的博客上上传揭密性视频，爆料国家安全委员会中的许多人和"洗钱银行"的交易关系。普京的新闻发言人德·佩斯科夫和统一俄罗斯党总委员会主席团副书记尤·舒瓦洛夫对这一声明表示欢迎。但这类行为对于人民阵线的形象和组织都会带来问题。

在政权党占优势以及组合体制的条件下，克里姆林宫面临的另一个问题是，自由主义力量在总统事实上实施的中右政策的条件下在政党空间中的缺失。在这些条件下，正义事业党的复苏得到批准，该党将是一个让当局感到很安全甚至很舒服的党。曾经讨论过一些联邦级官员加入该党的问题，如副总理伊·舒瓦洛夫、副总理兼财长阿·库德林、总统助理阿·德沃尔科维奇等，但最终他们都拒绝了。其原因看来是，对于这些地位显赫并已进入权力结构的人来说，成为边缘党的领袖既不体面，也很冒险。克里姆林官不急于加强正义事业党，担心精英集团会分裂、瓜分行政资源，破坏在大选中同统一俄罗斯党的竞争机制。不过，在大商人、大寡头领导党的状况下，其选民的潜力受到俄罗斯居民不喜欢商人以及该党公开的反社会方案的限制，正义事业党这一发展方案让克里姆林官感到十分称心。富豪米·普罗霍罗夫同意领导正义事业党，从当局的视角来看，他是一个理想的人选。他在政治上效忠当局，有社会责任感，可以为有益于当局的政治方案作出贡献，如着手从零开始建立国产Ё-Мобиль牌混合动力汽车工业；在同工会发生冲突时游说雇主的利益，如提出劳动法修正案，提高领取养老金的年龄等，这些作为没有表现出任何独立的政治抱负，没有偏离组合体制的总路线。

普罗霍罗夫加入正义事业党受到社会带有讽刺意味的欢迎，已经得到了一个非官方的"Ё党"（来源于Ё-Мобиль牌汽车）和"主要寡头党"的称谓。可以说，党是按照过去鲍·季托夫提出的建议安排的。让我们回忆一下，正义事业党建立后党内很快就发生了分裂，一边是政治反对派路线的支持者（列·戈兹曼），一边是同当局保持建设性关系的支持者（鲍·季托夫）。分裂的结果是党的活动实际上冻结了。但普罗霍罗夫与季托夫的区别在于，前者有更多可能给予党以资金支持。在普罗霍罗夫的领导下，人们期待党能发生重大变化，实际上指的是建立全新的组织。正如鲍·纳杰日金在接受《生意人报》采访时所说，甚至不排除改变党的名称。还准备制订新纲领，改革党的管理机构，推行单一领袖制，而现在是党的三位主席共同领导。列·戈兹曼和格·博夫特已经声明准备让出共同主席职位。

最后，公正俄罗斯党的命运是本次大选选情的一种反映，2007年该党曾以不错的战绩成功地成为进入议会的四个党之一。但在今天，据"列瓦达中心"的调查结果，公正俄罗斯党人不会进入议会：因为准备投票支持该党的总共只有4%的选民。对该党产生消极影响的因素是米罗诺夫被从联邦委员会中召回，公正俄罗斯党因此失去了在选举中很重要的行政资源。米罗诺夫的离职，表明前上院议长已经被边缘化。结果，该党的资金支持将会减少，政治家和官员对党的兴趣将会下降。但是，另一方面，议长的离职也为米罗诺夫从事反对派活动和批评政权党提供了更多可能性。米罗诺夫已经声明，准备利用国家杜马的讲坛积极同统一俄罗斯党作斗争。

据"列瓦达中心"的材料，俄共和自由民主党的支持率相对稳定。俄共的支持率从18%下降到17%；自由民主党则有所改善，从12%上升到14%。这些党的选举结果不会有什么意外：克里姆林宫满意它们的地位和作用，这种状况很有可能会保持到大选之前。

亚博卢党的状况充满矛盾。党放弃了激烈的反对派言论，它的新领袖谢·米特罗欣在近期集中批评莫斯科当局。亚博卢党在近两年变成了一个区域性的党，这甚至让当局感到很舒服。比如，在2011年3月的加里宁格勒州，亚博卢党实际上扮演了公正俄罗斯党的破坏者的角色。

但是，不久前，该党前领袖亚夫林斯基发表纲领性文章《谎言与合法性》，随后，亚博卢党的代表声明亚夫林斯基有可能会参加2012年总统竞选。而且亚夫林斯基是带着十分激进的建议回归政治的，比如"在国家法律层面上恢复被1917年政变和立宪会议的解散破坏了的俄罗斯国家制度"。他建议召开立宪会议，因为立宪会议可以培育俄罗斯国家制度的新的基础，同时他不承认现有的国家管理方式，即事实上的1993年宪法是有效力的。类似的思想未必能鼓舞选民，而且对当局也没有危险。我们还注意到，在亚博卢党人的宣传中，批评的不仅有当局，而且有当局最不喜欢的反对派，如不久前成立的、暂时还未获登记的人民自由党（涅姆佐夫、卡西亚诺夫）。而后者客观上对当局有利。

总统在同俄共主席久加诺夫会见时说，在选举前打算举行同准备参加议会竞选的所有政党领袖的咨询会议。总统因此把自己定位为超党派的总统。总统强调，他认为最重要的规则仍然是保持政治竞争。总统实际上是在表示：国家领袖同政权党的关系是多么的不密切，国内有为所有游戏者确立规则、监督公平竞争的仲裁者。当然，仲裁者为了履行其职能需要多少资源，则是另一回事了。

目前的议会选举在许多方面同2007年选举很像，即要考虑到2012年总统选举的情况。但这一次的问题是：双中心，两位政治领袖的两种表达，这将导致在拥有政权党的同时，仍需要，哪怕是最低限度地需要右派政党的方案。此外，各个党争取选民的竞争也由于一个个争取组合内部不同参加者的斗争而变得更加复杂。

资料来源：
http：//www.politcom.ru/print.php？id=11986.

译者单位：中央编译局俄罗斯研究中心

民主已经成为一个全球性的争议话题

——《民主与现代化——有关21世纪挑战的争论》中译本序言

俞可平

在现当代社会政治理论中，争议最大而又无法绕过的概念，大概要数"民主"。近代以后，民主已经从一种少数政体变成多数政体，从原先的异常政体成为现在的常规政体，从源于西方的政治制度成为人类政治文明的共同成果。在当代世界，几乎所有国家都声称自己是民主国家。但是尽管如此，对究竟什么是民主、如何评价民主，学者和政治家之间的观点不仅莫衷一是，而且常常针锋相对。对民主的争论，不仅发生在国内知识分子之间，而且也发生在不同国家之间。民主已经成为一个全球性的争议话题。如果把中外学者论述民主的书籍收集在一起，足可以装备一个不小的图书馆。要在浩如烟海的民主论述中了解关于民主争论的最新发展，一条捷径便是阅读那些带有代表性观点的文章。

《民主与现代化——有关21世纪挑战的争论》正是这样一本集亚洲、欧洲和美洲专家学者代表性观点的书籍。本书原是为第二届俄罗斯雅罗夫斯拉夫尔"全球政策论坛"准备的，本届论坛的主题就是"民主的标准与效率"（由是之故，我们把梅德维杰夫总统在论坛上的演讲也一并收录于本书）。为了撰写本书，主编邀请了世界各国一些著名的政治学家参加了两次关于民主问题的圆桌会议。其中包括在西方世界影响最大的学者丹尼尔·贝尔（不幸的是，他来不及看到其文章的中译本而于2011年初以91岁高龄逝世），西方现代化理论的代表人物罗纳德·英格哈特，民主理论权威学者约翰·邓恩，欧洲社会理论领军人物齐格蒙特·鲍曼，还有在当今俄罗斯影响深远的数位俄国学者。全书的内容涵盖了民主的一般理论及其在当代世界的主要实践，以及民主与现代化的内在关系。说本书是当今世界各种民主理论代表性人物和代表性观点的汇集，一点不为过。

尽管对民主的含义、要素和标准众说纷纭，但在民主问题上各国学者事实上也有着某种共识。例如，民主的基本意义就是人民的统治或人民当家作主；民主是一系列保障公民自由、平等和人权的制度和机制；民主是人类文明的共同成果，等等。对这些基本问题，绝大多数学者之间并没有分歧。分歧主要发生在评判民主的具体标准和实现民主的现实道路上。民主是人类的基本政治价值，是人类政治文明的主要成果，有着某些共同的要素和表现形式。但是，由于实现民主需要一定的经济、政治、文化条件，而这些条件在不同的国家或同一国家的不同时期可能极不相同，因而，世界各国的民主都会带有自己的特征。从这个意义上说，民主制是普遍与特殊的统一。不能只看到民主是一种普遍价值，有其共同要素和形式，就认为世界上的民主只有一种模式，以民主的普遍性否定民主的特殊性；反之，同样也不能只看到民主的特殊性，不同的国家有不同的政治经济条件，就认为根本不存在民主的普遍性，以民主的特殊性去否定民主的普遍性，从而认为本国的民主与其他国家的民主没有任何共同之处。我相信，读完这本书后，读者也会得出这样的结论。

人民民主是社会主义的生命，没有民主就没有社会主义。我们正在建设一个中国特色的社会主义现代化强国，民主和现代化是我们的两大目标。一方面，我们必须立足中国的基本国情，另一方面我们也必须学习借鉴人类文明一切合理的成果，包括政治文明的合理成果。这也是我们译介这本《民主与现代化》著作的主要目的。读者通过本书能够在一定程度上了解国外著名学者在民主与现代化问题上的代表性观点，我们希望读者通过比较分析，更加全面地认识到，民主既有共性，又有个性，各国的民主各有自己的特色。民主理论集中体现了作者的政治价值，不同价值观的作者会有不同的民主观。例如，在论及中国政治时，国外不少作者显然存有价值的偏见，他们的许多判断是我们所不能接受的。但我们仍然保留了这部分译文，这一方面是为了忠实于原文，尊重原作者的观点；但更重要的是，在社会思想日益多元化并且各种思潮相互激荡的今天，删改译文的做法已经变得毫不可取，我们也完全相信读者有足够的分析鉴别能力。

  本书中文版的面世，首先要感谢原著主编伊诺泽姆采夫先生的支持，他慷慨地答应我们免费使用版权。其次要感谢各位译者，特别是中央编译局俄罗斯研究中心执行主任徐向梅研究员。她是译著的组织者，在很短的时间内邀集了具有丰富翻译经验的各位译者，并且在整个翻译过程中极其负责，从而保证了译文的质量和进度。我相信，当读完本书后，许多读者不仅会对该书的内容，而且也会对译文的质量，留下难忘的印象。

作者单位：中央编译局

政党·政治

多民族社会的民主制度

——第八届中俄经济社会发展比较论坛国际学术研讨会纪要

徐向梅 整理

2011年5月17—18日,由中共中央编译局俄罗斯研究中心、俄罗斯雅罗斯拉夫尔"全球政策论坛"组委会和中央编译出版社共同主办的第八届中俄经济社会发展比较论坛在北京举行。论坛包括三部分内容:《民主与现代化——有关21世纪挑战的争论》新书发布会、"多民族社会的民主制度"国际学术研讨会,以及弗拉季斯拉夫·伊诺泽姆采夫与瓦列里·法捷耶夫学术报告会。参加论坛的专家学者分别来自中共中央编译局、中国社会科学院、国务院发展研究中心、中共中央党校、国家行政学院、北京大学、中国人民大学、中央民族大学、华东师范大学、俄罗斯后工业社会研究中心、俄罗斯联邦社会院、俄罗斯国家战略研究所、俄罗斯有效政策基金会、俄罗斯国立高等经济大学等,还有中央编译出版社、俄罗斯欧洲出版社以及中、俄新闻媒体的近100名代表。

"多民族社会的民主制度"国际学术研讨会围绕民主、民族与文化多样性等问题进行了热烈而坦诚的对话。现将各位学者的发言和讨论内容择要摘编如下。

中共中央编译局副局长俞可平教授在发言中对民主的同一性和多样性问题进行了深入的阐释。民主问题是现今世界上讨论或争论最大的问题之一。我国最近两年争论最大的有两个问题:一是普世价值。英文 universal value,中文有四种译法:普世价值;普适价值;普遍价值;共同价值。二是中国模式。争论中有两个极端:一个极端认为,民主只有一种模式,没有中国特色的民主、中国模式的民主。另一个极端认为,民主只有个性、特殊性,没有共性、普遍性。这两个极端都是不对的。至少在民主问题上，民主是个性与共性、同一性与多样性的统一。民主至少有以下几个共性：民主具有共同的政治发展逻辑，人类不管哪个民族总是要越来越走向民主；民主具有共同的要素，包括选举、法治、公民参与；民主还要有政治透明和权力的制约；民主也要有一些共同的形式，通过政党政治和代表制度表现出来。而民主之所以存在共性，是因为人性有共同特点，社会发展有共同规律，政治文明具有共性。除这些共同性以外，由于每个国家的经济社会基础不同、历史文化传统不同以及社会发展阶段和发展程度不同，民主在表现形式、实现途径等方面呈现多样性特征。通过今天的研讨，我们能够学习其他国家在实践民主过程当中一些值得借鉴的因素，从而更好地实现我们中国特色社会主义的民主政治。

俄罗斯联邦社会院委员、俄罗斯研究所所长、欧洲出版社社长格列布·帕夫洛夫斯基谈了民族国家模式尝试与俄罗斯民主制度问题。俄罗斯独立20年来，对于要创建什么样的国家，国家面临什么样的问题和挑战，我们最终的社会模式是什么样的等问题一直在俄罗斯存在激烈争论。俄罗斯是个多民族、多宗教和多元文化的国家，在民主制度的选择中我们希望体现出稳定的民族利益，但这是个非常艰难的过程。苏联解体同信息革命和互联网的爆炸性发展处在同一时期，国家对此准备不足，由此而产生的冲击影响到整个国家的发展。另一个重要问题是意识形态问题。俄罗斯的民主制还处于起步阶段，由于意识形态方面基础薄弱，经常受到美国的批评。不过俄罗斯的民主模式与美国是不一样的。在这方面借鉴中国的宝贵经验非常有意义。

中央党校政法部赵虎吉教授分析了民主的关键要素与民主制度的多样性问题。民主的关键要素在东方与西方不一定一样。第一，普世价值问题。自由、平等、主权在民当然是普世价值，但并不是唯一的。中国传统的仁义礼智信中也包含着普世价值，二者并不冲突，只是带有东方特色而已。第二，民主要反映多数人的意愿，并成为一种纠错机制。基于此，民主的制度模式完全可以是多样化的。发展不是模仿的结果，而是继承的结果。中国正在探索自己的民主的制度化模式，新加坡、韩国和台湾地区的经验教训值得借鉴。

中国社会科学院副秘书长郝时远教授重点介绍了中国民族区域自治制度的民主机制问题。对全世界民族冲突的调查证明，承认少数民族的自治是有助于而不是威胁政治稳定的。历史和现实的经验对中国的启示就是，在多样中求统一，在差异中求和谐，这是整合民族宗教多样性国家的必由之路。中国实行民族区域自治制度是基于中国历史国情作出的选择，也是中国共产党根据马克思主义经典作家的理论对统一的多民族社会主义国家实现民族平等作出的一种制度安排。它是一种双重的权力（利）结构，既要贯彻国家的统一意志，又要保障少数民族的基本权利，特别是平等的参政权。在民族国家建构中，各个民族事实上都在中华民族化，都需要中华民族化。中华民族并不是单指汉族，而是指各民族共同建构的一个国家层面的国家民族。随着中国新的城镇化进程的推进，正在形成一个民族之间新的融散过程，族际之间可能会产生新的就业竞争、语言条件等新的摩擦和问题。中国的民族区域自治制度也须不断地吸取国际社会的经验来完善自己。解决民族问题的途径不仅是多样的，也是需要不断探索的。

中央民族大学管理学院院长李俊清教授谈了自己关于当代中国民族问题与民族政策的几点思考。中国在处理民族问题上取得了重要成绩，特别是在政治上保证了各少数民族平等的参政权。全国人大代表中少数民族代表占12%，全国人大常委会中少数民族代表占15.53%，都远远高于少数民族人口占全国人口的8.49%的比例。但同时也还存在一些问题。一是经济发展水平差距大。民族地区的经济发展与全国平均水平有相当大的差距。2009年，广东省的GDP是3.7万亿人民币，八个少数民族省区加起来是3.4万亿，没有广东一个省多。二是近几年民族分裂势力暗流涌动。三是随着城镇化进程的加快，少数民族向东部地区人口流动加快，民族矛盾和冲突在非民族地区增多。有几个问题至今没有理想的答案。一是民族身份通过户籍制度得到固化，目前又与利益分配机制挂钩，是不是不利于各个族群之间通过交往慢慢地取长补短，相互融合。另一个是民族自治和区域自治的关系问题。如果我们承认公民权利平等，那么在公民身份上再附着一个东西，比如族群的权利，是不是加深了族群自身的归属感，而有碍于族群对国家的归属感。

俄罗斯有效政策基金会总裁基里尔·塔纳耶夫同与会学者分享了后苏联地区各国民族政策实施的经验。后苏联地区各国呈现出复杂的民族关系，而这些国家的政府对民族关系的认识不足，基本上沿用苏联时期惯用的政治手段来处理民族问题。这些国家所建立的新的政治体系和政治制度，也是对历史的一种沿袭，并没有明确地认识到自己的任务。它们常常受经济决定论的影响，而忽视体制和制度的构建。比如说中亚国家，尽管多半在名义上存在一些民族问题管理机构，但主要从事的是文化组织和协调工作，或者干脆是有名无实。在民族代表制等政治层面上则更少有反映。俄罗斯不仅具有严重的民族问题，由于劳动力缺乏而产生或将产生的新的移民潮，还可能会引发一些新的民族关系问题。

俄罗斯联邦社会院委员、《专家》杂志主编瓦列里·法捷耶夫主张用文化手段解决多民族社会的平等与公正问题。民主与现代化是并列发展的，但二者发展的路径不同。在强国的框架下，这个发展更具有有利于政权的倾向。苏联末期和叶利钦时期的民主化使得国家实力大为衰退。俄罗斯今天要继续实行民主化，应该找到新的更加稳妥的途径。苏联框架内多民族文化得到了空前的发展，各加盟共和国之间贫富差距只有1.5倍，而现在达到20倍。这里谈的是比较发达的前加盟共和国，连这些国家都没有多少发展，以前那些落后的加盟共和国则完全可以说是崩溃了。在解决民族问题方面，西方社会的一些强硬甚至粗暴的政策是不可取的，只有文化手段才能真正解决多民族社会的问题，才能消除民族之间的紧张感，从而消除民族之间的冲撞。

俄罗斯国立高等经济大学地方自治教研室主任西蒙·科尔东斯基教授发表了对"当代俄罗斯等级社会和民主"问题的看法。从社会学的角度来看，民主是一种机制，目的是为了使不同阶级、不同阶层的利益协调化或者和谐化。俄罗斯几百年来都是等级体制，从俄帝国一直延续至今。除了等级划分，我们还按照民族和宗教信仰划分。现在俄罗斯有120个正式得到确认的民族，每个民族里面可能还有若干个甚至数十个族群。我们也面临着怎样在民族和族群之间协调它们的关系和利益的问题。今天北非发生的一些事件应该引起我们的注意，如果社会培养的受过教育的人数超过社会需要的话也会产生问题。俄国在20世纪之前有很多民族是没有文字的，苏联作了很多努力，创建了很多民族的文字和文化，这些文字和文化一旦诞生，就按照自己的现实规律发展。一般来说，民主机制在西方是有效的，但一旦涉及到民族问题的时候，这个民主机制就很难有效了，要通过一定的手段来解决这个问题。

华东师范大学国际关系和地区发展研究院院长冯绍雷教授发言的主题是"文化多元主义与现代国家的发展"。文明的多样性是人类文明发展的一个重要标志，民主的原则就意味着对多样性的尊重和保护。改革开放30多年，中国跟外部的关系主要是融入世界经济的大循环，中国目前处于一个全新的阶段，除了发展，还要对世界的发展和稳定作出更大的贡献，承担更多的责任。在此需要注意两方面的问题：第一，中国的传统不是只讲利益，不讲价值标准，不追寻精神世界；第二，不要固化亚洲或者说东方的经验，中国的成就是在全人类的积累以及文明发展基础之上建立起来的。我们对自己的传统要有一个清醒的认识，要放在全世界多样文明发展的背景之下，认识到我们是其中的一分子，中国在进步，世界也在进步。

俄罗斯国家战略研究所所长米哈伊尔·列米佐夫探讨了文化多元主义的风险问题。多元性文化政策和文化多元主义本身不能等同，所有社会都有文化多元主义，文化多元性作为一个国家的政策，并不是指社会的状态。这个政策基于族群利益高于个人利益的思想。俄罗斯有那么多的民族，为什么会长期居住在一起形成一个国家呢？是来自内心的一种兄弟般的情谊吗？不是。主要是因为长时间以来，这些民族在不同程度上接受了俄罗斯文化，受到俄罗斯文化的影响，也受到俄罗斯境内一些传统体制的影响。要保证一个国家统一，首先要保证这样的主流文化的主导地位。我们中俄两国都有占主导地位的文化，虽然我们对其他民族的文化也都是很包容的，其他族群也需要融入到主流文化当中。如果不这样，他们就不可能有效地参加国家建设，国家的文化统一和民众基础也会遭到破坏。

中共中央编译局当代马克思主义研究所副所长杨雪冬研究员发表了对"文化多样性与民主制度的质量"问题的看法。一般来讲，文化多样性主要有两类：一类是族群以地域为基础形成的文化多样性，一类是从不同的发展阶段来划分的文化多样性。在国家范围内,在文化多样性之上的,就是一个国家的文化或一个国家的意识形态。我们在谈文化多样性和民主制度的关系时,实际是在谈国家的意识形态和多种文化之间的关系,如果二者的关系处理得好,我们说文化多样性推动了民主制度的形成和稳固;如果处理得不好,可能导致国家整个制度的垮台和分裂。中国目前面临文化和政治之间的紧张关系:在不同发展阶段形成的多种文化;个别族群对自我利益的诉求越来越突出;中国国家意识形态或者说官方意识形态正在或者说始终在发生变革,没有办法给公众提供一个有说服力、大家能共同遵守的东西。这些年中国在这方面作出了很多努力,把文化建设提升到国家建设的层面,提出加强国家文化软实力,希望用社会主义核心价值体系引导国人。

国家行政学院公共管理教研部时和兴教授从宪政秩序的角度谈了多元文化背景下的国家建设问题。宪政秩序对我们思考多样文化具有指导意义。文化作为一种规则而存在,这是较低层次的。在高层次上,文化是一种信仰,一种价值,这里面有对人类规则更深层次的思考。实际上,当代世界政治秩序无非也还是体现在这两个方面:我们究竟是从抽象的价值去思考秩序,还是从具体的规则来思考。从规则思考,我们更能找到战略的思路,能更深地体会到秩序对国家架构的意义。宪政秩序的适应性和包容性、多元文化的适应性和包容性以及国家的文化政策都是值得思考的问题。非洲一些国家的经验表明,宪政的缺失是导致国家脆弱的重要原因。

北京大学国际关系学院副院长关贵海教授从民主制与国际关系的角度考察了二者间的边界问题。民主制是一种历史潮流,世界各个国家最终都将走向民主,但是走向民主的路线,解决这些问题所使用的方法并不一定是相同的。因此我们有必要明确地强调,各个国家推行民主的时机和速度,选择民主的方式和制度都是有条件的,不能过于主观化、理想化。用一种强制的、外加的方法来推行民主,对国家之间的关系而言,显然破坏作用大于建设性的作用。任何一个国家,如果想把国际社会也建成民主模式的话,就要把国内民主的体制拿到国际社会来。西方国家在全世界推行民主不力的原因,是它们在民主的标准和民主的适用范围方面"两条线",这种做法从根本上阻碍了民主价值的推行及其吸引力。绝对的民主和绝对的主权,这两者都是违反国际关系公理的。因此在当今的情况下,应该以协商的方式限制部分的主权,推进公认的国际关系的民主原则。

俄罗斯第一频道著名电视节目主持人马克西姆·谢甫琴科从国际战略的视角谈了自己对俄罗斯和亚洲的新选择的看法。俄罗斯文化中最有价值的部分既有自己的特色,又属于全人类。俄罗斯的政治精英们一直在忽视本民族的本性,想把西方的原则套用到俄罗斯,按照西方模式进行现代化,19世纪进行的所有改革都具有这种特点。今天的俄罗斯应该作出自己的选择,挑战那些西方中心论思想。今天的中国已经向我们展现出新的局面,告诉我们,在现代化中,除了西方以外,还可能有其他的中心。亚洲的选择对俄罗斯的发展具有至关重要的影响。

中国人民大学国际关系学院王英津教授详细剖析了我国台湾地区民主制的实践经验及问题。研究欧美的民主化经验固然重要,但亚太国家比如韩国、新加坡、日本、菲律宾,特别是与中国大陆同根同源的台湾地区,这些国家和地区大致上可以称之为儒家文化的辐射圈,受儒家文化的影响深远,它们的民主化实践对我们非常有借鉴意义。

在讨论中,中国社会科学院俄罗斯研究中心副主任陆南泉教授谈到,要分清共性和特殊性,哪个是基础性的东西,哪个是第二性的东西。民主首先是有共性的东西,人类社会的发展都在追求民主,人本身要求自由、民主和人权。中国目前政治体制改革之所以比较困难,遇到一些阻力,可能有两个重要的原因:一个是中国存在一个权贵集团,或者说阶层,他们由于既得利益不愿意促进民主的改革;还有一个是对民主的特殊性和共性的理解有偏差,中国可能过于强调特殊性,强调中国特色,因此推进这个民主共性很困难。

瓦列里·法捷耶夫教授指出,当民族文化的平衡发生动摇的时候,就会对发展产生负面影响,甚至威胁。它有可能使民主的容忍性降低,从而使民主制度产生裂痕,甚至导致政权的交替。对俄罗斯来说,由于人口负增长,大规模的移民问题可能产生新的民族文化冲突,这是与中国不同的。

关贵海教授认为,民族识别在特定的历史时期,特别是国家建构的过程中很重要,但是在和平发展时期是不是还有那么大的意义,这是一个很大的问题。民族识别问题如何适应社会发展的新形势,是一个新问题。李俊清教授对此回应说,民族身份识别最关键的是剥离附着在民族身份上的种种利益,以公民身份分配社会利益,比如高考加分或者困难补贴,只要低于地域平均教育水平或经济发展水平,大家都加分或者都补贴,不管是什么民族。

马克西姆·谢甫琴科认为,俄罗斯各民族的民族属性实际上是人为造成的,比如,在1917年前并没有听说过乌兹别克族,实际上只是不同的部落,而乌兹别克族和阿塞拜疆族都是斯大林创造出来的,这些政治民族的划分实际是苏联政治扩张的手段,这种划分是不正确的。今天谈到民主问题时,必须注意到,苏联解体实际上是国家被苏共的官僚瓜分了。民主的发展不应该是私利和私欲的体现,它们之间相互勾结会造成严重后果,而造成苏联发展出现严重问题的原因之一就是当时苏联官僚同华盛顿的勾结。

在闭幕式上,俄罗斯《自由思想》杂志主编、后工业社会研究中心主任、《民主与现代化——有关21世纪挑战的争论》一书主编弗拉季斯拉夫·伊诺泽姆采夫教授先作了总结。我们两个国家和欧洲国家、美国不同,我们都是多民族多文化的国家。我们两国在21世纪有许多共同的话题,我们应该承认,中国的同行对民主不是那么悲观,而且还更加有信心,这是同俄罗斯学者相比得出的结论。这就反映了最近的一些历史特点,俄罗斯和中国之间的特点。中国学者认为在民主道路上俄罗斯走得更远,还不敢说是如此,我们应该积极讨论的一个问题是循序渐进的办法好还是跳跃式的发展好。俄罗斯就是以比较快的方式往前跳了一步。最近几年,我们很自然地产生了相反的趋势,也就是国家重新回到自己的舞台,对民主产生新的看法。在社会福利方面我们也加强了政策的干预。中国一直采取循序渐进的办法,其实中国已经走到我们的前面,但是并没有像我们这样跨越阶段。所以中国学者无论是对市场经济,或者对民主制度都还是持比较积极的态度。想必这是一个非常有意义的教训或者是经验。应该一步一步地、谨慎地向前走,这样我们可能会少一些失望,多一些信心。在这方面我们应该相互学习,今天也是一个很好的尝试。

中共中央编译局秘书长、俄罗斯研究中心主任杨金海研究员最后作了总结性讲话。论坛围绕多民族社会的民主制度问题进行了深入的探讨，取得了有意义的共识：第一，大家认为民主是同一性和多样性的统一。不管中国还是俄罗斯，都应该走自己的道路。第二，中俄有很多相似之处，从历史和体制上，特别是从多民族国家的角度。中俄今天要稳定发展，必须借鉴历史的教训，特别是苏联解体中民族问题处理不好的教训。第三，中俄两国应该在民主政治建设方面加强相互了解、相互学习和借鉴。第四，要处理好多元文化与现代国家的关系。中国目前面临的一个很重要的问题是如何把价值的一元性和多元性辩证地统一起来。第五，要深入研究国内具体的民族问题，比如说民族身份识别问题、民族矛盾的现代形式、公平问题、社会等级问题、政治传统和现代政治体系建设，等等。中国现代民主政治是中国传统和现代政治的一个很好的结合形式，有很多特殊性和创新点，这是中国改革开放 30 多年取得重大成就的政治基础。本届论坛充分体现了参与的国际性、学术的民主性以及理论与实践的统一性，对我们两国的政治建设都具有重大的理论意义和现实意义。

作者单位：中央编译局俄罗斯研究中心

俄罗斯与欧盟关系发展现状

马细谱

1997年俄罗斯与欧盟缔结伙伴和签署合作协议以来，双方已举行了26次峰会，每年分别在俄罗斯和欧盟成员国首都举行两次峰会。这些会议主要讨论贸易、投资、科学、自由流动、同犯罪和恐怖主义做斗争、共同的外交政策和安全政策、不扩散任何类型的武器、巴尔干和中东的长期稳定等问题。俄欧关系从俄方的满怀希望或一厢情愿走向双方大吵大闹，经历摩擦到实现平等对话。但双方始终未能达成建立自由贸易区协议和签定新伙伴关系协议。

俄欧峰会已经形成机制

早在第二次世界大战结束阶段的1944年，法国戴高乐总统访问苏联时，便签定了法苏同盟和互助条约，法国视地缘政治利益高于意识形态分歧。20世纪70—80年代德国、法国和撒切尔当政时的英国都主张修建从苏联到西欧的天然气管道。1987年，戈尔巴乔夫认为有必要建立"共同的欧洲大厦"。这时，美国认为，西欧与苏联接近损害了美欧的共同利益。苏东剧变后，俄罗斯与欧盟的关系开始疏远。普京执政期间，俄欧关系有所靠近，特别加强了与法国和德国的联系。

俄欧双边关系的法律基础是1994年6月签定并于1997年12月1日生效的伙伴和合作协议。协议的主要方面涉及解决燃料供应、气候变化、有组织犯罪、与恐怖主义做斗争、维护中东和平，以及欧盟要求俄尊重国内的人权等问题。2003年5月，俄欧商定进一步加深合作，在协议框架内建立四个领域的广泛合作。

2005年5月，俄欧高层会晤通过了实现多领域合作的路线图。

至今，俄欧之间已举行了26次最高级会晤。2008年6月在俄罗斯举行俄欧第21次峰会，双方开始谈判签订新的合作协议以取代1997年生效的协议。到2010年5月，双方官员就新协议问题已进行了9轮外交磋商。2008年11月欧俄第22轮领导人会晤在尼采举行，欧盟表示愿意重新启动与俄罗斯的贸易和政治协议谈判。当时波兰持保留态度，立陶宛坚决反对。会晤主要讨论格鲁吉亚冲突、欧洲集体安全和世界经济危机问题。在世界经济危机问题上，双方的观点和立场是一致的。

2010年6月1日，梅德韦杰夫总统与欧洲理事会主席范龙佩和欧盟外长阿什顿举行俄欧第25次会晤，双方确定将在高科技、能源效益、科学研究、行之有效的司法体系、反对贪污腐败等领域开展合作。促使双方接近的一个重要原因是，发生了国际金融危机，而俄罗斯控制着约40%的欧元储备基金。2010年12月7日，梅德韦杰夫总统与欧洲理事会主席范龙佩和欧盟委员会主席巴罗佐举行了第26次峰会。双方聚焦如何推进"现代化伙伴关系"。这次仍然没有签订新合作协议，但欧盟承诺支持俄罗斯加入世贸组织，这为俄罗斯2011年成为世贸组织成员扫清了道路。但是，这次峰会并未使双边关系出现突破。俄罗斯舆论界认为，俄欧关系发展还是"缺乏动力"。

梅德韦杰夫总统于2009年5月12日签署了《俄罗斯联邦2020年前国家安全战略》的指导性文件，宣布俄罗斯将"全面巩固与欧盟的互动机制"，包括在经济，外部和内部安全，教育、科学和文化等领域形成"共同的空间"。在公开的平等谈判的基础上建立欧洲—大西洋集体安全的公开体系符合俄罗斯长远的民族利益。俄罗斯希望尽快欧洲化，甚至有俄罗斯学者提出与欧盟建立"欧洲同盟"；欧盟也尝试同俄罗斯一道建设、发展和稳定欧洲，为欧盟的崛起创造条件。俄罗斯拥有欧盟所需要的原料，而欧盟拥有俄罗斯现代化所需要的技术，双方具有合作的潜力和基础。俄欧文化接近，俄罗斯人认为自己是欧洲人，俄罗斯60%的对外贸易面向欧盟。尽管一些"新欧洲"国家对俄罗斯心存芥蒂，但"老欧洲"的德、法、意等国与俄罗斯保持较好的关系。金融危机发生后，俄罗斯主动谋求与欧盟加深和扩大经贸合作，希望早日签订新合作伙伴协议。

欧盟至今没有制定对俄罗斯的统一政策，尽管俄罗斯在欧洲起着重要的作用。欧盟有时称俄罗斯是"战略伙伴"，有时称它为"现代化伙伴"。欧盟中有人认为，俄罗斯的外交政策是孤立和对国际合作不信任。俄则利用能源资源作为政治施压的手段，因为能源在俄欧关系中起着举足轻重的作用。

俄欧关系发展的几个主要障碍

毫无疑问，欧盟与俄罗斯需要维持紧密的伙伴关系。但双方对"伙伴关系"的理解是不同的。俄罗斯认为，"与欧盟的合作从来都不轻松"。伙伴关系首先是经济方面，而欧盟则主张就欧洲价值观进行对话。欧盟也主张与俄进行合作，但与此同时，欧盟又利用一系列问题向俄施压：（1）利用新入盟10国同苏联和俄罗斯打交道的经验，牵制俄罗斯。如利用波兰甚至罗马尼亚与俄长期的紧张关系。（2）利用欧盟和北约东扩到俄边界附近的俄传统势力范围，如"东部伙伴关系计划"的亚美尼亚、阿塞拜疆、白俄罗斯、格鲁吉亚、摩尔多瓦和乌克兰等国。（3）利用放宽和免签证制度和能源联系促使苏联时期各共和国远离俄罗斯。

实际上，俄欧之间仍存在一系列悬而未决的问题有待逐步解决。

俄罗斯"全面现代化"问题。 俄罗斯提出"全面现代化"，欲与经济发达国家建立"现代化联盟"和"创新领域伙伴关系"。问题是，包括欧盟在内的西方是否愿意让俄成为后危机时代高科技发展的新的竞争者。俄欧之间在许多领域是能够进行有效合作的，但在利益和价值观上存在重大差异，影响它们的真正全面合作。

格鲁吉亚问题。 在格鲁吉亚危机中，欧俄关系一度变冷，欧盟与俄罗斯关于贸易和签证制度协议的谈判一度冻结。但欧盟内部分歧严重，英国和以波兰为首的"新欧洲"国家支持欧盟对俄持强硬立场，而法国、德国、意大利等国主张通过对话恢复欧俄之间"已经失去的信任",不赞同孤立和制裁俄罗斯。今天欧盟认为,俄罗斯已经履行了大部分承诺,如停火、撤军、同意派驻欧盟观察员和在日内瓦开始谈判等。但俄不同意欧盟向南奥塞梯和阿布哈兹派遣维和人员或观察员。

对乌克兰的争夺。2009年3月,乌欧签署欧盟参与乌克兰天然气管线改造计划的协议,接着乌克兰参加了欧盟的"东部伙伴关系计划",欧盟希望通过该计划维护乌克兰的社会经济和政治稳定,保证对欧盟的天然气过境输送。2009年4月,俄乌签署天然气供应及运输补充协议。2010年乌克兰总统大选,亲俄的亚努科维奇获胜,俄乌改善关系赢来了机会。乌克兰政治上倾向于欧盟,而经济上倚重俄罗斯,它在俄欧之间的取向十分重要。

反导基地问题。美国决定在波兰和捷克建立反导基地,欧盟支持美国计划,俄罗斯强烈反对。在东欧部署反导防御系统问题上俄美分歧依旧,欧盟东欧成员国与俄罗斯在反导问题和美军基地问题上的矛盾也依然存在。2010年11月北约里斯本峰会,北约与俄罗斯发表联合声明称要"在相互信任、透明和可预见性基础上,建立真正的现代战略伙伴关系",还同意就建立战区导弹防御系统进行合作。但是双方能否共建反导系统还要看在一些涉及欧洲安全的问题上,双方作出多大程度的妥协和让步。

能源问题。据称,欧洲对俄罗斯的天然气依赖从1980年的80%已降至目前的40%左右。尽管如此,欧洲仍是俄罗斯石油和天然气的最大出口市场。欧盟正在努力通过实现能源来源和供应路线多样化来加强自己的能源安全。俄罗斯则渴望能源出口从欧洲传统市场转移到亚洲,并正在改变单纯依赖能源和资源出口的战略。2006年1月和2008年12月,俄罗斯曾两次停止向乌克兰供气,致使一系列东欧国家断气挨冻。欧盟对俄罗斯能源领域的投资环境不满意,对俄罗斯输往欧盟的天然气价高和数量没有保障有意见,但又依赖俄罗斯,并且制定不了统一的能源政策,无法对俄采取统一行动。欧俄的能源争斗还表现在美国提出的

"纳布科"天然气管线方案与俄罗斯的"南溪"方案的对抗,不过纳布科管线由于欧盟内部意见不一致,迟迟难以落实。

关于中东安全问题。2010年6月,联合国5个常任理事国和德国通过了制裁伊朗的新决议草案,扩大了武器禁运和公海上监督伊朗船只等严格措施。同年9月下旬,俄罗斯宣布配合美国和欧盟对伊朗制裁,实行部分武器禁运和相关人员入境,向美欧示好。俄罗斯表示,它不会站在伊朗一边的真正原因不是为了与美国接近,而是因为伊朗没有接受国际社会的"建设性建议"。

关于俄罗斯参加世界贸易组织问题。欧盟与俄罗斯的贸易协议中最关键的问题是钢材和纺织品。一旦俄罗斯加入世贸组织,欧俄之间的贸易协议则失效。2002年起欧盟就承认了俄罗斯的市场经济地位,2004年欧盟就结束了与俄罗斯就其加入世贸组织的谈判,现在俄罗斯与欧盟成员国的多边谈判还在继续,直到2010年12月的俄欧第26次峰会欧盟才承诺支持俄罗斯加入世贸。

关于免签证制度问题。2006年在俄罗斯举行俄欧第17次峰会时,签订了逐渐取消签证协议和俄罗斯移民自由进入欧盟的协议。但后来欧盟一些老成员国反对取消对俄罗斯的签证制度,它们担心国内的移民问题,害怕犯罪率增加,担心将来在能源安全谈判和签订战略伙伴关系新协议时,失去"交换筹码",所以一直没有取消对俄罗斯公民的签证制度。现在,俄罗斯在做德国的工作,希望它带头取消签证壁垒。

俄欧关系发展将是个漫长过程

一方面,最近20年来,欧盟对在俄罗斯推动"民主化"进程受阻感到失望,其成绩没有它在原东欧地区那么显著,那么行之有效。另一方面,俄罗斯尽管不会与欧盟对抗,但它绝不会接受欧盟在东欧国家实行的"半殖民地发展道路",也不会接受欧美强加于人的价值观,仍然在沿着自己的国家资本主义道路前进。所以,许多东欧学者认为,俄欧间发展关系在许多问题上很难达成谅解。至于俄欧欲建立稳定而又长期的地缘政治联盟要么是不可能的，要么将是"一个长期而又缓慢的过程"。其原因有四。

一、俄罗斯一直坚持其帝国思想，想分裂欧盟。俄罗斯与东欧许多国家存在一些历史与现实问题。东欧国家纷纷加入北约寻求安全，俄罗斯认为这是对它的威胁。俄罗斯仍然坚持其16世纪的帝国思想，把乌克兰、白俄罗斯视为自己的势力范围，竭力阻止它们加入北约欧盟。俄罗斯不想与欧盟总部进行密切联系，而是分别同欧盟的成员国进行接触和联系，以此分裂欧盟。俄罗斯与德、法、意在石油天然气领域的合作就包含离间和瓦解欧盟的意图。

二、欧盟对俄罗斯没有统一的政策，常被俄罗斯利用。在对待俄罗斯的关系上，欧盟基本没有一个统一的政策。欧盟老成员国与前东欧新成员国之间，各成员国之间都存在一定的差别。例如，波兰、英国、捷克等国认为俄罗斯是极权政治，担心俄罗斯的"军事威胁"。而有的欧盟成员国则比较务实，主张发展与俄罗斯的关系。意大利从自己的能源需要出发，与俄罗斯保持着良好的经贸和能源关系，支持欧俄发展全面的合作关系。又例如，2010年10月，法国总统萨科齐称，"俄罗斯对欧洲未来是绝对不可缺少的伙伴"，欧俄之间有"共同的安全空间"；希望欧盟的27个成员国和俄罗斯在国家安全、外交关系、经济政策、人权和移民等多个领域都组成紧密的联盟，尽一切努力使双边关系"重修旧好"。德国也基本持这种立场。

有的学者认为，欧盟同俄罗斯的关系是复杂的，没有统一的标准。这个问题一般可分三个层面，即欧盟与俄罗斯，法德与俄罗斯和东欧新成员国与俄罗斯。在第一层面，欧俄有全面合作，有发展前景，但又充满诸多问题和矛盾；在第二层面，法德（甚至意大利）与俄罗斯经济利益密切，拥有良好合作关系；第三层面，原东欧国家能源上依赖俄罗斯，但对俄罗斯持有戒心和担心，关系时好时坏。

三、欧盟与俄罗斯的关系与欧盟对中国的关系区别很大。有的东欧学者指出，中国不主张分裂欧盟，而俄罗斯一直想分裂欧盟。中国加强与欧盟的关系不存在障碍和问题，而俄罗斯则存在诸多问题。有的学者强调，欧盟与中国发展关系是从经济方面考虑，而与俄罗斯发展关系是从政治方面考虑。欧盟在安全问题上与俄罗斯合作，但在新能源、新技术上不会与俄罗斯合作发展。

四、俄欧要合作，但俄罗斯不会加入欧盟。 俄欧关系实际上是冷战的继续，俄欧不可能建立联盟关系。欧盟不认为俄罗斯是敌人，俄罗斯则认为北约是对手。总的说来，俄罗斯不会加入欧盟，欧盟也不会接纳俄罗斯。俄罗斯与北约的关系尚不清楚。俄罗斯进入欧盟，意味着欧盟解体。

但是，欧俄合作可以为欧洲地区的安全和稳定作出共同的努力与贡献。欧俄之间建立稳定的合作关系，于欧盟，于俄罗斯，都有好处。欧盟有高科技，俄罗斯有丰富的能源。俄欧相互都需要进行合作。

所以，有人预测，若干年后，俄欧关系有可能进入一个新的现实的发展阶段，将忘却过去的恩怨，在彼此接近与合作方面迈出实质性步伐，甚至不排除俄罗斯与欧盟建立某种形式的同盟关系。

作者单位：中国社会科学院世界历史研究所

专题：俄罗斯杜马选举

俄罗斯杜马选举简介

高晓惠

2011年8月29日，俄罗斯总统梅德韦杰夫在索契总统官邸签署总统令，确定于2011年12月4日举行俄罗斯第六届国家杜马选举。

有资格参加此次杜马选举的政党共有七个，其中四个是本届杜马内的政党，这就是统一俄罗斯党、俄罗斯共产党、公正俄罗斯党和自由民主党，其余三个是杜马外政党，即正义事业党、亚博卢和俄罗斯爱国者党。

第六届国家杜马的选举将在新修订后的选举法基础上进行，最主要的包括：杜马450个议席全部按照"比例代表制"在全国选举中按党派分摊产生，得票率超过7%（2007年以前是5%）以上的政党得以进入杜马；新一届杜马议员的任期将从4年延长至5年。

许多政界人士认为目前7%得票率的"门槛"偏高，对此，梅德韦杰夫已签署法律，规定获得高于5%但低于6%得票率的政党将获得一个议席；获得高于6%但低于7%得票率的政党将获得两个议席。国家杜马不久前还通过了将政党进入议会"门槛"从7%降到5%的议案，但新法律将在第七届国家杜马选举的时候实施。

距离2011年12月4日杜马选举日已经不远了，虽然没有人怀疑由现任总理普京任党的领袖、现任总统梅德韦杰夫领衔竞选名单的统一俄罗斯党会顺利胜出，但参加此次竞选的所有七个政党，包括统一俄罗斯党仍积极备选，为选举造势。

在9、10月间，议会内外各政党都相继召开了选举前的代表大会，制定了党的竞选纲领和竞选策略，提出了本党参加竞选的名单。

从11月5日零时开始，杜马选举的选前宣传阶段正式启动，参选的七个政党在未来一个月内可获得在4个联邦级电视台和4个电台1个小时的免费宣传时间，并可利用报纸、网络等多种媒体形式宣传本党的参选纲领、本党主要参选人情况等。而在11月9日，各参选政党在俄全国性电视台的"黄金时段"展开公开辩论，各党代表就相关议题展开针锋相对的讨论。

据专家预测，现有四个议会内政党胜选的可能性是不同的。统一俄罗斯党的胜选当然是毫无疑问的。俄共和自由民主党由于选民队伍稳定，也会获胜。而公正俄罗斯党由于领袖米罗诺夫被从上院召回，近期的支持率有所下降，低于7%。而三个议会外政党，从现在需要的7%的得票率来看，进入议会的机会仍然很小。两个代表自由派的政党，一个正义事业党正经历着危机，领袖难产，党内元老纷纷退出，党内重组看来难当大任。而亚博卢虽然是老牌的民主党，但十几年来无所作为，进入议会的可能很小。打着爱国主义旗号的俄罗斯爱国者党，是俄共的"破坏者"和竞争者，但在整个左派力量下降的大背景下，不仅难与俄共抗衡，进入议会的可能性就更小了。现在看来，此次议会大选尚未有杀出一匹黑马的迹象。

作者单位：中央编译局俄罗斯研究中心

统一俄罗斯党的竞选纲领

彭晓宇 编译

2011年9月24日，统一俄罗斯党召开了第十二次代表大会。总统梅德韦杰夫与该党领袖普京在大会上的讲话，被确定为该党参加下一届杜马选举的竞选纲领。

梅德韦杰夫总统在讲话时说，这次选举将在新的规则下进行。在统一俄罗斯党的直接参与下，选举法进行了修订，进行了一系列创新，旨在扩大公民在权力机构形成中的参与权和提高人民代表制的质量。

总统认为，统一俄罗斯党始终不渝地改善着政治竞争的条件。很多年来，党一直扮演着全民政治领袖的角色，它不仅能带领其他力量，还能超越小集团利益；不仅倾听支持者的声音，还倾听反对者的声音；遵循战略目标，而不是短期利益；尽其所能地为各地区、各社会团体和我国全体公民服务，是真正意义上的全民族和全俄罗斯的政党。

梅德韦杰夫还谈到党内民主问题。他说，更高层次的政治文化，不仅是表面的，还涉及党内同志之间的关系。任何一个政党的强大，都必须有严格的纪律。涣散和动摇任何时候都要不得，但形式主义和官僚主义也同样危险，会导致停滞和倒退。

梅德韦杰夫说，他在2009年党代会的发言中，支持统一俄罗斯党必须参加预选和各级别辩论的想法，并将相应的修改写入党章。在这次大会上，很多代表都是新面孔。这得益于预选，其他很多政党都没有准备好这样做。所以，他认为这样的措施正是统一俄罗斯党成熟和开放的标志。

统一俄罗斯党在许多最紧迫的社会问题上：帮助失业者、解决幼儿园数量不足、保护公民健康、修路、支持优秀青年等方面都做了许多工作，人民对此看在眼里，记在心上。

梅德韦杰夫感谢统一俄罗斯党从最初提名他为总统候选人至今一直大力支持他的政治战略。这个战略保证了国家在这些年的发展。该战略的主要内容是：第一，经济和教育体制现代化，对工业进行技术改造，改善投资环境，为创新建设基础设施，提高劳动生产率，为保证公民、大公司和各级预算的高收入提供劳动安全保障。第二，承担社会责任，提高工资、退休金、各项补贴，解决贫困、改善医疗。第三，根治腐败，官员收入和各部委的国家采购信息公开，对涉及公民财产权和公民自由领域的各项举措进行社会评估。第四，加强司法体制的独立、透明和公正的原则，有关经济条款或经济犯罪的刑法要更人性化，对暴力性质的犯罪，首先是针对儿童的犯罪和恐怖主义活动加大惩罚力度。第五，支持民族间和宗教间的交往，与非法移民、种族犯罪、排外和分裂倾向作斗争，支持俄罗斯各民族文化和传统信仰自由发展。第六，建立现代的政治体系。灵敏的政治体系能倾听所有人、包括最小的社会组织的声音并使之参与到国家和社会的管理中。第七，国内外安全。建立高效的警察机构、强大的武装力量，提高陆军、海军和护法机关中的工作声望。第八，独立理性的外交政策，最终目的只有一个：提高人民的福利，保障人民的安全。

最后，梅德韦杰夫说，统一俄罗斯党在各方面都支持他的工作，确实是亲总统的党。他接受党主席普京的提议，准备领导该党。梅德韦杰夫说，统一俄罗斯党过去和现在所做的，都符合国家发展的优先方面。经济、政治制度和社会生活的现代化，是党的一贯方针。我们大家对国家的未来有共同的认识。我们的共同立场是，俄罗斯不应该是贫弱的、低效和分裂的，不应该遭受技术落后、官员任意妄为、腐败和恐怖主义之害。统一俄罗斯党需要实现根本的现代化，应该更开放、更高效、更坚定自己的优先方向。

梅德韦杰夫相信，统一俄罗斯党会取得胜利，而党获胜后组建的新政府，应该做的就是重视国家生活现代化的实际方针，实现经济现代化，提高人民生活水平，建设现代的法治国家。

在发言的最后，梅德韦杰夫建议提名普京为下一届俄罗斯总统候选人。

统一俄罗斯党主席普京主要谈了经济问题。他从经济的各个方面对国家未来几年的发展进行了规划展望。

普京说，这次危机对俄罗斯影响很深，但俄罗斯还是挺了过来，劳动力市场已经恢复，失业率低于危机前。由于退休金、补贴和预算内工资的提高，居民的实际收入也增加了。退休金提高了45%，在退休金的指数化方面继续工作，2011年还要在45%的基础上增长19%。我们支持民族企业，防止企业大规模倒闭和破产，关键部分又重新运转起来。我国的农业不仅承受了危机，还有两年的干旱。2011年的收成是创纪录的9千万吨，俄罗斯重新领军世界粮食市场。通货膨胀连续三年保持在当代俄罗斯有史以来的最低水平。2011年可能实现无赤字预算。总体上，经济形势在好转。俄罗斯目前的经济增长是4%，最发达国家大约是1%—2%，但是我们不能被迷惑，因为这2%的绝对值要大于我们的4%。

当今的世界，有很多无法控制的风险。这客观上要求我国的发展速度必须超过目前的速度。在今后五年内成为世界五大经济体之一，绝对是非常现实的任务。而且这样的增长不应该是原料型的，而是建立在投资、先进科技、高效率基础上的。在工业和预算部门，要更新或者创造出不少于2500万个工作岗位，就是把目前1/3的岗位实现现代化，这是未来20年国家的任务。

各项发展方案的关键动力还应该是俄罗斯的实业，我们要继续改善投资环境，保证公平的竞争规则、经济政策的稳定和可预见性。

在未来5—10年，要重新装备陆军和海军。不仅要吸收国防工业参加这项工作，还要吸收民用的工业、工程公司。国防采购增加是国防工业现代化和俄罗斯经济现代化的一个重要手段。国防采购要有系统性，要有效率。

一体化项目应该成为我国商业发展的新的推动力。俄罗斯、白俄罗斯和哈萨克斯坦的关税同盟在运行。从2012年1月开始，真正的一体化经济空间将成为现实。这是较高程度的一体化，然后我们要推动建立欧亚联盟。

税收制度也要为经济现代化服务。正当的做法是，对依靠自然资源出售原料的商业部门征收相对高的税，对那些进行创新和生产、建立新企业、发展新商业的部门征收较低的税。这很合理，因为后者的风险更大些。

从社会公正的角度来讲，对富人（越来越多了）比对中产阶级和普通大众多收税是正常的。我们规定对自然人征收13%的所得税。这个税制是为了发展商业，也是为了提高退休金，让普通人都能获得银行贷款和按揭。这个制度不会改变。

近些年，我们建立了税收核算制度，这关系到公民的私人财产。但在前一段时期出现了一些错误，涉及地址、个人信息和税的计算。结果，计算出了300亿的欠税，由于国家的疏忽，大约3600万人无意中成了欠债的人。请财政部、税务总局提出修改法律的动议并提请杜马代表支持，来解决问题。我们一直奉行的原则，不是人民为国家服务，而是国家为人民服务。

在人口问题上，不久前，俄罗斯还是每年减少100人口。而2008—2011年，出生了600以上人口，这是近20年的最高水平。人均寿命从2006年增加了3岁多。到2013年俄罗斯的人均寿命会超过70岁。我们要巩固这一好的趋势，保证人口持续增长。

到2014年底，平均工资将增长50%，达到3万—3.2万卢布。还要增加预算内人员的工资。在这些部门工作的专家的工资不应低于该地区平均水平。2011年6月1日已经开始实行联邦预算人员工资指数化6.5%。从2011年10月1日起，再提高6.5%。各联邦主体也要给本地区预算人员的工资实行指数化。两年内医疗系统的工资要提高30%。明年，所有地区中学教师的工资要达到或超过平均工资。2012年所有大学教师的工资都要达到该地区的平均水平。

要拨款用于提高教师的专业水平、解决学校设施不完备的问题，尤其是农村地区学校的问题，为教育机构的残疾人创造舒适的环境。

重视中学体育教育，建议在2014年奥运会前为所有中学的体育馆配备现代化的装备。五年之后，将比现在多100万的中学生，五年内修缮旧有的学校，并新建1000所以上的中学。

学前教育也决不能忘记，目前俄罗斯幼儿园严重不足，有190万等待入园的孩子。各地区要解决这个问题，要提高学前教育工作者的地位和待遇。俄罗斯家庭要从国家那里得到现实的帮助。

卫生部门也要有一些人民感受得到的改变，病人应该明确知道医生和医务工作者的义务，才能维护自己的权利。要给予农村医疗特别支持，将拨款100万卢布给去农村工作的医生作为旅费。

我们已经开始实行医疗和医药复兴的两个计划。要摆脱跨国公司的限制，保证本国人民有高质量低价格的药品。在需要的情况下，国家可以给予支持。

9月初提出为青年中学教师提供低利率和低首付的特别按揭以及"教师之家"项目、建立住房联合会。这个规模要扩大。下一届国家杜马和政府可以考虑在未来用国有的闲置土地为预算内人员：医生、大中小学教师、文化和社会工作者合作建房。

到2016年，住房建设规模要增加一倍，当然首先是现代化的、较好的住房。在通胀水平降低之后，还要降低按揭贷款利率。良好的居住条件还必须有公道的收费价格。要严格控制取暖费、电和水的价格。大部分自然垄断产品价格的增长不能超过年通胀率。

军人和护法机关工作人员应该有自己和家人的全套社会保险、与职位相配的工资。从2012年1月1日起，将提高武装力量部队和内务部机关军人的工资配给。2013年1月1日起，所有强力部门人员都将实行新的编制。从2012年1月1日，军人的退休金不论单位归属提高50%。

体面地生活和工作，给孩子美好的未来，不应该只在大都市，而应该也在俄罗斯的任何城镇实现。这就蕴藏着发展、开发广大国土的巨大潜力。为此我们需要充分开发联邦制原则这个竞争优势。

要支持和巩固地方自治。我们给俄罗斯各地区和联邦主体提供更多的权限和财政资源，地方机关的责任也会更大。必须推动各地区实施自身发展规划，增加收入。而国家要有对地方主体提供支持的制度和工具。

还有非常重要的一点就是社会团结一致的立场，人民的努力。公民社会对官僚的监督、提出动议、推举诚实的人进入权力机关，也很重要。我们不应该害怕社会的积极性，而要千方百计地支持。

人民阵线在短时间内成了广泛的社会联盟，这个联盟实际上包括了所有社会阶层。新的政治家将会出现。选举名单中一半的人从来没有参加过联邦选举。100多人是无党派人士。统一俄罗斯党也因此得到更新，探索新的方法和新思想。不应该在官僚的办公室里决定发展方向，而应该与人民一起，并且为了公民的利益服务。

我们一起制定了未来行动的纲领。这个纲领包括了各地区、社会团体、许多公民的提议和思想。这个纲领是在人民建议的基础上形成的。因此实际上是人民利益的纲领。未来5年，我们将以此为基础一起工作。

最后，普京请求统一俄罗斯党的党员和支持者，请求俄罗斯人民支持该党参加杜马选举，支持领导竞选的梅德韦杰夫。

资料来源：

http://er.ru/news/2011/9/24/predvybornaya – programma – partii – edinaya – rossiya/.

译者单位：中央编译局俄罗斯研究中心

俄罗斯共产党怎样为大选做准备

徐元宫

俄罗斯共产党作为非执政党,没有什么行政资源可资利用,如何为自己造势、争取获得较多的选票呢?

有计划地举行一系列重要活动

2011年9月24日,在莫斯科举行的俄罗斯联邦共产党第十四次代表大会上,俄共主席久加诺夫作了题为"多数人的政策是争取胜利的方针"的报告。在这份报告中久加诺夫详细列举了自2011年年初开始俄共为准备新一轮大选所积极组织和开展的一系列重要活动。"早在1月份,我们就商议好我们将怎样推进参加联邦大选的准备工作。我们确定了路线图,充满信心地开始了为进行选前决定性交锋的起步阶段。""2月份,发起人民公决,这项活动是俄共政治工作的中心环节。""3月份,统一投票日在俄罗斯联邦的77个行政主体进行。""4月份,我们完成了'宇航50年'运动。举行了数百场盛大活动和群众性集会,同时授出了10万枚纪念章。俄罗斯共产党员、苏联军官尤里·加加林的肖像再一次让全国人民回忆起苏联政权所取得的罕见成就。""5月份,俄共举行的群众性活动达到高峰。5月1日和5月9日胜利日因为我们游行队伍的红色而被装点得熠熠生辉。""6月份,我们开始在皮亚季戈尔斯克俄罗斯南部共产党人代表大会上检查各地区分部的战斗准备情况。在那里,在俄罗斯极其重要的地区,下诺夫哥罗德人和阿尔泰人关于组建人民义勇军的呼吁得到了坚定的支持。""中央委员会七月全会是本次党代会准备工作中的关键阶段。当时,即7月份,我们又迈出了开展广泛的爱国运动的重要一步。在下诺夫哥罗德举行的人民义勇军代表大会加速了发动我们的战友积极参与选举前工作和抗议的斗争。""8月份,我们开展了'没有苏联的20年'群众运动。在俄罗斯联邦共产党、乌克兰共产党以及共产党联盟—苏联共产党等政党的共同努力下,在'统一是拯救兄弟民族的通途'的口号下,在顿涅茨克举行了国际性论坛。这一国际性活动是争取联合兄弟民族这一伟大工作的组成部分。""在为联邦选举活动做准备的旗帜下,举行了'2011——共青团之夏'活动。在6、7、8三个月组织了40多个青年夏令营和青年集会。共计有6000多名共青团员、年轻的共产党员和拥护者参加了活动。""9月17日,俄共与'为了所有人的教育'运动在莫斯科举行全俄代表会议。这次会议再次向世人表明:党及其盟友为捍卫公民自由地接受知识、接受21世纪科学和文化成就的权利所做的工作具有重要的社会意义。""所有这一切,是党及其盟友和拥护者们共同努力的结果。"

召开第十四次代表大会

为了积极而有效地做好大选各项准备工作,俄共特意提前召开了第十四次代表大会,久加诺夫在所作报告的一开始就开门见山地指出:"今天的俄罗斯联邦共产党代表大会需要解决我们参加议会选举并且主要是总统选举的一些重要问题。大家都清楚,我们还从来没有仅仅因为选举程序问题而召开过这种党的代表大会。代表大会的主旨和思想就是党致俄罗斯劳动群众和全社会的一封公开信。"

1. 总结教训

久加诺夫在报告的第一部分"所汲取的教训"中总结了苏联解体的深刻教训。他指出:"时代在前进,而将一切的成就和胜利、残酷的搏杀和惨绝人寰的悲剧留在了后面。1991年八月事件已经过去20个年头了。在那些日子里,苏联最高领导层的代表们绝望地试图拯救苏联,然而,那时,西方依托叶利钦集团已经在我们这里玩起了后来被称做颜色革命的把戏。戈尔巴乔夫的背叛使得'奥伦治派'① 欢天喜地。苏共遭查禁，统一的联盟国家失去了主心骨。三个月后，国际反动势力和地方政治败类在庆贺胜利。帝国主义又获得了重要的补给，榨取并吸吮原苏联各加盟共和国以及社会主义阵营各国的骨髓。我们马克思主义者深知，通往未来的道路不是笔直的。生活教给我们残酷的教训，我们从中得出了最重要的结论。"

久加诺夫指出，俄共所汲取的教训之一，是"要对社会和国家的经济、社会和政治的稳定发展高度负责。20世纪90年代初苏联经济之所以陷入危机之中，不是由于社会主义有缺陷，而是由于戈尔巴乔夫的政策——这一政策从形式上来看是唯意志论的政策，就实质而言则是背叛变节的政策。广大党员未及时遏制住这一破坏性的活动。俄罗斯共产党人将永远铭记这一教训。我们不会重犯过去的错误，一如我们的中国同志、古巴同志、越南同志不会重犯过去的错误一样。我们将保持克敌制胜的俄罗斯思想和社会主义思想的结晶"。

俄共所汲取的教训之二，是"要对意识形态工作和信息传媒政策高度负责。在关键性时刻，无人可以使改革家们的破坏性的欲望冷却下来，蜕化变质分子已经被提拔到苏联的许多重要岗位上。反共宣传在加剧，民众被虚假报道和虚假信息所蒙蔽，在大众传媒上一小撮人的疯狂野心被冒充成'人民的意志'。大多数怀有亲苏情结的公民受到有组织的叛徒的压制。俄共要牢牢地汲取这一教训——必须跟匍匐爬行的反革命进行严酷的斗争"。

久加诺夫指出，"拯救苏联的绝望企图给我们提供了最为重要的教训。人民把有关成立国家紧急状态委员会的消息看做是特别重要的一个步骤，看做是一股清新的空气。对国家紧急状态委员会的行动的全面支持得到了保障。但是，由于大众传媒的失控，由于失去了同群众的联系，由于看戈尔巴乔夫的脸色行事，党和国家的领导未能依靠这一非常强大的支持。他们的犹豫使'第五纵队'、聚集在莫斯科街道上的挑衅者放开了手脚。群众仍在街头进行支持苏联政权的游行示威。但是，当时同志们已经不上街了。因此，我们大家又汲取了一个教训：共产

---

① 16—19世纪荷兰、英国、比利时的奥伦治王朝的拥护者。——编者注

党人无权丧失采取直接政治行动的准备和能力"。

久加诺夫认为,"我们的心因为失去祖国——苏联而痛楚,这不是可以无所作为的理由。我们要对自己和自己的人民发誓:俄共将会重生!俄共已经重生了。俄共忠诚于十月革命的红旗,忠诚于列宁主义的依靠劳动群众的原则。我们将坚定不移地巩固并高度珍视党同群众的联系"。

2. 制定具体任务

报告还明确制定了俄共眼下亟须落实和完成的具体工作和任务,久加诺夫指出:"同志们,今天,当选举活动的起跑令正式发出的时候,我们通过了自己的竞选纲领以及俄共参加竞选活动的其他重要决议。首先,必须积极利用无论是传统的还是新的独特的宣传鼓动方式。""第二,开展人民公决投票参加者签名活动。""第三,积极动用一切手段遏制篡改伪造者。这一次,必须对选前的宣传鼓动、对投票过程以及投票结果的总计进行严格的、全方位的监督。""第四,调动各地区干部的潜能,培训领导骨干和积极分子。我们应当帮助自己的候选人掌握政治辩论的艺术。""第五,必须采取一系列措施加强对我们的纲领和团队的宣传力度。我们不要仅仅坚守在出版专门的选前宣传品上,从党的各类报纸和互联网到各种社会网络,这一切都应当用来为落实选前方案服务。""第六,必须将'没有苏联的20年'运动继续进行下去。""第七,在重视宣传品投放的同时,积极同人们交往。这一重任不仅落到国家杜马代表的身上,而且落到我党在各地区立法权力机关和地方自治机关的代表身上。""第八,宣传立法动议。我们起草的法律草案——这是党落实自己纲领的具体行动步骤,它们向选民表明了国家杜马俄共党团工作的实质和意义、俄共党团的效率及其建设性潜力。"

3. 公布施政方案和政策

报告还向俄罗斯公民和世人公布了俄共的施政方案和政策:

(1) 经济政策。"俄罗斯联邦共产党新的经济政策秉承这样一个原则:'以增长的经济取代有窟窿的经济'。第一,我们将实行原料领域以及工业的其他一系列领域的国有化。""第二,我们将实行新的国家工业化,落实一个原则:'没有停滞的现代化'。""第三，农业是我们特别关注的课题。""第四，人民信任的政府将转而实行新的财政政策。""第五，政府将创新征税审定制度。""第六，人民政府将保障俄罗斯科学与生产领域的有效互助协作。""第七，我们的政府将推行一整套'征服空间'计划。俄共将恢复苏联时期发展各种交通工具的经验，并且用国际范围内的现代化成果充实苏联时期的经验。调整交通运输费用将会降低各经济主体的开销，并将会让公民们自由出行。"

（2）社会政策。俄罗斯要成为"没有穷乡僻壤的"国家，为此要做到以下五点。"第一，将通过新的社会立法。第二，儿童和青年人得到国家的支持。第三，我们的口号是为所有人提供高品质的教育！第四，加强国民健康。第五，发展新的文化这一俄罗斯复兴的条件。"

（3）对外政策。报告指出，"保持今天的政治体制是有害的。俄罗斯需要一个新的政权。人民信任的政府将会巩固国家在国际舞台上的地位并且保障国家的主权。为此，它将在三个方面开展工作：首先，我们将确定对外政策的新的优先任务。俄罗斯将致力于提高联合国在国际政策中的作用；将致力于限制北约的影响和作用，并解散这一集团；将竭力发展同欧洲各国的友好平等关系。扩展同中华人民共和国、印度、越南以及亚洲、拉丁美洲和非洲其他国家的协作关系。俄罗斯远东地区的社会经济发展将有利于亚太地区互利合作的加强。我们在国际舞台上的方针是旨在建立公正关系、增加俄罗斯的盟国和长期协作伙伴的数量。""第二个任务是建立各兄弟民族新的联盟，加速前苏联各国的重新一体化。""第三个任务是加强国防能力。"

加强宣传造势工作

俄共的各类报纸和互联网积极开展为本党候选人参选的宣传造势工作，就其宣传的内容而言主要可以分为如下几个方面：第一，积极宣传俄共的各种思想、政策、主张，比如，在党的第十四次代表大会后，俄共掌握的《真理报》以及一些地方性报纸和互联网立刻就对会议的内容和活动进行了全方位的报道。第二，对俄共为参选而组织和开展的各项重大活动进行全面报道，比如2011年7

月，俄共在下诺夫哥罗德举行人民义勇军成立大会之后，下诺夫哥罗德州共产党人就出了报纸专刊全面报道和宣传这次活动，刊登了多幅彩色照片以及"将红旗插到克里姆林宫上！""选举久加诺夫当总统！"这样的口号和标语。第三，及时地刊登对俄共有利的俄罗斯民意调查咨询机构的一些调查统计数据，比如下诺夫哥罗德州共产党人出版的专刊《争取我们的胜利》就刊登了很多这样的数据，以便"让人们了解真相"。

资料来源：
2011 年 9 月 27—28 日俄罗斯《真理报》。

作者单位：中央编译局俄罗斯研究中心

专题：俄罗斯杜马选举

公正俄罗斯党如何准备杜马选举

高晓惠

为准备第六届国家杜马选举，2011年9月24日，公正俄罗斯党召开了党的第六次代表大会，315名党员代表与会。大会完成了第一阶段工作，即通过了党的竞选纲领，提出了由584名党员组成的参加杜马竞选的名单。下一阶段是将在11月底12月初提出党推荐的总统候选人名单，从而完成党代表大会的工作。

在该党的六大上，党主席尼·列维切夫和领袖谢·米罗诺夫都发表了讲话。列维切夫在讲话中谈到了党的现状和参加此次杜马选举的主要任务。他指出，"建党5年，我们可以满怀信心地说，我们的党建成了。"大会材料显示，截至2011年9月1日，该党共有党员401388人，拥有83个地区分部和2373个基层组织。在地方议会中拥有72个党团和议员团，在各联邦主体的立法会议中拥有代表293人，在地方自治机关中拥有代表4686人。他向大会发出呼吁，"我们学会了有效地捍卫投我们票的、相信并支持我们的选民的利益。党要大声声明，我们去选举，就是为了坚决打破一党垄断，我们准备为此进行艰苦的斗争。"

米罗诺夫的讲话则主要论及党的纲领。他说，俄罗斯仍是一个制度不完善、经济依靠原料、腐败猖獗、搞司法交易和社会消极的国家。公正俄罗斯党是现政权唯一真正的反对党，但却是富有建设性的反对党。我党具有与其他政党相区别的意识形态。我们的目标是新社会主义。现在俄罗斯的主要问题是社会不平等。我党坚信，在贫富差距日益扩大的条件下是不可能建成现代国家和富裕社会的。如果经济增长是富者更富、穷者更穷的话，那么结果将不是经济增长，而是国家被偷光。对此，我们拿出了自己的方案。我党纲领的制订过程是全民性的，是广泛征求意见、广泛讨论的结果。我们对选民提出的迫切问题作出了回应。如公平支付劳动报酬和公平税收；改变养老体系；解决住房问题；提供医疗保障；重视教育；整顿住宅公用设施秩序；反腐败等。我们国家的所有人都希望生活得更美好。我们纲领的所有基本原则实际上反映了人们的要求。

在六大闭幕一个多月后，公正俄罗斯党迎来了党成立五周年的日子。在2011年10月28日这一天，党的三千多支持者在普希金广场举行庆祝集会，党主席列维切夫宣布集会的主题是"反对社会不平等"。党的领袖米罗诺夫在集会开始前向媒体发表了讲话。他说：我们将参加杜马选举。我们的斗争不是空洞的。因为我党是唯一真正的反对党，它具有自己的社会主义意识形态，具有明确的纲领，我们这样做，是为了让我们国家没有骗子和小偷，为了让我国的全体人民生活得有尊严。党是在斗争中迎来自己的生日的，这是争取公正的斗争，为了劳动者的斗争，为了让俄罗斯人感到自己是伟大国家的公民的斗争。我们绝对相信，我们俄罗斯的未来是公正的。

米罗诺夫在集会开始后又进一步强调指出，公正俄罗斯党表明，社会民主党在俄罗斯历史上第一次成为了议会党。我们拥有的最主要的政治资源，就是选民的信任。因为我们有明确的纲领，我们有"通往公正的五步"（2012—2016年）纲领。今天，整个俄罗斯都在期待着公正。今天的俄罗斯人看到20年的"新的民主的"俄罗斯都经历了些什么。俄罗斯分裂成两半，而且两个俄罗斯之间有着巨大的鸿沟：一个是富人的俄罗斯，它为自己设计了保守主义的意识形态，以保持自己的权力；另一个是穷人的俄罗斯，但却是有良心的、诚实的和热爱劳动的俄罗斯，是寡头和官僚深恶痛绝的俄罗斯。今天，受教育需要自费，工资低下，退休者受到"积累"养老金的欺骗，司法不公，腐败侵蚀全国，人们知道，不能再这样生活下去了，人们想改变。改变必将到来，我党倡导的公正的俄罗斯必将到来。

公正俄罗斯党在其宣布的政治宣言和竞选纲领中，提出了党在政治、经济和社会领域的基本要求。在政治上：各州最高长官直选；市长直选；在各级选举中恢复"反对所有候选人"的选项；上院议员直选；政党登记最低人数限额为1

万；把第一频道变成独立的社会电视台，供所有政治力量的代表公平使用；给企业家活动以自由，免除官员对他们的勒索；公布国家高级公务人员的开支；没收腐败官员的财产等。在经济上：实施累进所得税，让寡头和工人都按13%的税率交税是不公正的；联邦和地方自然垄断企业国有化；将增值税降低到10%；征收奢侈品税；对中小企业主实施税收优惠；支持创新公司使之成为"非原料增长"的动力。在社会政策上：取消最低工资标准，转向公正的计时工资制；不是提高退休年龄，而是放弃强制性的积累养老金体系；取消只对最富有的社会阶层有利的递减税制；从立法上限制煤气、电、铁路运输的费率，其上涨率不应超过通胀率；最大限度地降低公民支付住宅公用设施的费用；在住房领域实施公正的政策，通过住宅法修正案，保护公民的利益；扩大劳动群众的罢工权，保护工会领袖的权利；不再增加受教育和医疗保健的费用。

公正俄罗斯党捍卫多数俄罗斯人的权利和自由，新一届的国家杜马不应回避这些问题。我党与其他政党的区别在于：统一俄罗斯党是执政官僚的党，因此不希望国家有任何改变；俄共则想把国家拉回遥远的苏联；自由民主党一方面大声批评当局，一方面又悄悄地和当局妥协；正义事业党是统一俄罗斯党的寡头伙伴。

公正俄罗斯党认为，社会需要变革，而且俄罗斯社会正处于变革之中。新一届杜马代表负有的使命是：把政治选择的实际权利还给人民；停止腐败官员的专横行为；捍卫劳动者的权利，免受来自专横的所有者的侵害；在社会领域为广泛的居民阶层提供可靠的保证；对资本外逃和避税经济设立经济壁垒；使各级政权切实增加通过决议时的透明度，加强国家各级机关对公民的责任；支持和保证公民社会机制。

资料来源：

公正俄罗斯党网站：http：//www.spravedlivo.ru.

作者单位：中央编译局俄罗斯研究中心

俄罗斯自由民主党的竞选纲领

高晓惠 编译

2011年9月13日,自由民主党召开了党的第二十三次代表大会,来自83个地区的284名代表出席了大会。大会的主要任务是为12月举行的议会选举做准备。大会的第一阶段工作已经完成,即确定了自由民主党参加杜马竞选的名单。

党的领袖日里诺夫斯基作了政治报告,谈及历史、现在和未来,但报告通篇语言逻辑混乱,带有日氏的典型风格。会后,自由民主党中央对日氏的报告和党的二十三大作了总结,并且通报了党的12点最重要纲领方案,现将这些内容介绍如下。

党的现状

目前,自由民主党拥有党员20万人,在83个联邦主体中建立有地区分部,共有2396个基层组织,拥有国家杜马代表40人,在60个联邦主体的立法会议中有代表169人,在地方自治机关中有代表1785人。

自由民主党在自己的活动中遵循自由主义和民主的理念。党所理解的自由主义是真正的而不是虚假的自由,它捍卫全体公民的权利和自由;民主则是建立总统制共和国形式的民主国家,各级政权的民主体现在立法、执法和司法的民主上。如果国家没有建立起严格遵守法律、法律面前人人平等的法律秩序的话,真正的自由、民主和公民幸福是不可能的。

自由民主党号召20万党员无条件地履行自己的思想原则和组织原则,积极动员自己周围的所有人参加杜马选举。

自由民主党不断完善、不断修正自己的策略。党反对街垒战，反对内战，赞成宪政和议会道路。党准备在法律的范围内对国家的命运负责。党将告诉选民，我们将通过和平的途径使俄罗斯人、俄罗斯全体公民的生活变得更美好，让国家繁荣富强。党的目标是恢复俄罗斯的强国地位。

总结过去

时代在变化，世界也已大不同。那些曾让我们在可怕的流血战争中取得胜利的东西，如今已经是进一步发展的障碍。这个障碍可以通过实施合理的改革予以克服。历史上，我们有两个极端。兄弟残杀的战争，血腥的革命，这是一个极端；政府的软弱无力，不仅出卖了自己的权力，而且出卖了国家，比如尼古拉二世让出了王位，戈尔巴乔夫背叛了伟大的国家苏联，这是另一个极端。我们应该避免这两个极端。

国家的历史有说服力地证明，俄罗斯在征税以及利用税收造福普通人的生活、发展社会设施方面没有取得什么成效。国家在扮演使社会免于战争和革命的协调者和保护者的角色时也往往不成功。俄罗斯只参与开始过程，也就是说我们只播种，而不去及时收获，有时甚至连根都坏死了。因此人民就憎恨政权，对国家不满，每个家庭之间相互疏离。

世界上存在过几种文明。过去冲突是在部族范围内，后来是在国家间和大陆间进行。20世纪的世界经历了全面意识形态化的时代。西欧受害于法西斯主义，东欧受困于共产主义。全都以破产告终。今天需要新的意识形态来创建政治机制。

全民思想是能够团结起俄罗斯民族和俄罗斯其他民族的思想。我们应该记取过去的错误。我们废除了奴隶制，但这只对土地占有者有利，而农民没有得到自给自足的生活。我们尽最大努力保持君主制和苏共，而这并没有教会我国公民理解什么是自由和民主。我们也应该记住我们历史上一切好的东西。

在国家建制上，我们希望吸取俄帝国好的东西，如多形式的经济、解决民族问题的经验，但缺点是民主不够，一个家庭说了算。我们出生和成长于苏联时代。但苏联有三大不足：错误解决民族问题，单一所有制形式和缺乏民主。在国家发展的目前阶段上，我们看到，民族问题仍得不到正确解决，所有制多元化遭到歪曲，民主是残缺的。我党要告诉我们的选民、俄罗斯公民和全世界：俄罗斯既不是君主专制的，也不是联邦制的，更不是一党制的。

12 点最重要的纲领目标

党必须为未来发展制定明确的意识形态。需要遵循 21 世纪的新方式，因为世界已经发生了重大变化。世界已经是多党的，某个政党制定了纲领，给了人们选择的权利：喜欢谁的意识形态，就支持谁的观点。自由民主党在建立国家多党制方面起了自己的历史性作用。

党坚持不懈地把爱国主义思想提到首位，这首先必须遵照俄罗斯国家的国家利益。拯救俄罗斯民族，同时让俄罗斯其他民族免受奴役和灭绝，是自由民主党的历史任务。作为一个中派的民主的政党，自由民主党依靠健全的思维、我们民族的历史道德价值，并考虑到世界政治的经验，来制定自己的政策。党的中心任务是把俄罗斯从一个无定型的联邦变成强大的、不分"民族"共和国的单一制国家。

自由民主党的选民遍布俄罗斯国内外，包括各种身份的人。党要求听取每个人的意见，向他们解释党的立场，在此基础上党制定出解决我们面临的问题的最有效的办法。就此自由民主党提出了面向此次杜马选举要解决的 12 个最迫切问题，这 12 个问题涉及国家的经济、社会和政治的各个方面。在经济方面：在远东联邦区实施免税经济；对北高加索的所有共和国实施总统直接管理；让境外的所有钱都回到俄罗斯；必须暂停法警没收债务人财产的工作。在社会政策方面：实施住宅公用设施、教育和卫生保健各个体系的国有化；禁止因公民拖欠房租等债务而驱赶公民；取消统一的国家考试和任何入学考试；对阿塞拜疆和中亚各国（哈萨克斯坦除外）实施入境签证政策。在政治方面：向民主跨越，分阶段降低政党进入杜马的门槛，2016 年降到 5%，2021 年降到 3%，2026 年降到 1%；规定在议会选举中获胜的政党的议员席位最高限不得超过 40%；在 2016 年实施无须资金资助的选举；在未来，向议会制共和国这一民主的最高形式过渡。

展望未来

自由民主党希望俄罗斯的未来是:共和国,多党民主,多种形式经济,解决民族问题,彻底避免民族歧视。地缘原则应该是国家建制的基础,无论行政区划叫什么,叫什么州、省、边疆区等,都应遵行一个原则:区域原则,否则民族歧视将永远存在。左派不理解这一点,他们声明要重新恢复苏联,激进民主派也不理解这一点,他们千方百计地挑起民族分离主义。这两种趋势对于俄罗斯都是致命的。应考虑国际经验,世界上没有一个国家是按民族来划分区域的。南斯拉夫就是一个失败的例子。

任何发展独联体、建立内部关税联盟、个别国家建立联盟国家等的企图都不会产生好的结果。我们建议我们的新邻居:我们准备回到统一国家的框架内。在这个框架内,可以解决任何问题,莫斯科中央只负责解决七大问题:即外交、国防、金融、运输、通讯、电力和生态问题。

自由民主党提出自己构建俄罗斯的第四个方案。俄共提出了第一个,苏联的方案。第二个方案是各种民主派提出的。没有任何结果。第三个方案是由统一俄罗斯党执行的,政权党在不断产生的危急情况面前到处堵窟窿,但党不是消防队,它应该有正常的工作。第四个方案是我党的方案。我们不是共产党人,不是民主派,不是统一俄罗斯党人。我们只是心灵上的俄罗斯人,政治信仰上的中右分子,行动方式和斗争策略上的自由派。我们的理想是俄罗斯,拥有自由、法律和秩序的俄罗斯。正是在这些价值下,我们国家,我们整个世界共同体才有未来。布尔什维克和叶利钦的民主派使俄罗斯民族解体,现在要重新联合起来。这就是自由民主党的使命。

资料来源:
俄罗斯自由民主党网站 http://www.ldpr.ru/#.

译者单位:中央编译局俄罗斯研究中心

社会经济透视

没有苏联的二十年

——俄罗斯的经济社会与民生

徐向梅

苏联解体20年了。俄罗斯作为这个昔日帝国的最大继承者,历经20年的转型,从动荡、衰退和低迷转向今天的增长和稳定。20年间,俄罗斯的发展有一个界限清晰的分水岭,那就是世纪之交的领导人更替,俄罗斯从20世纪最后十年的叶利钦时代走向了21世纪新十年的普京时代。不能不论的是,梅德韦杰夫任总统的时期仍属于普京时代。

上世纪的十年

我们不妨回顾一下前面十年的一些标志性场景:1991年苏联解体的那个秋天,商店货架上空空如也,老百姓为日常生活必需的面包、肉、盐、糖和火柴排起长队。1992年,在"休克疗法"放开价格之下,全年消费价格上涨25.1倍,国内生产总值同比下降14.5%,被誉为"改革的象征和发动机"的盖达尔总理下台。1992—1994年大规模的私有化造就了丘拜斯所追求的私有者阶层和成百上千的亿万富豪,却使国有资产大量流失,社会出现严重的两极分化。1998年,是俄罗斯更换总理最频繁的一年,在亚洲金融危机的冲击下,俄罗斯爆发了全面的金融和经济危机。1990—1998年9年间国内生产总值下降了55.8%,工农业出现全面衰退,产生贫困、犯罪、失业、拖欠工资、外债等各种社会问题,俄罗斯在国际上的地位也从苏联时期的超级大国沦落为西方强国的小兄弟。正像普京在《千年之交的俄罗斯》一文中所说,俄罗斯在"近200—300年来首次真正面临沦为世界二流甚至三流国家的危险"。

不过，混乱的上世纪90年代并不是没有意义的。正是这十年，打破了苏联70年的计划经济体制，价格自由形成机制、所有制多元、外贸和金融体制自由化，所有这些都在法律层面得以确立并付诸实施。正是这十年，俄罗斯拥有了新宪法原则下立法、司法和行政三权分立的政治制度，有了言论自由、多党制和自由选举。十年间俄罗斯各种政治力量风雨沉浮，但所有竞争都能保持在宪法规定的框架内。叶利钦总统尽管在其任期中饱受诟病，但在上世纪末他以自己的主动辞职为新俄罗斯开创了一个新的政权交接机制。尽管所有这些并不完善，也没有让老百姓体会到切实的好处，但是一个市场经济和宪政体制国家的确立从长远的意义上不能漠视。

新千年的十年

人人都说普京是个福星。叶利钦时代经历了转轨以来最艰难的衰退和调整，到20世纪末经济已经走出谷底，呈现微弱的复苏。叶利钦时代，俄罗斯经济赖以支撑的世界石油市场始终低迷，在十几美元一桶的价位徘徊。从普京执政，国际石油价格一路高涨，至2007年达到147美元一桶的高位。1998年大危机导致卢布深度贬值，这给俄罗斯发展本国工业创造了进口替代的大好时机。这些的确是新千年俄罗斯经济复苏和增长的基础和机会。

普京曾经强调要让这个曾经在上世纪90年代的剧变中失控并导致1998年危机的国家恢复秩序，他上任后大力稳定政局，惩治寡头，打击恐怖主义，加强中央集权，整合政党力量，表现出非凡的意志和铁腕。普京总统执政八年，尽管"独裁"、"专制"的批评不断，但俄罗斯成为了一个更加稳定和可控的国家，也为经济的恢复和发展打造了适宜的基础。2008年梅德韦杰夫继任总统职位，尽管年轻的总统自由主义和民主倾向更浓厚一些，但无论是政治还是经济总体上是继承了普京政策。

"只有将市场经济和民主制的普遍原则与俄罗斯的现实有机地结合起来，我们才会有一个光明的未来"，普京的市场经济理念是"市场经济加国家调控"，或者还要加上"速度"。沦为二流或三流国家的危险使发展经济的任务异常紧迫，普京指出，"达到应有的速度，不仅仅是经济问题，也是一个政治问题"。为此，普京任内进行了大刀阔斧的经济改革，包括以大幅度减少税种、降低企业和居民所得税率为特点的税制改革，以允许土地流转为核心的《新土地法典》和《农用土地流通法》的出台为标志的农业改革，以制定和完善信贷组织破产、重组和自然人存款保险法、扩大银行系统对外开放度为重心的金融制度改革。尽管普京对一些重要的、有战略意义的部门实行了重新国有化，但是俄罗斯的私有化进程依然在推进中。俄罗斯经济从1999年开始恢复增长，历经十年，保持了GDP年平均增长速度在7%左右，俄罗斯成为世界上经济增长速度最快的国家之一。十年的高增长，使俄罗斯经济恢复，重新进入世界十大经济体之列，国际地位得到显著提升。2008年席卷全球的金融危机对俄罗斯造成重创，经济下滑居金砖国家之首，但是这十年的增长已使俄罗斯的国力与1998年大危机时不可同日而语，GDP在2009年下降7.8%的情况下，2010年实现了4%的增长。

2006年4月，世界银行公布的俄罗斯经济报告中有一句话："非常有可能，2005年的经济增长依然会符合穷人的利益"，报告并没有就此作过多的解读，但是这个观点至今还在中国的网络上被热炒。说俄罗斯的增长是符合穷人利益的增长，到底是怎么回事呢？

上世纪90年代俄罗斯经济滑落谷底，1999年经济刚开始复苏时人均GDP只有1210美元，2005年达到5232美元，恢复到苏联末期的水平。尽管经历了全球金融危机的冲击，俄经济在2008年下半年到2009年也显著下滑，但2010年人均GDP超过了1万美元。居民实际可支配货币收入大幅度提高，从1999年的月均1658卢布提高到2005年的8111卢布，到2010年约18500卢布（如果计算名义月工资则更高一些，到2011年8月超过23000卢布），12年间提高了10倍多。无论是恢复阶段还是增长阶段居民收入的增速都超过GDP的增速。

改革也造成了俄罗斯社会的两极分化，按照俄国家统计局2009年的数据，最富的20%人口收入是最穷的20%人口收入的16.7倍，基尼系数0.422。2011年福布斯全球富豪榜前100名中有15名俄罗斯人。不过俄罗斯政府也关注着穷人的生活，每个季度都要依据经济增长调整国家最低生活保障标准，从2000年的月均 1210 卢布提高到 2010 年的 5688 卢布，相当于 186.7 美元，日均 6.22 美元。收入低于最低生活保障标准的人被视为贫困人口，这一数字从 2000 年的 4230 万人减少到 2010 年的 1810 万人，占居民总数的 13.4%。值得注意的是，俄罗斯的贫困标准是日均 6.22 美元，远远高于联合国规定的贫困线 1.25 美元。可见，俄罗斯的穷人并不是真正意义上的穷人。

俄罗斯普通民众在苏联解体以后经历了商品匮乏、经济衰退、工资拖欠、社会动荡和政局不稳，但是苏联时期存在的社会保障很多都延续下来了。住房方面，俄罗斯转型以后也经历了几个阶段的住房改革，到目前为止绝大部分住房私有化了，不过俄罗斯旧有住房私有化是在人均 18 平方米以内免费获得的基础上进行的，私有化以后住房的公共服务费也基本上是象征意义的。购买新建住房享受补贴和税收优惠政策。苏联时期盖的房子都比较小，尽管这些年新建了不少，有所改善，但总的来说俄罗斯人的住房并不宽绰，至 2009 年底人均住房面积 22.4 平方米。医疗方面，俄罗斯大体上继承了苏联的免费医疗制度，叫救护车、住院、手术、治疗都是免费的，只是药物需要患者承担，免费医疗覆盖全体人民。作为补充，近些年医疗保险也逐步发展起来。教育方面，上世纪 90 年代初，由于转型中的困境，宪法规定将苏联时期的 11 年义务教育改为 9 年，普京执政时期将义务教育延长到高中阶段，总计最高 12 年。公立幼儿园也基本是福利性质。这些制度和措施包含转型以来改革的成果，更主要的则是对苏联时期福利制度的延续，这些高保障的福利制度给转型以后的国家财政带来沉重的负担。2004 年，政府进行了一定程度的福利货币化改革，对享受福利的公民以现金补贴的方式替代原来的多项优惠政策。改革议案公布后遭到大规模的抗议。考虑到民众的承受度，福利制度改革的推进非常缓慢、慎重。应该说，虽然历经如此大规模的转轨和频繁的动荡与危机，但正是由于这些最关乎人民生活的基本问题得到了保障，即使在经济最艰难的那些年并非所有的保障都能落实到位，老百姓和社会才能够支撑下来，度过了困难，迎来了曙光。如今俄罗斯每年财政收入用于教育、医疗和其他公共服务和社会救助领域的资金比例依然非常可观，根据俄国家统计局的资料，2009 年用于社会支付的支出占 GDP 的 10.9%。

俄罗斯的转型并没有结束，经济的持续增长存在许多制约因素，还摆脱不了能源依赖模式，对国际市场动荡的承受能力依然脆弱，面临结构调整和现代化问题。人口尽管在俄政府的各项鼓励政策后，在最近两年止住了自1996年以来的持续下降趋势，并有所增加，但总的来说形势依然严峻，不只是劳动力后续供应不足，甚至危及民族存亡。腐败越来越严重，透明国际历年来按照清廉指数进行国家排名，俄罗斯的排名每况愈下。2010年，在178个国家和地区中，俄罗斯排在第154位，与柬埔寨、肯尼亚和老挝并列。这是自清廉指数1995年创办以来俄罗斯的最低排名。尽管梅德韦杰夫总统任内以反腐败为己任，成立联邦反腐败委员会，实行财产申报制度，勒令政府高官和议员公布收入和财产，但是腐败已经越来越成为俄罗斯投资和经营环境改善的最严重障碍之一。腐败可以说已经侵入到社会生活的方方面面。俄罗斯杂志上刊载文章列举了普通生意人约见总统以下官员所需支付的价钱。老百姓尽管享受免费医疗，但是从叫救护车开始就要掏好处费。随着向市场经济转型，为解决教育资源不足问题，俄罗斯逐步在义务教育基础上引入有偿服务补充机制。因此，尽管免学费以及书本费、午餐费，但学生不得不为学校维修、购买仪器、接受基础学科的补充教育，甚至为自身安全、为集体给老师购买礼物出资。俄罗斯人还对效率问题、对高物价和高房价问题抱有极大的不满。

2008年，梅德韦杰夫担任总统，普京转而担任政府总理。2011年9月，普京明确表示将参加明年的总统大选，并提名梅德韦杰夫担任总理。普京当选不会有任何悬念，接下来的两个总统任期将持续12年。顺便提一下，在梅德韦杰夫总统的主持下，总统任期从下一任开始由4年延长为6年。俄罗斯的政权交接在号称民主制的国家显得不那么民主，选举不免流于形式。不过，如果这样的结果获得多数俄罗斯民众的认同，它也就有理由存在。普京曾经以彼得大帝的雄心作为自己的誓言："给我二十年，还你一个奇迹般的俄罗斯！"普京在2011年9月24日统一俄罗斯党代表大会上发表讲话说，"让每个家庭感觉到自己的生活发生了积极的变化，这就是我们所有工作的意义和目标所在。"他给自己定的目标是使经济增速重新回到几年前的水平，达到6%—7%，未来

5年要使俄罗斯跻身世界经济前五强。普京承诺：继续实行养老金指数化，在危机期间提高养老金45%的基础上，2011年再提高19%；到2014年底，平均工资将增加50%，达到3万—3.2万卢布。最终普京会带给世界一个什么样的俄罗斯，值得期待。

作者单位：中央编译局俄罗斯研究中心

社会经济透视 ▶▶▶

俄罗斯现代化的目标及其现实矛盾

田春生

尽管2008年国际金融危机已经过去,但是国际金融危机对于俄罗斯经济的影响却是深刻而深远的。俄罗斯进一步体会到实现国家现代化、加强国家经济实力的必要性和紧迫性。俄罗斯对于发展创新型经济和现代化的认识是逐步加深的。早在2008年2月,俄罗斯就确立了国家创新发展战略,2009年9月,俄罗斯总统梅德韦杰夫在《俄罗斯,前进!》一文中提出了现代化的构想,将发展创新经济和实现现代化,作为俄罗斯工作的重心。2010年,俄罗斯深化现代化的战略,主要体现在2010年5月的一份秘密报告中,俄罗斯提出旨在与美欧建立更加紧密的联系,与欧盟建立"现代化联盟",以帮助其实现落后工业的现代化。要实现现代化变革,离不开西方资本投资和科技,为此俄罗斯需要面向西方,更加密切同美国及欧洲的关系。应该说,这反映了俄罗斯上层的基本意图。俄罗斯将过去主要在国内发展"创新型经济"的思路延伸到国际战略层面。在这种联盟中,俄罗斯提供投资机会和政治合作,换取外国资本和技术。

因此,在实现现代化过程中对西方特别是对欧洲的倚重,体现了俄罗斯发展创新型经济与推行现代化的战略重点。"创新和现代化"成为俄罗斯未来十年的发展目标,也成为其强国富民战略的重要组成部分。为此,还专门成立了由梅德韦杰夫亲自领导的现代化与技术发展委员会。

俄罗斯现代化的主旨

俄罗斯的现代化构想逐渐得到其国内和国际学界的关注。

1. "全面现代化"的出炉

俄罗斯的现代化是"全面现代化"、全方位的现代化。这是梅德韦杰夫 2010 年明确推出的现代化概念，从过去经济意义上的发展创新型经济，延伸到社会领域。梅德韦杰夫提出，俄罗斯"将建立智能型经济以替代原始的原料经济，这种经济将制造独一无二的知识、新的产品和技术以及有用的人才。我们将创造一个聪明的、自由的和由负责的人们组成的社会，以取代领袖思考和决定一切的宗法式社会"。

2. "全面现代化"的目标

如何理解俄罗斯的现代化，它是一种目标构想还是一种发展战略？或者只是一种思想理念？如果它在很大程度上是一种目标和理念的阐述，那么，现代化就是俄罗斯社会发展的未来目标，就是一个很长的（至少十年）的发展过程。按照梅德韦杰夫的看法，俄罗斯的现代化进行得不会太快。全面现代化则是俄罗斯对于未来社会发展的期望，它所体现出的内涵更加宽泛，包括了政治、公民、社会等方面。

3. "全面现代化"的用意

"全面现代化"是梅德韦杰夫用于竞选的纲领性口号还是用于实际运作，其付诸实践的程度有多大？如果是用于竞选的纲领性口号，全面现代化是否能够看做是梅德韦杰夫为即将举行的大选提出的竞选纲领，目的在于赢得更多选民，特别是为获得自由派选民的支持。在这种情况下，俄罗斯提出的现代化措施能否推行并持久？关于这一点，还需要看俄罗斯今后的具体政策和措施，以及现代化的政策措施在多大程度上能够落实。

现代化是俄罗斯走出金融危机、克服资源型经济、调整结构问题、走向世界强国、实现强国富民的战略选择和必要途径。不过，尽管俄罗斯经济在本世纪得到很大程度的恢复与发展，但是从目前情况看，现代化还仅仅是俄罗斯经济社会发展的一种目标构想。

俄罗斯现代化面临的主要困境

俄罗斯全面现代化的第一步和重点是实现经济现代化，经济现代化是实现全面现代化的基础。这也恰恰是俄罗斯现代化最为艰难之处。俄罗斯本轮经济现代化，主要是解决"工业退步"或者说发展技术密集型产业的问题。这是因为，更多的俄罗斯学者认为，苏联解体之后俄罗斯工业大大退步。按照俄罗斯后工业社会研究中心主任、高等工业学院教授弗·伊诺泽姆采夫的估算，2008年俄罗斯工业产量甚至不如1994年，工人生产率只有美国工人的1/8左右，2008年俄罗斯工业出口总值320亿美元，而金砖四国中的巴西、印度和中国则总共实现1.4万亿美元。

一般来说，经济现代化是构建在新产品与新知识、技术与创新基础上的。俄罗斯经济现代化也不可能另辟蹊径。而能否取得成效还取决于俄罗斯国内的多种因素。从经济意义上理解，就是市场理念、商品价值、商业化运作等能否被俄罗斯所接受；从路径依赖的角度来看，俄罗斯从未有过西方式现代化的历史渊源和民族根基。叶利钦在1990年代的市场转型说明，完全依赖西方的市场经济路径在俄罗斯行不通。但是，我们从世界各国市场发展的经验看，经济现代化不是单方面推进就能够取得成果的，在一定程度上，它是资本、知识、技术、创新与市场和制度相结合的产物。在这方面，俄罗斯的现实问题很多。其中最为主要的是，在资本（资金和人力）、技术（更新与创新）、市场（国内与国际）和制度（连接技术研发与市场营销的制度环境）等市场发展要素方面是断裂的，特别是社会缺少一种实现经济现代化的市场理念。这些是俄罗斯发展创新型经济的主要困难。

从俄罗斯经济的现状看，经济现代化的困境在于以下方面：

第一，发展创新型经济的投资资本短缺。从新兴经济体发展看，解决投资资本不足主要有两条途径：国内融资和吸引外资。目前，俄罗斯国内投资资本的增长率仅为2.8%，吸引外国直接投资数额很少，通过合资的方式阻力又很大。从俄罗斯投资的主要领域分布看，目前以交通和通讯部门、房地产业、加工业和能源开采为主，对工业制造业领域的投资严重不足。而且，俄罗斯并未打算减少能源开采的费用。普京表示，未来十年，在开发新资源和有效利用老油田的条件下，俄罗斯能够保持开采水平，为此必须在2020年前投资超过8.6万亿卢布。

俄罗斯试图通过建设国际金融中心来解决这个问题，但是遥遥无期。

第二，富有创新能力和开拓精神的企业匮乏。俄罗斯的企业普遍缺乏技术创新能力与创新开拓的积极性，这使得创新型经济的引领产业和技术创新的突破口难以确立。

第三，创新型经济的技术与人才需要培养。俄罗斯的设想是从教育入手，立足国内培养，解决人才短缺问题。但是，教育和人才培养不仅需要经费，还需要较长的时间。

第四，俄罗斯市场的商业竞争力目前很低。在《2004—2005 全球竞争力报告》商业竞争力排名中俄罗斯排第61；公司运作和公司战略中的商业理念排名第62；国家商业环境质量（影响商业环境的关键因素）排名第60。

第五，现代化产品的市场迷茫。俄罗斯经济现代化走的是发展创新型经济的道路。按照俄罗斯的说法，它的目标是成为专利和知识产权等智力服务的出口国，因而不会在外包方面同印度竞争，也不会在制造廉价商品方面同中国对抗。俄罗斯有望在15年以后，获得作为专利和知识产权等智力服务出口国的国际声望。但是，从目前企业的状况看，俄罗斯只有5%的企业属于创新型企业，5%的产品属于创新型产品，10%的企业有创新积极性。

第六，现代化的制度性安排尚未到位。诸如为投资、贸易和技术创新等提供制度保障的法律、规则等都不健全，特别是俄罗斯还没有加入世界贸易组织，全球性的制度基本没有。

俄罗斯现代化面临的基本矛盾

对于俄罗斯来说，现代化之路的最主要矛盾就是：国家的优势与劣势之间的矛盾，这也是俄罗斯所特有的。俄罗斯国家的优势在于，其能源资源的出口有着广阔的国际市场和诱人的国际价格，能够由此获取巨额的资源租金收入；而其劣势则是，对于像俄罗斯这样的大国，仅仅凭借资源性产业和资源的出口恐怕不是长久之计。从长远看，俄罗斯必须摆脱对资源出口的依赖，发展国内创新型经济和制造业，转换经济发展方式。这一矛盾极大地阻碍了俄罗斯发展创新型经济和实现经济现代化。唯一的可能和出路在于，将国家垄断性的石油天然气企业实现的收入投入到科技创新领域。

俄罗斯国家所特有的特殊矛盾根源于其民族性。俄罗斯在国家长期发展的历史进程中，在东西方之间始终"左右摇摆"、"左顾右盼"。按照俄罗斯政府的构想，这一波"现代化"对于俄罗斯来说意味着需要蹚出一条符合自己国情的现代化之路，也只有建立在自己的国情基础上，俄罗斯的现代化才能从目标变为现实。

作者单位：中国青年政治学院经济系

俄罗斯政府抵御危机的建设性和破坏性政策措施

米·弗·罗曼诺夫斯基 纳·盖·伊万诺娃 著

童 伟 译

对不同国家采取的反危机政策、有益的经验和无效的措施进行分析，极具学术价值和实践意义。笔者以俄罗斯的经验，首先以国家财政领域所采取的措施为基点进行评述。

自2008年9月开始，因美国次贷危机引发的全球经济危机已持续一年半以上。这场危机被称为"史无前例"并非偶然，不过其后果对于每个陷入危机的国家却各有不同。首先，我们需要指出的是，俄罗斯陷入全球经济危机主要是自身体制的问题和矛盾，如高度依赖世界石油价格，银行体系不发达，通货膨胀难以治理。在各种主客观因素的影响下，与2008年相比，俄罗斯社会经济状况在2009年明显恶化。

在这场危机中，作为政府实施反危机政策的物质基础和干预工具，俄罗斯联邦预算的作用得以大大增强。在过去5年间，俄罗斯预算体系增设了一些新机制，包括储备基金和国家福利基金，其资金主要来源于世界能源价格高企带来的联邦预算盈余。储备基金在世界能源价格发生波动的情况下充分发挥了国家经济安全气囊的作用。国家福利基金的本意是为自愿养老储蓄提供资金支持，并确保俄罗斯养老基金的预算平衡（弥补赤字）。然而，在金融危机的冲击下，这两个基金都被用于弥补因收入下降30%而出现的联邦预算赤字。根据俄罗斯联邦国库统计，2009年储备基金共支出了29648亿卢布用于保障联邦预算平衡，该储备基金在2009年底的余额为18305亿卢布。

显然，储备的存在对克服危机起到了积极的作用，但国内仍然有很多经济学家对上述基金的存在提出了严厉批评，并就此指出，联邦预算盈余的这些资金应直接用于促进国内经济的发展。在俄罗斯还一直尝试建立一种新型的、依靠预算拨款支持的发展组织，例如国有集团公司，这需要个别分析。

俄罗斯目前共有七家国有集团公司："俄罗斯技术工艺"集团公司、"俄罗斯纳米技术"集团公司、"俄罗斯原子能"集团公司、"奥林匹克建设"集团、"公共住宅经济改革支持基金"、"对外贸易和经济银行"、"俄罗斯存款保险局"。与它们性质相近的还有"联合航空制造"集团公司、"俄罗斯公路"管理局、"联合船舶制造"集团公司。国有集团公司是具有特殊地位的"非商业组织"，根据针对每一重新组建的公司而设置的专门法律运作。它们的主要任务是为经济调节计划的落实创造条件：促进经济结构调整、保障支柱产业——航空、造船、原子能等实现技术性突破。

但是，由于组织结构过于复杂，自成立之日起，对这些公司的负面评价就不绝于耳。不透明的所有制结构使得很难对国家这一政策措施的实施效果进行评价。值得注意的还有，自这些国有集团公司成立以来，它们的成立和运营得到了联邦预算上万亿卢布的支持，但却没有一个机构有权对其进行监督。我们认为，从长远来看，这些国有集团公司应改造为标准的市场组织。

为抵御金融危机，俄罗斯采取了一系列紧急措施救助银行系统，这是完全正确的，但却不可能使局势产生根本性的改善。为支持商业银行度过难关，2008年11—12月下列机构拿出了大量资金：

联邦预算——2万多亿卢布；

国家福利基金——8750亿卢布；

俄罗斯银行和国际储备——约3万亿卢布（各种形式的临时性和长期性融资）。

各种形式给予商业银行的资金支持合计约6万亿卢布，其中直接用于股市和实体部门的仅为1750亿卢布，不到总额的2.9%。虽然银行得到了大量的财政支持，但信贷市场却并没有呈现明显的增长。信贷活动仍然是高风险领域，甚至因中央银行严格监管的要求而变得更为复杂。

实体经济部门则因为失去银行信贷资金的支持和技术落后等原因仍然十分脆弱。其结果是，大部分关键性经济部门的生产出现大幅度下降，亏损企业比重上升，失业率不断攀升，特别是在一些单一城镇，失业人数明显增多。

在金融危机刚刚开始时，俄罗斯就对税法进行了修订，其中最重要的修订有：

将利润税的税率由24%下调到20%，减税带来的收入损失主要由联邦预算承担；

第3至第7类固定资产的折旧补偿数额由10%提高至30%；

俄罗斯联邦各主体立法机构根据简化的税制有权将统一税从15%下降到5%（应用于"因支出减少而相应增加收入"的项目）；

提高与不动产购买有关的财产税缴税额，由100万卢布提升至200万卢布；

对开采石油的矿物开采税实行税收优惠，包括降低税率等。

减轻税收负担的努力还在继续。2010年年初，实行了一系列措施放宽对经济犯罪的处罚，包括税收领域的重大责任弱化等。值得注意的是，其他国家在出现危机时却呈现相反的态势——纳税人承担的责任更多。

除了减少税收负担外，实体部门还获得了总量超过1万亿卢布的直接预算支持。但大多数专家都对这种援助方式的有效性表示怀疑。我们认为，直接的预算支持应只投向于高科技领域。因为资金使用不当的话，金融危机将转化为技术危机，即使是发达国家，其克服金融危机的主要途径也在于加强科技创新、加大创新投入，而这对于长期信贷极度匮乏的俄罗斯来说极为困难。

在本轮世界经济危机中，有一个明显的特点就是发达国家政府都试图通过制定和实施专门的反危机社会纲领来抵御危机的冲击，俄罗斯政府也不例外。俄罗斯联邦政府2009年反危机纲领自2009年春发布在政府总理普京的官方网站上以来，经过多次公开辩论，得以不断补充和完善。反危机纲领的实施延续到2010年，主要包括如下优先领域：

保持社会稳定和确保对居民的社会保障；

支持经济复苏,保障经济良性发展态势的可持续性;

加快现代化步伐:采取措施优先解决俄罗斯经济中存在的实际问题,抑制经济衰退的速度和深度(脆弱的国家金融体系,缺乏多样化的经济和出口,缺乏竞争力的加工工业),改善体制环境,建立包括金融市场在内的新的管理模式,增加人力资本投资。

因此,在2009年和2010年的反危机纲领中,对各项需要实现的优先领域都作了详细规定。然而,对这些措施进行详细分析就会发现,这些反危机纲领对经济具有破坏性和建设性两方面的影响。例如,具有破坏性的措施为:政府试图挽救个别金融机构、国有经济部门和受危机影响最严重的大型企业集团。这一政策的结果是,暂时遏制了个别经济部门的危机,保持了现有经济结构,日益稀缺的财政资金被重新分配到效率低下的经济领域。政府反危机纲领的建设性政策是,为保障支付结算体系稳定、缓解社会矛盾创造条件。

因此,为了帮助实体经济部门克服经济危机,除了已采取的措施外,俄罗斯政府还应出台下列方面的政策:

扩大银行同业信贷中的国家担保,以强制贷款限额促进商业银行提高给予实体经济部门的信贷投资;

在信贷市场停滞不前的情况下,尽管存在技术上的困难和一定的负面效应,应以中央银行的再融资利率发行期限为180天的跨部门信用债权,或创建一个以此为目的的特别票据交易所;

调节国有企业和国家垄断企业职工工资收入,对月收入超过15万卢布的应按累进税率课税,对股息征税,以鼓励再投资。

近期内,俄罗斯国家(地方)财政和联邦预算最重要的工作目标依然是为反危机措施提供资金来源、刺激总需求、保障经济发展。因此,预算体系最大的风险在于预算收入下降,在2010—2012年间,联邦预算收入占国内生产总值的比重预计将由2009年的17.2%减少到2012年的15%。2010—2012年,名义收入将以每年7%的速度增长。

由于与2008年的收入水平相比联邦预算收入大幅度减少,为保障财政预算的必要平衡，联邦预算支出占国内生产总值的比重计划由2009年的25.5%下降到2012年的18%。预算支出将被首先用于履行政府批准的社会和其他优先义务。在2010—2012年间，联邦预算支出将继续高于联邦预算收入，但联邦预算赤字将逐步从2009年占国内生产总值的8.3%下降到2012年的3%。

2010年弥补联邦预算赤字的主要来源将是储备基金和国家福利基金，2011—2012年则以其他来源弥补联邦预算赤字。储备基金实际上在2010年已经消耗殆尽，而国家福利基金的总额将由2009年初的2.6万亿卢布下降到2012年底的0.9万亿卢布。也可以其他形式，如贷款和发行国债来弥补赤字。我们认为，俄罗斯可以扩大公共债务的发行规模，2010年1月1日该数值为20947亿卢布，即376.41亿美元，总额约相当于国内生产总值的8%。

在财政赤字不断增加的情况下，提高预算支出效率已成为当务之急。预算过程的改革应当继续进行下去，应该提高联邦（地方）政府提供公共服务的效率和质量，广泛推广地方政府对预算资金使用结果及工作效率负责的责任制。应要求联邦（地方）管理机构实行财务管理责任制，例如使用"风险控制"工具等。

预算政策应立足于满足优先任务，但优先任务的范围不能过宽。例如，2010年的优先任务即在于实施养老保险改革，以从根本上提高养老保障水平，消除养老金领取者中的贫困者。提高养老金将主要通过联邦预算的转移支付实现。此外，还将提高财政对养老金的国家补贴、每月的现金津贴及生育补助。由此，俄罗斯养老基金由联邦预算收入得到的转移支付总额占国内生产总值的比重将由2008年的2.3%，上升到2010年的6%，以及2011—2012年间的4.7%。

为筹措养老金而进行的改革将是一项富有建设性的事业，具体内容为废除统一社会税，实行社会保险强制缴费。2010年养老保险缴费的费率将与统一社会税26%的税率水平一致，从2011年开始提高到34%。企业界对这一决定反应消极，这在危机时期当属正常。企业界有可能采取的应对之策是降低工资和隐瞒业务。这一领域改革的复杂性和矛盾性表现为：社会保险制度亟须改革，但又需要采取必要的措施提高预算外基金收入，强化保险原则。要应对如此复杂的局面，我们认为，应规定一个为期数年的过渡期，在该期限内逐步提高由雇主缴纳的强制社会保险费费率。除此之外，根据国外经验，解决这一问题的另一个方法即是提高退休年龄。

对俄罗斯政府反危机政策进行分析，在其众多具有建设性意义的措施中也可发现不少自相矛盾之处，如提高居民社会保障，减少税收负担，对部分企业和城市提供直接财政资金支持。其结果是预算支出快速增长，预算收入大幅度减少，国家债务迅速增加（虽然离国际规定的警戒线还有一定距离）。

最后，应该指出的是，从2010年年初开始，大量的国内外资金涌入俄罗斯经济。这与欧盟的情形完全相反，不论是对于实体经济还是虚拟经济来说，俄罗斯都正在成为一个富有投资吸引力的国家。在这种情况下，俄罗斯反危机政策最重要的任务就是进一步营造一个有利的投资环境，加强反腐工作，减少官僚主义。这方面的工作显然极为艰巨。

译者单位：中央财经大学财经研究院

俄罗斯民意调查发展特点

徐向梅

俄罗斯民意调查起源于苏联时期，在转轨以后逐步发展并系统起来。目前在俄罗斯最有影响的民意调查机构主要有三家，即全俄社会舆论研究中心（ВЦИОМ）、社会舆论基金会（ФОМ）、尤里·列瓦达分析中心（ЛЕВАДА-ЦЕНТР）。其他如俄总统办公厅公共政策分析中心、Б. А. 格鲁申的《人民之声》、应用系统分析研究所等也是有一定声名的民意研究机构。此外还有些专业调查机构，在各自相关领域内有较大影响。

一、俄罗斯民意调查的主要特点和方式

1. 民意调查发展的历史与国家现实社会政治进程密切相关

十月革命后至斯大林时期，在禁锢严格的政治文化体制下，苏联几乎不存在民意调查。赫鲁晓夫"解冻"以后至勃列日涅夫时期，苏联成立了社会学协会，建立了调查机构和社会舆论研究所，对劳动群众生产生活的态度、人们的交际行为、居民对地方有时也针对国家存在的社会问题的态度、对青年人的社会政治积极性等开展了一些社会调查，有时调查也具有全国规模。不过调查是在党的监督下进行，调查方式以及调查结果的公布和使用受到严格限制。随着戈尔巴乔夫改革的推进，苏联社会向着公开性和民主化迈进，社会学领域呈现繁荣景象。20世纪80年代末90年代初，在苏联国内从中央到地方成立了很多调查机构，仅在莫斯科和圣彼得堡就有20家左右。苏联公民不仅能对社会经济问题，而且很快开始对阿富汗战争、禁酒运动和改革这些国内和国际重要的政治问题发表看法。

1989年苏联第一次人民代表大会召开前夕，科学院社会学研究所和全俄社会舆论研究中心在全国范围内对公民有关代表大会的态度所作的跟踪调查，使执政当局高层机关的工作第一次近距离地接触到居民层面，人民代表得以及时地与选民沟通，形成并确立自己的立场。苏联解体后俄罗斯民意调查得到快速发展。

2. 官方色彩浓厚是一个主要特点

全俄社会舆论研究中心是官方色彩最浓厚的调查机构。第一，它是俄三大民意调查机构中唯一全资国有公司；第二，其管理机关经理理事会主要由联邦劳动部、社会发展部、财产关系部和总统办公厅代表组成；第三，研究中心的最主要任务是接受国家委托，按照联邦和地方政府的订单进行有关政治、社会和选民特点的社会学调查。中心的客户以国家权力机关为首，包括总统办公厅、联邦会议、最高法院、联邦各部及地方政府。社会舆论基金会最重要的客户是总统办公厅，在多次总统大选中，该基金会都与总统行政班底进行了密切合作。

这些调查机构也接受国际国内一些社会组织和商业机构的委托，进行社会问题和营销调查。在三大调查机构中，列瓦达中心官方色彩最为淡化，客户也以国内外社会组织和公司为主。

3. 民意调查内容丰富，其中尤以政治性民调最为发达

全俄社会舆论研究中心成立以来进行了大量的社会调查，从2000年以后更是逐渐增多，其中尤以政治性民调最为频繁和普遍，涵盖着国家、政府、军队、体制、机构、领导人、居民、选举、思潮等方方面面。政治调查分全联邦和地方两个层面进行，全联邦的调查每周进行，跟踪观察社会政治动态，及时捕捉居民社会情绪的变动，研究问题地带，预测国家政治局势的发展。地方调查针对地方管理和社会日常生活有关问题根据需要进行。

4. 民意调查基本上沿用国际通行的方式，网络调查还处于起步阶段

俄罗斯几大民意调查机构都是欧洲市场研究学会的会员，调研活动遵循国际通行的道德准则，采用的调查方式基本上是国际通用的，例如综合调查、个人面对面访谈、电话访谈、视频和音频监测、焦点群体的深入访谈、专家咨询、对工商业产品、包装和广告进行测试、日志式调查等。从调查计划的制定包括调查问

题的设计和调查对象的选取，调查计划的实施，到运用各种描述性和推论性统计工具处理调查所获得的数据，进而作出分析报告，调查工作具有完整的工艺周期。

比如综合调查，针对有关选举、政治、经济、社会、文化和大众传媒领域，生活水平和生活方式，商品和服务市场等方面，都可以采用这种调查方式。以全俄社会舆论研究中心为例，这样的调查是在全俄范围每周进行。调查采取多阶段整群抽样方式，随机选取行政区（联邦主体），选择行政地域单位（居民点）或行政区内的选区，规划调查路线，选取居民点中的家庭和家庭中具体的受访人。对受访人的要求是18岁以上的成年人，对年龄层、性别、职业和教育背景规定一定的限制。通常是在俄罗斯领土上根据地区经济发展指标、政治发展指标和居民点结构从80多个联邦主体中选择不少于40个联邦主体，在其中挑选140个以上的居民点，每个居民点抽取的被访者不低于5人，随机抽取的总人数要达到1600人。有时也按照类似的方式进行定制的专题调查。

社会舆论基金会的一项有特点的调查方式是焦点群体的电子监测。就是对电视和广播里正在播放的节目进行监测，目的是观测人们对所发生事情的第一反应。

在俄罗斯，已经开始利用网络进行民意调查，但到目前为止还不是最普及的方式，这与互联网在俄罗斯的应用程度有关。可以预见，随着互联网的普及，网络调查方式有着更为广阔的发展空间。

俄罗斯民意调查存在的主要不足是：民间调查机构欠发达，官方定制使得民意调查具有自上而下的特点，可能影响到数据的客观性，也增加了民意的可操纵性。民间调查机构特别是地方性的尽管不少，但是在全国范围内影响有限。

二、民意调查在俄罗斯的应用

任何一种现代政治制度，无论是民主的还是威权的，都越来越关注和重视民意，都希望将民意纳入当局对重要的社会、政治和经济问题的决策过程。俄罗斯政府对民意的关注一方面体现在上述民意调查机构的发展和壮大上，应该说这些机构的创立和发展很大程度上基于政府的支持,政府成为它们的最大客户;另一方面则体现在各级政府对民意调查结果的应用上,而且显然,政府部门对民调的需求与应用呈增多的态势。

1. 国家领导人对民意调查的重视

梅德韦杰夫总统非常重视民意,在许多发言和报告中都特别强调这一问题,他指出:"在任何情况下都必须考虑民意,因为这涉及我们国家相当大数量的人"(2010年7月),"民意应该成为评价警察工作效率的主要标准"(2010年7月),"评价地方领导人工作的主要标准是当地居民对他的信任度"(2010年1月)。

2007年2月1日,普京在其第二任总统期间召开的外国记者招待会上针对俄罗斯正在进行的地区联合与合并表示:"任何地域上的变更,如合并或是分解,只能在征求民意的基础上通过。根据各地法律,可以通过不同方式进行,但都是生活在这片土地上的公民的意愿的表达。"

叶利钦在退休后撰写的回忆录中讲道:"在我的工作会晤开始和电话铃声响起前,我一定要浏览一下报纸、杂志、新闻摘要和社会学调查结果,否则我不能开始自己一天的工作。"叶利钦意识到,社会舆论研究,这不只是国家最高领导层决策的最重要因素,而且是他们的工具。

尽管我们无法度量民意调查的结果究竟在多大程度上对领导人的认识起作用并影响其决策,但是从他们的讲话中可以明确看出,这种作用是存在的。

2. 民意调查在选举运动中的应用

民意调查应用于各级各类的选举运动在全世界都很普遍,俄罗斯也一样。在总统选举,国家杜马选举,甚至地方议会选举中都广泛利用民意调查工具。

全俄社会舆论研究中心对2008年总统大选所进行的专项调查从1月17日—3月25日投票前一日共进行了25次,调查内容涉及总统与东正教会的关系、总统候选人的个人品质和形象、对未来总统职责和任务的认定、对选举结果的调查和预测、国家发展战略、对梅德韦杰夫和普京关系的认识、未来总统与俄罗斯民主制的命运等。这些资料无疑对当局、社会政治力量和居民阶层了解选举情况,预测国家政治形势的发展提供了很好的依据，特别是对候选人了解选民意图、制定和及时调整自己的竞选纲领、策略和行为提供了重要的参考。

社会舆论基金会在1996年总统大选中与叶利钦团队深入合作，其总裁A.奥斯隆成为叶利钦的竞选智囊——"分析小组"的成员。后来叶利钦在回忆录中讲到："在讨论某个想法的时候，当大家都沉寂下来，就会提出一个问题：'人民在想些什么？'此时，与会者的目光就会转向奥斯隆，而他会埋头在自己的小本子里作出最后的评论，说出人民的想法。亚历山大·奥斯隆在分析小组工作时就是使用这个假设的名字'人民'。"社会舆论基金会以及其他民意调查机构的民调结果，成功地帮助叶利钦认清形势，消除不利因素，争取选民，从而扭转了最初的不利形势，赢得了最后的胜利。

3. 俄罗斯政府机构对民意调查的应用

俄罗斯几家大的社会调查机构的调查项目主要是官方定制。有关国内局势、国家领导人信任度、政府及国家机关工作绩效及满意度评价、居民社会生活水平和居民情绪、选举运动的情况、国家重要社会经济计划实施的民意反应等都是政府关注的重要问题，此类问题的常年定期的综合性调查和专题调查基本上都是政府买单。

2010年3月6—7日，全俄社会舆论研究中心针对"政府在过去一年工作的主要成绩和失误"进行了民调，调查涉及全俄42个州、边区和共和国的140个居民点，总计1600人参与。调查结果显示，被列为政府工作成绩的主要包括：退休金、工资和津贴的提高（13%）。认为政府工作没有任何成就的人从上一年的40%下降到35%。认为政府的主要失误有：失业问题（7%）、通货膨胀（6%）、发生严重的危机（6%）、对体育事业的忽视和社会领域的失误（4%）、生活水平的下降和公用住宅事业问题（3%）、政府对农业的疏忽以及反腐败斗争的无效和国家计划实施的失败（2%），等等。

对政府活动绩效、对社会经济计划实施、对政治家信任度等问题进行的社会调查及分析报告，渗入到各级政府的决策过程，有利于政府在制定涉及重要民生问题的计划和措施中吸收民意并调整自己的工作方向，对政治家调整自己的行为、改善公众形象也提供了重要参考。

4. 其他商业机构和社会团体对民意调查的应用

俄罗斯民意调查机构除接受官方定制，还受许多国内外社会团体、党派和商业机构委托，进行一些社情和商情调查。

商业机构和社会团体按自己的特定需求委托调查机构进行专项调查，调查结果的应用更具有专门性。2010年1月18日，俄罗斯联邦知识产权、专利和商标局正式承认Mail.Ru网站为俄联邦领土上的著名商标，这赋予了该网站与因特尔、可口可乐、天然气工业公司等著名企业同等的地位。Mail.Ru是俄罗斯最大的在线通讯和游戏平台，如今被俄官方承认为著名商标的总共只有85家最大的俄罗斯和国际公司。这项重要决定的产生正是基于全俄社会舆论研究中心在网民中进行的社会调查结果。

俄罗斯民意调查的发展已经有20年，尽管存在一些不足，但可以客观地说，其民意调查体系已经比较系统和完备，特别是针对国家政治、经济、社会和外交等重要问题的定期大范围的综合调查已经形成机制，民意调查基本上遍布全部国土，从理论上讲，每个公民都有被抽取进行民调的机会。老百姓通过参与调查能够将自己对国家政治和社会生活的意见和需求表达出来，从而形成社会各界一定程度的互动。不过，民意调查具有两面性，一方面向买单者提供民意参考，对决策过程发生重要的影响；另一方面，调查结果的公布也对民意具有明显的导向性，直接影响到人们的判断和行为。正是因此，它有可能被利用成为决策者的工具。进行设定的民意调查，借助民众之口表达自己的意愿，这在许多政治家和利益团体中已经不是秘密。

作者单位：中央编译局俄罗斯研究中心

在各种现代化方案中选择我们的制度

维·坦博夫采夫 著 彭晓宇 译

莫斯科大学经济系制度分析实验室主任维塔利·坦博夫采夫2010年9月28日在《独立报》上撰文谈俄罗斯的现代化问题。他认为,在梅德韦杰夫总统说出了"现代化"这个词之后,这个词不仅成了政治学家的词汇,也进入了普通人的生活。但是,该词适用范围的扩大并没有给我们的生活带来明显的改善。此外,很多人在说到现代化这个词的时候,指的是完全不同的东西。换句话说,存在各种现代化的理论。下面是该文的主要内容。

是全社会现代化还是经济现代化

各种解读的第一个分水岭是:这个现代化是俄罗斯整个社会的现代化(包括经济、社会领域和政治体制),还是只是经济的现代化,甚至更小范围的——经济技术基础的现代化。大多数官员持后一种理解,因此他们追求的创新(至少在口头上),当然也是纯技术性的。而美国著名社会学家塔尔科特·帕森斯认为,现代化的出发点,首先是社会的现代化,也即从传统社会转变成现代理性社会。

俄国家统治集团认为,最紧要的是科学和技术的现代化,他们的理由很简单:我国社会在几十年前就实现了集体化和工业化,决不能还把它当做传统的农业社会。他们说,既然已经是现代社会,为什么还要现代化呢?

是自下而上还是自上而下

另一个重要的分水岭有关现代化的方法(是什么现代化,社会现代化还是生产技术的现代化，都不重要）。现在，人们通常把现代化分为渐进的现代化和规划的现代化，前者的萌芽自下而上地来自于没有组织起来的群众、自组织的商品生产者和公民，后者则是国家政权自上而下强加的。

由这些没有组织起来的和自组织的个体——生产者和消费者组成的当代社会，在渐进发展过程中一般不需要国家援手。在高度竞争的环境下，这些受利己利益趋动并受游戏规则推动企业发展的各种制度限制的个体，自担风险进行创新，其中，人们所需要的那些创新存活下来并得以巩固。当然，谁也不拒绝预算拨款、低利贷款和税收优惠等，国家也很乐意提供这些，并大力为基础科学拨款；但是，创新（技术的、社会的，还有组织的）的动力却是自下而来的，来自于公司、公民和各种组织。在这样的社会中，总统或总理所代表的国家不能说"我确定了优先的创新方向……"，因为他知道，他不会比那些发明家、科学家、企业家、消费者知道得更多，只有这些人的合力能决定（更重要的是实现）这些优先方面。

所以，统治集团既认为我国社会不需要现代化，同时又说必须自上而下推行（技术的）现代化，并采取国家可控的规划形式，这显然自相矛盾。

至于说规划的现代化（首先要提到彼得大帝和苏联工业化的成功规划），在这方面的世界经验并不是一致的。2005年大学图书出版社出版了詹姆斯·斯科特的书《国家的视角：那些试图改善人类状况的项目是如何失败的》。斯科特考察了从勒·柯布西耶规划的巴西利亚城的建设史到埃塞俄比亚的理想的"国家村"和苏联集体化，他得出一个明确的结论：它们都没取得好结果。这仅仅因为一个很简单的原因：当局"忘了"问人们想要什么，什么对他们是"好的"，什么是"不好的"。当局每次都认为，只有它自己知道这一点，它用铁腕把不明情况的人们拉向幸福。

而彼得大帝的工业革命和工业化都是非常成功的！这是否就说明，在这个世界主要经济体都奔向后工业社会的时代，应该（也可以）用同样的方法实现21世纪的技术现代化？

乔万尼·多西的"技术范式"思想（1982年）和谢尔盖·格拉季耶夫的

"技术类型"思想（1990年），说明了20世纪中叶前各种技术经济体系与当代之间的根本差异：20世纪中叶前创新流的密度（以及相应的更新速度）比现在要低得多。早期的企业家建立了新市场，认为自己可以在竞争中保持几十年不败，而今天的垄断地位也就保持一两年。苏联在20世纪30年代建立起重工业技术，直到70年代还完全保持先进，而20世纪90年代的个人电脑今天就像是古董了。但是，任何规划的特点是：把最初的设想付诸实施需要几十年的时间，因此到"结束"时，技术已经是几十年前的了，而周围的世界不会原地踏步。

但是在发现无法解决的问题时，为什么不能在规划的执行过程中改变其内容呢？主要的障碍就是政治体制设置。根据定义，规划的现代化总是由其背后的具体政治人物作出政治决定。彻底改变规划的内容，就是承认决策的失误，政治家就要丢脸了。这对于仅靠强制手段进行统治的暴君来说并不可怕，而在相对温和的制度下则会尽量避免承认自己的政治错误。所以，长期的现代化规划在发现错误时也不会改变，而是悄悄地被遗忘，让位给更现代化的规划。

还有什么

什么是经济现代化？要回答这个问题，首先需要回答另一个问题：什么是经济？是聚合在一起运行的资源：原料、物资、技术、工人、资金、知识等，还是其他什么？在今天，很显然是"还有其他什么"的，那就是正式和非正式的规则，工人和经理、经理与厂主和官员、官员和公民之间正是按这样的规则合作的。

这些规则构成了经济的制度环境，它们不仅协调合作，还对资源重新配置。人们可以根据规则的运行情况，区分有效制度和无效制度。有效制度能促进增加社会财富，资源重新配置后所创造的社会价值高于支出。无效制度对资源的重新配置只是使资源从一些人流向另一些人，因此或者失去创造性工作的动力，或者不愿意改变对其有利的规则。

经济制度中最重要的规则之一是决定所有权受保护程度的规则。如果官员无法直接或在听话的司法制度帮助下夺走他看上的公司，公司所有者就有动力进行创新和投资。如果所有权得不到保护,"撤走资源、开溜"就是顺理成章的,当然,是溜到那些所有权受到法律保护的地方。

在无效制度下,渐进现代化能自下而上发生吗?答案是明显的。无效制度只能支持规划的现代化,而且是隐含着大量预算资金"私有化"的表面现代化。

还有一个与制度和现代化相关的因素:当代技术范式(或类型)完全依靠大量公民的创造性和广泛的企业家活动的自由。企业家活动的自由就是所有权受到可靠的保证:如果成果很容易被抢走,为什么要创新、折腾和实验呢。

在工业化发展阶段,完全可以不触动制度层面,只进行技术现代化。而各种后工业的技术类型与无效制度是不兼容的。

是整个体系还是个别领域

我们要说明这个问题,在理解现代化时还有一个分水岭。这就是在经济体系现代化和个别领域现代化之间作出选择。看来资源有限这个明显的事实,就导向了原发性的、个别领域的现代化。

如果现代化是按着规划实施的,有国家预算埋单,那么确实如此。但如果是自下而上的渐进现代化,就完全不是这样,它靠的是私人生产者的智力资源和其他资源,竞争迫使企业家动用这些资源去创新,而不是依靠政客们想表现得现代一点儿的愿望。换句话说,现代化的原发性,是规划方式,而不是渐进方式现代化的直接结果。

净化环境 两个方案

一方面,制度对经济发展,特别是对成功实现现代化有决定性(在其他各种条件同等的情况下)作用;另一方面,俄罗斯经济的制度环境较为恶劣,这就产生了本节这个小标题的问题。

但是,不必从上面所说的得出这样的结论。要知道俄罗斯经济不是单一的,这已经不是统一的国民经济综合体的苏联经济了:既没有综合体,也不统一。因此,搞"统一战线"式的运动不会有结果:有人已经站在前头,而有人还在想如何上路和要不要上路……

这就意味着，在开始阶段，对一些领域加以规划是完全可能的，也证明是有效的。而综合的现代化规划必须包括经济制度的现代化，为实现规划必须提高国家的效率。需要的正是效率，即社会福利的整体增长，而不是规模的增加，规模已经足够大了。

但是，在正式和半正式的有关现代化的文本中，我们主要看到的是对各种生产进行技术改造，有时是减少官员数量。但"清理制度环境中的无效制度"，暂时还没有看到……

今日的俄罗斯，要在现代化的两种基本类型之间作出现实的选择。

第一种，自下而上的社会和经济现代化，推行有效的制度，清理在一些领域产生又逐渐扩展到整个社会生活的无效制度。当然，那些得利的再分配者的利益会受到损害，这可能需要对他们进行一定的补偿，也可能需要在某个地方动用权力。

第二种，在保留现有无效的制度环境的情况下，在个别领域（甚至个别的私人—国有公司的技术基础设施）实行原发性的规划现代化。得利的再分配者的利益当然得到完全的满足，因此也就得到了他们的支持。但需要提醒的是，对于这种预算大餐，其他国家可不等我们，即使想等也不行，它们的现代化主要是自下而上的，而不是按当权者的要求进行的。

俄罗斯会作出怎样的选择？现在，我们能看到第二种类型的全部特征。这是最后的选择吗？

译者单位：中央编译局俄罗斯研究中心

对当前推进中俄经贸合作的几点思考

陆南泉

一、进一步深入研究的必要性

从1992年开始,中俄关系一直顺利发展,并且有利于两国关系发展的因素在不断增加。当今的中俄关系处于历史上最好的时期。两国关系之所以能顺利发展,地缘政治与安全因素无疑起着重要的作用,双方在处理国际关系中的一些重大问题上进行协调,反映了两国之间存在长期的共同战略依托。但在世界经济全球化不可逆转的大趋势下,在国与国之间经济联系日益紧密、各国之间的经济利益不可分割的条件下,作为互为邻国的中俄两国,如何使良好的政治关系推动经贸关系进一步发展,使其符合两国政治关系的水平,使政治关系有坚实的经济基础,是十分迫切的问题。我们应该清楚地认识到,从长远来看,要把业已建立起来的战略协作伙伴关系推进到新的高度,就要求两国进一步提高经贸合作的水平,并以此来不断提高两国之间经济利益的依存度。这些都说明积极与务实地发展两国经贸关系有着极其重要的意义。

中俄经贸关系虽然也有了较大的发展,但总体水平不高。2010年两国贸易额为554.49亿美元,而中国与美国的贸易额为3853.41亿美元,中国与日本的贸易额为2977.68亿美元,中俄贸易额分别为中美、中日贸易额的14.4%与18.6%。另外,中俄贸易结构单一,相互间的投资更无法与美国和日本相比。

在上述情况下,如何提高中俄经贸合作水平,成为两国高层领导会晤时讨论的一个重要课题。也正是因为这个原因,笔者决定较全面与深入地研究这一引起普遍关注的中俄经贸关系问题,并撰写出版了《中俄经贸关系现状与前景》一书。

二、中俄区域合作的重要性日趋提高

近几年来,俄罗斯对中国在其战略全局中重要性的认识,不只限于两国存在长期的战略依托这一层面,而且表现在积极与主动地谋求两国经贸合作,特别是区域领域的合作。俄总统梅德韦杰夫说:"远东和外贝加尔崛起必须与中国东北的发展计划协调一致。"俄罗斯之所以主动地提出切实加快区域合作,主要的战略因素有:

第一,对俄罗斯来讲,开发与开放东部地区是其重要经济社会发展战略。

第二,俄罗斯经济今后能否崛起成为世界性的经济大国,到2020年能否成为世界第五大经济体,在相当程度上取决于东部地区的发展。

第三,俄罗斯清楚地认识到,21世纪将是亚太世纪,世界经济与贸易重点已日趋转向亚太地区。俄罗斯必须做好准备,使其东部地区适应这一发展趋势。

第四,俄罗斯加速开发与开放东部地区,是推动这一地区今后发展重大的、必不可少的步骤。

对中国来讲,重视亚太地区,加强对俄区域合作,除了为实施全方位开放、深化国际经济合作这一总目标外,从开放格局调整角度来看,还考虑到以下战略因素。

第一,适应对外开放格局调整趋势的要求。过去较长一个时期以来,中国的对外开放,从地域来看,主要集中在沿海地区,所实行的地区倾斜政策是完全正确的,它取得了比较好的经济效益。今后中国仍将坚持扩大沿海地区的开放,但随着中国实施西部大开发和振兴东北的战略,西部地区和东北地区的开放步伐需要加快。

第二,从沿边战略来看亚太地区的重要性。中国东北三省,在实行沿边发展战略、加速对外开放过程中,可以充分利用其自身的优势,积极加强与亚太地区各国的合作。这样既可加速东北三省经济的发展,又可对推动亚太地区的发展起重要作用。

三、正视能源合作中存在的问题

人所共知,长期以来中俄能源合作进展并不顺利,输油管道到 2008 年底一直还停留在书面或口头承诺这个层面上,没有实际行动。但到 2009 年初出现了重大转机。这一年,从 2 月 17 日签署协议到 4 月 27 日管道建设开工,短短两个多月时间里,拖了十多年的输油管道问题解决了。西方在评论此事时说,中俄石油大单吸引世界眼球。应该说,250 亿美元贷款换石油协议的签署,确实意味着中俄能源合作的一个重大突破。这一突破性的进展给我们的一个重要启示是,中俄两国的战略协作伙伴关系只是在某些问题上达成谅解与共识的基础上发挥作用。因此,战略协作伙伴关系受国内外条件变化的影响很大。俄方在输油管道问题上的变卦就充分说明了这一点。实际上,俄方的国家利益在起着决定性作用。俄罗斯决定搞"安大线"项目是出于本国利益,决定不搞"安大线"也是为了本国利益。2009 年,俄罗斯与中国签署贷款换石油的协议同样出于对本国利益的考虑。普京对此并不讳言,他说:"油管走向首先要考虑西伯利亚与远东以及俄罗斯国家利益。"所以,口头上常讲,要从战略协作伙伴关系高度来对待两国关系中出现的问题,但实际上,往往是战略协作伙伴关系只有在符合本国利益时才能得以体现。

这要求我们,对中俄经贸合作中出现的问题,应冷静地、理智地和大度从容地去对待。在能源合作方面,一方面应积极努力,争取加强合作;另一方面,亦不能吊死在一棵树上。如与俄罗斯能源合作遭遇重大挫折,虽对我国能源安全会产生消极影响,但并不构成根本性威胁,不要看得过重。中国离开俄罗斯石油过不下去的情况并不存在。

四、加强科技合作的重要性日益凸现

不论是中国还是俄罗斯,要实现经济转型,都必须加速科技进步,提高企业的潜力。

近二十年来,中俄双方在科技合作领域取得了进展,但总体上,只能说处于

起步阶段。从国际范围来讲，目前两国的科技合作水平，与其面临的经济全球化、经济技术一体化的机遇不相适应，也起不到共同应对这方面挑战的作用；从两国经贸合作关系来讲，科技合作还远起不到兴贸的作用，也远未成为发展经贸关系的突破口，更没有成为两国经贸关系稳定、持续发展的重要因素。

针对目前中俄科技合作的情况，考虑到进一步发展这一领域合作的重要性，一些问题值得我们去深入研究，并探求应对政策措施。

第一，双方都应努力全面深入了解对方的科技水平，克服在认识上的片面性。

中方应如何有效地解决对俄罗斯科技水平认识上存在的片面性问题，笔者认为应做好以下几方面工作：第一，由科技部牵头成立一个俄罗斯科技问题的课题研究组，它由政府有关部门官员、专家与企业家三方面人士组成。其任务是对俄罗斯科技各个领域进行具体分析，要一个领域一个领域地弄清楚，哪些是先进的，对我国是有用的。第二，对俄罗斯科技政策与发展动态进行跟踪研究，及时和准确地掌握科技方面的新进展。第三，对俄罗斯各科技部门的人才及其动态进行调查研究，了解其科技人才的流向以及他们在国外的工作、待遇情况，为我国采取相应的对策提出建议。第四，有计划地组织双方科技专家进行学术交流，增进相互了解与信任，增进相互的感情，为更多地了解俄罗斯科技情况创造有利条件。第五，举行一些高水平、不同规模与类型的科技成果展览会，这对增进对俄罗斯科技状况的了解是十分有益的。在做好这些工作的基础上，才能做好对俄罗斯科技合作的咨询工作。

从俄方来说，也存在着对中国的科技状况进行全面了解与认识的问题。应该看到，在过去很长一个历史时期，中俄科技合作更多的是单向合作，即主要是中国引进俄罗斯的技术，但这种情况正在改变，自实行改革开放政策以来，中国在科技方面也取得了重大进展，中俄在科技合作方面也存在互补性，也同样可以向俄罗斯出口。

第二，培养复合型人才是一项迫切的任务。缺乏既懂专业又懂语言的复合型人才，已是阻碍中俄科技合作深入发展的因素之一。解决的办法只能是积极培养,这是不会有争议的。问题是如何培养。我认为,莫斯科大学教授马斯洛夫在2004年中俄经贸高层论坛上提出的建议是值得我们参考的。他的思路是:推进中俄双方合作的一个极为重要的因素是提高相互关系中的智力含量,即需要培养能为中俄经济和科技合作服务的大批专家。这些人才不仅要精通自己的专业和对方国家的语言,还应熟知开展实业的形式、经营的道德准则,以及相互交往的传统和规定,掌握对方文化和历史方面的大量知识。

第三,中国引进俄罗斯科技人才问题。应着重解决好以下几个问题:一是政府提供一定的资金支持;二是引进人员报酬水平与其他国家相适应;三是引进技术、项目尽可能与引进技术人才相结合;四是加强立法,人才引进、使用等都应遵守双方签订的协议,即双方都应受法律的约束。

第四,中俄科技合作领域需要解决的一些实际问题。从目前情况看,应着力解决的问题有:建立风险基金,切实、有效地保护知识产权[1],制定中期与长期科技合作规划[2],加强与扩大地区、企业与高校之间合作,建立规范的积极发挥作用的中介和咨询机构,扩大新科技孵化基地,解决中俄双方科技信息网的对接等。另外,针对中俄科技合作与市场机制发育的现状,两国政府应加大支持力度,特别是涉及一些重大项目的合作,更需要取得双方政府的支持。在这方面,笔者认为,中俄总理定期会晤委员会下设的科技分委员会,应充分发挥统筹安排中俄科技合作的任务。

总的来说,应抓住中俄向创新型经济转变的有利时机,积极推进科技合作,特别是高新技术领域的合作。

作者单位:中国社会科学院俄罗斯东欧中亚研究所

---

[1] 1999年2月25日签署了《中俄两国间知识产权保护和权利分配原则协议书》,问题是如何有效地执行。

[2] 2007年3月27日,胡锦涛主席在莫斯科会见俄罗斯时任总理的弗拉德科夫时建议:"两国可根据各自国家科技发展的优先方向和实际需要,制订中长期科技合作规划;加快实施航天、核能和其他能源、动力、新材料、化工、生物、通信和信息、技术等一批重点项目,广泛开展科技成果产业化合作。"

俄罗斯的经济发展与现代化

弗·伊诺泽姆采夫 著　李铁军 译

俄罗斯目前的热门话题是国家经济现代化。2008年梅德韦杰夫总统提出国家现代化理论后,现代化已经成为俄罗斯政治经济的主题。俄罗斯学者和研究者认为,现代化主题应是全方位的,包括政治、经济、思想文化各个方面。就我个人来说,我认为,俄罗斯的经济现代化应先于政治现代化和民主化。首先讲经济现代化。

在苏联末期,国家经济潜力的损失很大。受到重创的首先是工业,还有教育等。据统计,现在俄罗斯石油天然气的开采量只达到20世纪90年代的水平。其他各项指标也远远低于这个水平,如钢铁产量比20世纪90年代低30%,水泥低50%。考虑到这种现状,俄罗斯需要采取全面果断的措施来扭转目前的经济现状。现在俄罗斯经济在新的技术条件下逐渐走向复苏和发展。

尽管在20世纪90年代很多西方人认为,在信息和知识经济时代,工业经济将走向式微,但实际上并非如此,工业生产和工业经济仍具有重要意义。由于整个高技术产品越来越廉价,技术门槛降低,工业产品因此拥有更好的销路和市场。根据世界银行的统计,创造新技术的国家的发展要逊色于不创造新技术但广泛采用新技术的国家。所以,在这种背景下,美国主导经济的地位正逐渐终结。在今后几十年间,世界经济的竞争主要将集中在目前正在迅猛发展的国家,这里指的是中国、西欧、日本等国家和地区。

目前的经济态势,对俄罗斯有好处,因为工业对原料的需求很大。尽管暂时对俄罗斯有利,但需要思考的是,目前如何利用这种优势来发展俄罗斯经济。从原料型经济向真正工业经济的转型，特别需要总统现代化战略的支持。俄罗斯应尽快摆脱依赖出口原料的情况，生产工业产品和重要的生产部件。但这个任务不是短期内能完成的，需要几届政府的努力。亚洲等新兴国家经济成功的经验之一就是国家的有效控制，这个可以借鉴。

俄罗斯具备实现经济现代化的所有必要条件。俄罗斯有各种资源，有金融能力，有知识潜力以及与各种国际组织的合作，等等。但仍然存在两大对经济现代化有影响的问题。一是作出各种经济决策的政治精英的决心，一是我国多数居民的民族性格。

说到前者，问题不在于找到很聪明很睿智的、能作出好的决策的官员，而在于这些官员能精通经济的各种政策。

在整个20世纪90年代和21世纪的头10年，我国涌现出大量与经济有紧密联系的官员，许多地方政府要员和联邦部长通过亲属控制重要经济部门。更可悲的还有，我国的大企业家在整个20世纪90年代成功控制大产业，采取的最主要手段是垄断。尽管他们控制的企业运转有效，但不允许有新的竞争进入相关领域。由于缺乏竞争，这些企业没有创新的动力。明显的例子是2011年3、4月份发生的汽油危机。这很可笑。俄罗斯是世界上最大的石油生产和供应国。其中的原因之一是俄罗斯刚刚实行禁止销售低于欧Ⅲ标准的汽油，这个禁令已经推迟了4次，因为俄罗斯企业并未做好准备。因此，在禁令实施后并没有足够的合格产品供应市场。这是缺乏竞争的结果，导致技术革新滞后。

国家与经济的联系过于紧密，阻碍了经济现代化进程。所以总统多次讲重视国家机构中的腐败问题。尽管反腐败工作取得了一定成效，但国家官员对经济的干预并未缓解。这个问题不解决，俄罗斯经济现代化将产生很大的问题。

说到俄罗斯多数居民的民族性格，民族心理特点，一般来说，俄罗斯人害怕向前看，总是追忆过去。所以政府做了许多事，试图恢复俄罗斯人的民族自豪感和对未来的信心。据观察，经济发展得很好的国家，如韩国、马来西亚、巴西等，都有强烈追求摆脱经济落后现状的愿望。中国也是如此。

这是实现现代化的两个基本条件，今天俄罗斯还缺乏，而中国已经具备了这两点。所以,总统强调,俄罗斯经济现代化的进程很复杂,需要作出许多重大的政治努力。俄罗斯学界在讨论这些问题,但远远不够。

回到所谓新的工业化进程,可以说,俄罗斯精英还缺乏这种雄心。据我所知,中国有 2020 年建立发达工业目标的战略。而俄罗斯学者认为,苏联时期已经建立了发达的工业,现在应该是建立信息社会。然而,没有任何国家,即使发达国家,能绕过发达的工业而直接进入信息社会。俄罗斯建立知识经济的提法有些超前,如果发展知识经济而绕开工业经济,结果最终会令人失望的。所以,从这种发展趋势得出的结论是:经济现代化的前景是悲观的。俄罗斯经济未必能很快摆脱依赖资源的状况,最近十年这种依赖不减反增。如果总统努力能在数年内把出口收入投入工业现代化,可能会有所进展。再有,俄罗斯没有任何竞争优势吸引外国投资,总统也一再指出投资环境不佳。从中国等国家的成功经验来看,吸引外国投资是很重要的。虽然总统的经济现代化政策很正确,但缺乏必要的前提条件,即前面提到的那两点。为了实现经济现代化,一定要限制政治精英的经济利益,改革俄罗斯政治体制。要加强国家治理方面的能力。要使广大居民拥有想改变的愿望。虽然俄罗斯的经济结构不会有大改变,但这并不是什么灾难性的。如果俄罗斯具备了现代化的必要前提条件,那么现代化的政策就会顺理成章。

译者单位:中央编译局俄罗斯研究中心

俄罗斯经济 20 年

瓦·法捷耶夫 著 李铁军 译

20 年来俄罗斯经济中发生了许多戏剧性事件。主要是工业生产大幅下降，经济实力受到重创，国家直接失去 2/3 的经济实力，3/4 的工业实力，这是国家解体的结果。

有人说，我们的改革抛弃了那些多余的产业，这指的是苏联经济生产了许多不需要的产品，首先如军事技术装备。从这个观点出发，有人认为苏联解体反而健全了俄罗斯的经济。但这种说法是不对的。苏联解体后，不仅对于俄罗斯，而且对于解体后新形成的国家来说，经济都出现不同程度的衰退，即使是情况发展最好的波罗的海国家，经济发展也不成功。

但是，在普京执掌俄罗斯、担任总统期间，大力发展经济，使俄罗斯经济发生了巨变。从数字上看，1999—2008 年，GDP 翻一番，居民收入在最近 10 年稳定增长，这主要是因为卢布地位稳定。这是普京执政的主要政绩。

经济发生巨变的原因主要有两方面。一是国家能力的恢复。这是普京的功绩，不是说普京建立了多么理想的国家，而是他恢复了国家的一些职能。二是在 20 世纪 90 年代俄罗斯出现了新的商业、新的公司、新的经济形式，这些企业家掌握了新的经济条件下经商创业的能力。国家与实业界同步发展，当然，这两者并没有协调起来。

从居民收入来看，收入增加使俄罗斯社会结构发生巨大变化，出现新的中产阶级。关于中产阶级的概念，有三个考虑因素：收入水平、生活方式、思维方式。这三个因素联系紧密。对中产阶级的研究始于 2000 年，当时中产阶级所占居民比例是7%，现在是20%—25%。队伍壮大了，而且多数居民开始融入现代经济，现代商业等。不过现在，俄罗斯中产阶级的比例止步于20%—25%，其原因主要有：首先，现代工作岗位、现代的社会条件、现代的卫生领域的条件都受到限制。比如，如果卫生领域不发展，医生收入低，他们就不可能进入中产阶级的行列。另外，在俄罗斯居民对现代生活的积极性方面，他们是否准备好，是有争论的。然而，在20世纪90年代末期未必能预见到现在的发展如此巨大，可以说，我国人民已经具备了积极的创业精神。但问题不在于居民有无创业精神，而在于有无创业的条件，如果没有工作机会，没有受教育机会等，谈不上别的。

下面谈谈前景。

有观点认为，出现了新的经济发展趋势，面临新的经济范式，学界对此正在进行讨论，但没有形成共识。我认为俄罗斯应优先发展以下三个方面。

一是本国工业。没有现代化的工业，谈现代化是天真和愚蠢的。20世纪90年代处理经济的办法效率低下，不重视农业；这必将修改，如果不作为，则必将失败。中产阶级的公司对国家经济作出很大贡献，俄罗斯有好几千家这样的中产阶级公司。最近5年来，这其中的一些公司增长达30%以上，所以这样的公司是俄罗斯现代化的潜在力量，而不是那些低效的大国有公司。但这些公司并未受到国家的重视。

二是国家创新发展的领域。目前，最大的工程是总统搞的斯科尔科沃创新计划。这个创新工程有多重意义，有政治的，有公共事业的，还有人文价值。这个工程主要是要打破多数精英对现代化的悲观情绪。集合最好的人才、最好的技术，从而带动其他科研的发展。还有俄罗斯经济与欧洲经济的一体化进程。俄罗斯在技术领域滞后达40年，技术衰退在苏联时代就开始，这甚至是苏联解体的一个主要因素。这种落后是很难弥补的。普京总理曾建议欧洲国家，如法国、德国等，用俄罗斯的资源换它们的技术，这是个可行的方向。资源不仅是自然资源，还包括广大领土、高素质的劳动力、运输体系，等等。

三是重新布局全俄罗斯的经济。最重要的是地区平衡发展，如发展西伯利亚，普京甚至谈到西伯利亚新的工业化计划。许多人离开西伯利亚，说是因为气候太冷不适宜居住，但南西伯利亚发展得很好。实际上，人们离开西伯利亚并非气候不好，而是经济不发展。还有一个重要问题是金融体系。在20世纪90年代曾经有一种主导的说法，说俄罗斯不需要金融体系，有些人认为以西方的金融体系为我们服务就好了。这十分荒谬，不可思议。没有金融体系，经济是不完整的，是搞不好经济的。2008年的金融危机尤其表明金融体系的重要性。

经济发展有着深层次的逻辑，当然有许多阻碍经济发展的因素存在。但是，国家既然没有崩溃，相信它肯定会走上健康发展的轨道。对国家的发展抱悲观态度，是没有看到俄罗斯经济发展中的积极因素。但这可能是俄罗斯的特点，这是俄罗斯特有的一种批判精神，应保持这种批判精神，这会促进国家的发展。

译者单位：中央编译局俄罗斯研究中心

圣彼得堡国际经济论坛成就及其评析

徐元宫

第十五届圣彼得堡国际经济论坛于 2011 年 6 月 16—18 日在俄罗斯圣彼得堡市举行，俄罗斯总统梅德韦杰夫、中国国家主席胡锦涛等领导人出席了论坛。本届论坛的主题是："保障全球经济增长、建立俄罗斯的创新资本、扩展技术应用范围。"根据媒体报道，来自 50 多个国家的 5000 多名政府要员和工商企业代表围绕上述主题举行了 70 多场圆桌会议、行业早餐会、商业午餐会、"企业家实验室"等形式多样的讨论和交流，具体议题涉及全球石油天然气市场前景、网络经济、俄罗斯新移民规定、俄罗斯新直接投资基金战略、金砖国家的货币等。

圣彼得堡国际经济论坛是目前独联体和中东欧地区最大的经济论坛，每年六月份在圣彼得堡市举行，首届圣彼得堡国际经济论坛于 1997 年 6 月 18—20 日举行，迄今已成功举办了 15 届。圣彼得堡国际经济论坛是俄罗斯最重要的国际性大型经济论坛，每年都吸引众多的外国领导人、国际及俄罗斯大公司高层代表和专家学者参加，被俄媒体誉为"俄罗斯的达沃斯"。

俄倾力打造圣彼得堡经济论坛的目的

为办好 2011 年圣彼得堡国际经济论坛，俄政府不惜投入重金。据媒体报道，俄经济发展部和圣彼得堡市政府共支出 8.8 亿卢布，比上届论坛多花了 9000 万卢布。[①] 而且主办方为论坛的成功举办做了精心准备，据在论坛现场采访的中国

---

① 《中国青年报》2011 年 6 月 22 日第 4 版。

记者关健斌先生观察，2011 年论坛的"日程除历届必有的俄文版和英文版外，本届又特地制作了中文版。从这个细节中可见俄方对吸引中国投资、走向中国市场、借鉴中国经验的细心准备和精心策划"①。

俄罗斯政府倾力打造圣彼得堡国际经济论坛的目的和用意何在呢？笔者认为，俄罗斯政府之所以倾力打造圣彼得堡国际经济论坛，主要出于以下几方面的考虑：

首先，积极吸引外资，以利用外资促进俄罗斯经济发展。在腐败现象严重、投资环境不佳、大量资本外流、金融危机和经济危机肆虐的境况下，俄罗斯亟须外资注入以促进国内经济发展，推进现代化战略的实施。圣彼得堡国际经济论坛恰好成为实现这一目的的重要平台。正如俄总统梅德韦杰夫在本届论坛上发表的讲话中所指出的那样："我们已从国家定价变成了标准的市场定价，从严格管控的外汇市场变成了世界上最自由的调节市场之一，从不允许外国投资到现在累计 3000 亿美元的外国投资。"② 正是因为有包括圣彼得堡国际经济论坛在内的吸引外资的多种渠道，所以才有了这"到现在累计 3000 亿美元的外国投资"，也才有了俄罗斯经济的恢复和逐步发展。

其次，积极争取俄罗斯在国际社会的话语权，增强俄罗斯在国际事务中的分量和作用。随着国家经济的不断复苏和发展，俄罗斯领导人重振大国雄风的愿望越来越彰显出来。圣彼得堡国际经济论坛不仅成为俄罗斯吸引外资、振兴经济的重要平台之一，而且成为俄罗斯政府向国际社会展示其新战略、新规划以及对国际事务的责任越来越重要的新形象的窗口之一。正如俄罗斯国家杜马主席鲍里斯·格雷兹洛夫曾经指出的那样，圣彼得堡国际经济论坛是俄罗斯参与世界经济体系现代化改造和捍卫国家利益的重要契机，而且还有助于俄罗斯成为世界金融中心。他认为，俄罗斯作为最大生产商之一完全有权参与商品国际价格的形成过程，以促进公平价格的制定。

---

① 《中国青年报》2011 年 6 月 22 日第 4 版。
② 《参考资料》2011 年 6 月 24 日第 118 期第 15 页。

此外，加强与中国等邻国的友好合作关系，以及为俄罗斯顺利加入世贸组织营造良好的国际氛围，也是其倾力打造圣彼得堡国际经济论坛的目的之一。

圣彼得堡国际经济论坛所取得的成就

应当说，俄罗斯政府举办圣彼得堡国际经济论坛的目的基本上达到了，具体表现在如下几个方面。

首先，通过举办圣彼得堡国际经济论坛等一系列举措，俄罗斯的大国地位得以恢复和提升，在国际社会中的话语权也越来越有分量，俄罗斯在国际社会中的地位和作用也显得越来越重要。参加圣彼得堡国际经济论坛的国家首脑的人数、国际大公司代表和专家学者的人数越来越多，就是一个极好的证明。2010年，参加圣彼得堡国际经济论坛的有2300多人，到2011年，参加该论坛的人数已经达到了5000人左右。参加该论坛的各国政要的人数逐年增多、级别不断提高。2005年率领中国代表团参加圣彼得堡国际经济论坛的是全国人大常委会副委员长李铁映，2010年6月率领中国代表团参加该论坛的是中共中央政治局委员、广东省委书记汪洋，本届率领中国代表团参加该论坛的则是中共中央总书记、中国国家主席胡锦涛，而且胡锦涛还在论坛上发表演讲。这些都表明该论坛的国际影响力越来越大，越来越引起国际社会的关注。

其次，通过举办圣彼得堡国际经济论坛，达到了高效吸引外资、推动俄罗斯经济大发展的目的。根据俄罗斯政府经济发展部的统计，2007年圣彼得堡国际经济论坛共签订30个投资合同，协议总金额约140亿美元；2008年论坛签订了17个协议，协议总金额约150亿美元；2009年论坛签订了14个协议，协议总金额约70亿美元；2010年论坛签订了50个框架备忘录和投资合同，协议总金额约150亿欧元。①根据俄罗斯经济发展部部长埃利维拉·纳比乌琳娜披露，2011年6月16—18日圣彼得堡国际经济论坛期间，共计签署了50多份协议，协议总金额超过了2000亿卢布。她还强调，尽管论坛已经闭幕，但是一些与会者还会签署

---

① [俄]《独立报》2011年6月17—18日。

一系列协议。①俄罗斯总统梅德韦杰夫在 2011 年圣彼得堡国际经济论坛上发表的讲话中总结了新俄罗斯成立 20 年来所吸引外资的总额:"到现在累计 3000 亿美元的外国投资",很显然,这个数字不包括本届 2011 年圣彼得堡国际经济论坛期间所吸引外资的数额。

第三,通过举办圣彼得堡国际经济论坛,加强了与中国等国家的友好合作关系。在本届论坛上,中俄关系占据了特别重要的地位。中国国家主席胡锦涛不仅亲自出席了论坛,而且在论坛上发表了题为"共创互利共赢、共同发展的美好未来"的重要演讲,他在演讲中对此次论坛期间中俄两国所达成的共识和所取得的成绩作了概括性总结:"在这次访俄期间,我同梅德韦杰夫总统商定,努力在 2015 年前把两国贸易额提高到 1000 亿美元,到 2020 年把两国贸易额提升到 2000 亿美元。我们将深化两国投资、能源、核能、航空、航天、科技、金融、地方等领域互利合作,重点扩大新能源、新材料、生物、纳米技术等领域合作,加强绿色新兴产业合作,为两国经济发展增添动力。"②俄罗斯总统在本届论坛上发表的讲话中也对中国所取得的成就以及中俄战略伙伴关系给予了高度评价:"我还想专门强调一下我们最大的邻国——中国在全球稳定与安全方面所发挥的积极作用。俄中战略伙伴关系有助于世界变得更加稳定,同时保持更快的增长速度。"③ 中俄双方签署了包括在能源领域进行合作等一系列协议。

第四,通过举办圣彼得堡国际经济论坛,带动了论坛举办地——圣彼得堡的发展。圣彼得堡市市长瓦·马特维延科曾经表示,开设论坛会对一个城市产生正面影响,"可以全面展示圣彼得堡的潜力,圣彼得堡早就应当这样做"。随着圣彼得堡国际经济论坛一年一年地举办下来,特别是随着俄罗斯经济的不断发展,圣彼得堡市政府对论坛的重视程度以及对圣彼得堡市的城市基础设施改建和完善的力度也逐年加大了。论坛主办方在圣彼得堡市举办的各项活动:参观博物馆、观看剧院演出等,客观上也带动了圣彼得堡市文化、艺术及旅游业等行业的发

---

① 《中国青年报》2011 年 6 月 22 日第 4 版。
② 《中国青年报》2011 年 6 月 18 日。
③ 《参考资料》2011 年 6 月 24 日第 118 期第 15 页。

展,同时也极大地提升了圣彼得堡市的国际形象和知名度。

第五,通过举办圣彼得堡国际经济论坛,为俄罗斯顺利"入世"营造了良好氛围。俄政府倾力打造圣彼得堡国际经济论坛的近期目标之一是为俄罗斯顺利加入世贸组织创造条件,营造良好的国际氛围,应当说俄政府的这一目的基本上达到了。这在俄总统梅德韦杰夫在2011年圣彼得堡国际经济论坛上发表的讲话中就得到了反映:"至于世贸,我认为2011年就可能结束入世工作,当然,如果不再又重新玩政治游戏的话。我们早已为加入世贸做好了准备,甚至比其他许多国家做了更多的准备。但总有人企图迫使我们作出许多不合理的让步,这种立场是不可接受的。俄罗斯不会同意显然不利的决定。如果我们的伙伴还没为俄罗斯公正进入国际组织做好准备,这当然不好,必须避免这一点。但不管怎样,个别国家的政治和经济利益不应阻碍我们的成功发展。"[1]

对圣彼得堡经济论坛的评价

1. 俄罗斯官方对论坛成就的评价

对于圣彼得堡国际经济论坛所取得的成就,俄政府以及圣彼得堡国际经济论坛主办方都给予了很高评价,上文所介绍的俄罗斯政府经济发展部的每年有关论坛所签订协议及协议总金额的统计数据就是一个极好的证明。俄罗斯总统梅德韦杰夫更是将圣彼得堡国际经济论坛称做是"各国政治家、企业管理人士以及专家学者探讨全球经济关键问题的主要平台之一"。

2. 俄罗斯学者对论坛成就的评价

在俄罗斯政府以及俄罗斯圣彼得堡国际经济论坛主办方以一系列统计数据宣示论坛所取得的成就的同时,一些俄罗斯学者对于这些成就和数据则提出了自己的质疑。比如,2011年6月17—18日俄罗斯《独立报》发表了阿纳斯塔西娅·巴什卡托娃和米哈伊尔·谢尔盖耶夫合作的题为《圣彼得堡论坛未履约的合同》的文章,文章指出:俄罗斯官员们总喜欢用签约额之高来说明圣彼得堡国际经济论坛的重要

---

[1] 《参考资料》2011年6月24日第118期第17页。

性，但"那些在隆重仪式上签署的投资协议经常只是一纸空文"。文章在例数了最近几届圣彼得堡国际经济论坛期间签署的多项"未履约协议"后指出，"实践证明，圣彼得堡国际经济论坛期间签署的协议并不能保证今后一定能落实并取得实质性成果，许多投资者的投资意向最后只停留在了纸面上……"①

3. 国际社会对论坛成就的评价

总的来看，国际社会对圣彼得堡国际经济论坛的作用给予了比较积极的评价。比如，胡锦涛主席在 2011 年圣彼得堡国际经济论坛上所发表的重要演讲中就对论坛的成功举办给予了高度评价："圣彼得堡国际经济论坛自 1997 年创办以来，日益成为各界精英共商俄罗斯和全球经济发展大计的重要平台，国际影响越来越广泛。15 年来，这个论坛见证了俄罗斯经济持续快速发展，促进了国际经济交流合作。我们对论坛起到的积极作用表示赞赏。"

美国南卫理公会大学经济学教授维别尔认为："15 年时间，是一个很长的期限。在这个期限里，俄罗斯和论坛本身都发生了很大的变化。而且，观察论坛的角度也不一样了。你可以比较一下，1997 年召开的首届论坛和本届论坛有什么样的差距。来自数十个国家的 5000 多名客人参加了本届论坛。来宾中有中国国家主席、印度尼西亚总统和芬兰总理。"他认为，本届论坛足以证明，在这 15 年时间里，俄罗斯在世界经济中已经成为主要国家之一。

综上所述，国际社会以及俄罗斯国内对于圣彼得堡国际经济论坛所取得的成就基本上持肯定态度，论坛对于促进俄罗斯本国经济发展以及国际经济交流合作确实起到了积极的作用。不过，俄国内腐败现象比较严重、投资环境不佳、未来政治变局的不确定性，致使不少外国投资者处于观望状态，很难下定决心在俄罗斯投资，这在一定程度上使俄政府及其领导人对圣彼得堡国际经济论坛的成就和作用的预期未能完全得到实现。

作者单位：中央编译局俄罗斯研究中心

---

① ［俄］《独立报》2011 年 6 月 17—18 日。

圣彼得堡国际经济论坛未履约的合同

彭晓宇 摘译

本届圣彼得堡国际经济论坛上的大事就是中俄之间的协定和法国将向俄罗斯出售西北风级直升机航母。俄罗斯官员们一直通过签订很多协议和大额合同来证明这个论坛是非常重要的。但是,组织者们郑重宣布的许多协定,依然停留在纸面上。

从1997年的第一届算起,圣彼得堡国际经济论坛已经是第十五届了,该论坛实际上已经成为梅德韦杰夫总统的招牌。这个论坛的主要任务,把俄罗斯和外国的政治家和实业家集中在一个平台,讨论国内和国际最重要的经济问题。论坛的主要成果,就应该是落实所宣布的主张和签订的合同。

年复一年,官员们满足于夸耀历次论坛所签订合同的数量和金额。几十个总价值几十亿美元的合同,成了该论坛的特色传统。

根据经济发展部的报告,2007年在圣彼得堡国际经济论坛上签订的30个投资合同,价值大约140亿美元;2008年17个协定,价值为150亿美元;到2009年,尽管恰逢经济危机,这次论坛还是举办了14次隆重的签约仪式,价值大约是70亿美元。2010年,合同的价值是150亿欧元,签订了50个框架备忘录和投资合同。

2011年,圣彼得堡论坛的组织者们也努力争取好成绩并提交让人印象深刻的统计数字。国际文传电讯在政府机关中的消息人士说,2011年论坛最有影响的,就是俄罗斯购买法国西北风级直升机航母的协定。

记者们也积极讨论中国国家主席胡锦涛的来访,胡锦涛在全体会议上讲了话。在这么庄严的环境下，很适合为中俄天然气谈判画上一个圆满的句号。但是，梅德韦杰夫总统说，这个谈判正在接近尾声，这会成为两国在未来十年合作的基础。

在这次论坛上签订的第一个投资合同，所涉及的是俄罗斯政府最钟爱的纳米技术。安纳多利·丘拜斯领导的俄罗斯国家纳米公司、韩国和新加坡的商人要共同投资大约1亿美元建立创新型公司。

实践表明，论坛上签订合同并不能保证具体项目一定会实现。神话般的数字经常是一直停留在纸面上。论坛上签订的大多数协定都不是真正的投资合同，而更像是意向性的约定，有时是合作的框架文件，并不是规定了明确投资期限和数额的具体项目。

在危机前的2007年，俄罗斯官员们很振奋地讲述论坛上签署的几十个大数额合同。这一年的主要事件就是中国和俄罗斯签订的许多协议。当时的副总理亚历山大·朱可夫说："我认为，18个价值10亿美元的合同，是不错的成果。"但是，这18个合同根本没有都执行。所以，10亿美元的数额，还是很值得商榷的。土星公司与中国精密机械进出口公司的协定，就是一个例子。这个协定并不是俄罗斯的土星公司向中国公司卖设备的合同，而只是说，当北京想要购买俄罗斯的天然气输送装置的时候，这家中国公司可以作为中介。但是，2007年后，在《独立报》再也没有成功地发现过有关具体出售天然气输送设备的消息。

组织者为了让2008年的圣彼得堡论坛更显重要，宣布论坛的参加者签订了146亿美元的投资合同。对这个数额的最大贡献来自莫斯科的建筑公司（ПИК）和图瓦市前议员谢尔盖·普加乔夫的联合工业公司。ПИК公司应该开始在圣彼得堡进行价值大约30亿美元的"海景"（морской фасад）项目的建设，而联合工业公司应该成为长411公里的库拉吉诺—克孜勒铁路建设的合作伙伴。这条路预计连接图瓦和克拉斯诺亚尔斯克边疆区，成为"铁路+采煤综合体"项目（投资约1300亿美元）的一部分。但是，在经济论坛结束后，大家很快就发现，他们都没有打算投资。

2009年圣彼得堡国际经济论坛最大的事件就是俄罗斯国家天然气公司（Gazprom）与挪威国家石油公司（StatoiHydro）签订开发油气田的协议，包括施托克曼气田。但是截至目前，还没有具体的投资合同，实际开发和开采天然气的期限推迟到了2012年。

独立专家们指出，无论如何，圣彼得堡经济论坛还是很有影响的。"发展"集团总经理维克多·库哈尔斯基说，"即使论坛仅限于谈判和意向，这些合同还是提高了俄罗斯在国际舞台上的重要性，打开了面向新市场的眼光"。可以说，对俄罗斯来说，这种措施更重要的不是合同，而是联系。

Contour Components公司的总经理弗拉基米尔·尼克拉索夫说："论坛不一定要签订合同。"大体来说，论坛上宣布的合同只是表明，销售经理们成功地把签约地点从办公室转移到了论坛上。尼克拉索夫认为，更重要的不是嚷嚷这些合同，而是讨论国家经济发展战略、制定统一的精英立场。国家经济形势越不确定，讨论的价值就越大。他还列举了需要直面的问题："现在有这样的感觉，这是完全混乱的时代，谁也不知道，我们建设的是国家资本主义还是自由市场。要保护国内生产者还是要加入世贸组织、培养公平竞争。"华利信国际（2K Аудит — Деловые консультации/Morison Internaitonal）的咨询师安德烈·切尔尼亚夫斯基说，"俄罗斯是一个政府强力参与经济的国家，所以，对参加论坛的商人来说，国家首脑们在论坛上说什么总是很重要的"。

俄罗斯FLEX投资银行的董事长玛丽娜·米舒里斯则说，在任何情况下，签订协定都比不签订协定实施投资方案的可能性更大。她还说，任何国际论坛都有的一个好处，就是可能批准对未来世界发展很重要的文件。例子之一就是，1997年批准的京都议定书。

资料来源：

俄罗斯《独立报》2011年6月17日。

译者单位：中央编译局俄罗斯研究中心

俄罗斯人口状况对经济发展的影响

王秋文

近年来，俄罗斯的人口问题已渐呈危机状态，对国家的经济发展产生严重的影响。2011年4月，俄罗斯联邦统计局向媒体公布了俄罗斯最近一次2010年人口普查的初步统计结果。结果显示，俄罗斯目前的人口形势依然严峻。

2010年人口普查的主要特点

苏联解体后，俄罗斯曾于2002年进行了首次全国人口普查，并制定了第一部《全国人口普查联邦法》。近年来，俄罗斯的社会发展状况发生了巨大的变化，为了给经济发展提供新的信息资料，也根据国际组织的新要求，梅德韦杰夫总统于2009年签署了《全国人口普查联邦法修正案》，俄联邦政府也发布了相关决定。俄罗斯于2010年10月14—25日进行了最新一次人口普查。这是苏联解体后俄罗斯进行的第二次全俄人口普查。

1. 此次人口普查的最大特点，就是正式与国际接轨，以"住户"作为人口普查的基本单位，用"住户"概念取代传统的"家庭"概念。在市场经济条件下，由"住户"所组成的社会生活的基本单位更能反映各国居民的社会经济状况。一个"住户"可以是一个人组成的社会经济单位，也可以由两个或两个以上家庭组成。此次普查与国际实践中普遍运用的"住户调查"相匹配，这也是俄罗斯社会发展和经济发展水平的标志。

2. 此次人口普查扩大了对居民信息收集的范围。普查的问题，包括住户状况、成员情况、性别、出生年月、出生地、婚姻状况、国籍、民族、教育程度、懂几种语言、生活来源、就业与失业、工作地、迁移、子女情况、住房类别、住房状况以及环境保护和信息技术问题，如日用垃圾处理方式、家中是否有网络和手机等。通过多方面的情况统计资料，能够对俄罗斯的社会经济进程有一个全面的了解，为俄罗斯的金融、保险、就业、退休、卫生、教育等有关部门提供资料支持，也是国家决策的基本前提条件。

3. 注意保护个人隐私。普查以不记名方式进行，对所有普查问题的回答都以被询问人的口头回复为原始记载，不需要任何形式的任何证件的确认和核实。同时，遗失、公布或篡改人口普查资料者将被追究法律责任。

4. 俄罗斯是世界上第一个对在太空工作的宇航员进行人口普查的国家。2010年的人口普查中，在国际空间站工作的俄罗斯宇航员通过飞行控制中心接受了普查询问，太空普查的全过程进行了电视直播。宇航员的人口普查表和填写须知通过"进步M-07M"空间飞行器送达空间站，表格返回地球后存放于俄罗斯国家统计局博物馆永久保存。

俄罗斯目前的人口状况

俄罗斯联邦统计局2010年人口普查初步统计结果表明，俄罗斯目前的人口状况依然严峻。

1. 人口总数仍处于持续下降状态。目前俄罗斯人口总数为1.42905亿，与2002年的1.45166亿相比减少了226万，人口下降比例为1.6%。人口下降的速度在加快。

2. 女性数量继续大幅超出男性，男女比例失衡问题更加严重。与2002年相比，俄罗斯女性人口比重从2002年的53.4%上升到2010年的53.7%，男性人口比重从2002年的46.6%下降到46.3%。男女比例失衡问题继续呈现更加严重的状态。这是俄罗斯人口问题的痼疾之一。

3. 从人口的地区分布看，也呈普遍下降状态。根据2010年的初步统计结果，人口最稠密的地区呈下降趋势，人口稀少的地区也呈下降趋势。俄罗斯的83个地区中，有63个地区人口出现下降。俄罗斯历史上人口最稠密的地区，中央联邦区、伏尔加河沿岸联邦区和西伯利亚联邦区所占全国人口比例也从2002年的63%下降到了61%。

4. 边疆区人口数量持续减少，人口流失问题非常严重。与其他地区相比，远东地区的人口数量下降幅度最大，目前远东地区有629万人，比2002年减少了6%。人口数量下降幅度排第二位的是西伯利亚地区，比2002年减少了4%。统计结果显示：俄罗斯人口进一步向欧洲地区集中流动。边疆地区不只是人口数量持续减少，甚至出现了大片的土地荒芜，许多村庄消失，人口少于20万、10万人的中小城镇继续衰败。

5. 城市人口比例稍有上升，城市化进程稍有发展。城市人口占总人口的比例从2002年的73.3%，上升到了2010年的73.7%。其中，莫斯科市人口数量增加近11%，人口总数为1151.4万人（2002年为1012.6万人），占全国人口总数的8%。圣彼得堡市为484.8万人（2002年为466.1万人），新西伯利亚市人口为147.3万人（2002年为142.5万人）。

俄罗斯百万人口的城市数量从2002年的13个减少到2010年的12个，分别是莫斯科、圣彼得堡、新西伯利亚、下诺夫哥罗德、叶卡捷琳堡、萨马拉、鄂木斯克、喀山、车里雅宾斯克、（顿河畔）罗斯托夫、乌法和伏尔加格勒。彼尔姆市退出百万人口城市名单。

人口发展状况与经济发展相互制约

俄罗斯的人口状况与经济发展相互制约。一方面，长期的人口负增长严重制约着俄罗斯的经济发展；另一方面，俄罗斯的经济状况也直接影响着人口增长。

1. 人口的持续负增长严重制约俄罗斯的经济发展

长期以来，俄罗斯的人口问题一直是经济社会发展最大的困扰之一。苏联解体以后，俄罗斯的人口状况总体上一直呈下降趋势。根据标准普尔对全球人口结构发展趋势的报告，俄罗斯人口将在今后 40 年内减少 2400 万。联合国关于"俄罗斯人口危机"的报告也预测，到 2050 年俄罗斯人口将减少到 1.16 亿。因此有比喻说，俄罗斯人口的缩减幅度相当于"每几天就打一次车臣战争"。

最新的人口普查结果显示，俄罗斯人口总数长期减少的趋势并未得到改善，全俄有 63 个联邦主体人口呈减少趋势，只有 20 个联邦主体的人口有所增加。与人口总数不断下降密切相关的就是劳动力人口的不断减少，成为俄罗斯目前人口状况对经济发展影响最大的因素。劳动力的极度匮乏使俄罗斯的经济发展受到了极大的制约，人口问题已经成为经济发展的瓶颈之一。

2. 俄罗斯的经济社会发展状况直接影响着人们的生育观和生育状况，导致出生率不断下降

俄罗斯专家认为，俄人口减少的主要原因是出生率低。出生率下跌，死亡率上升，特别是劳动力人口的死亡率快速上升。究其原因，俄罗斯的低生育率与其社会经济发展状况密切相关。

其一，城市化水平越高，生育率越低。俄罗斯目前城市人口占全国人口的 73% 以上，城市化已达发达国家水平。城市化水平的高低，对生育率有着重要的影响。城市化水平越高，可以促使生育率越低。俄罗斯城市化水平的发展，不断加剧着俄罗斯的低生育率现象。

其二，男女比例失衡的持续加剧，直接导致生育率的不断降低。

其三，俄罗斯经济发展状况的不稳定导致人们的生育欲望不断降低。俄罗斯的自由市场经济改革，使人们的价值取向发生了变化，在生育问题上表现为：穷人不敢生，富人不愿生。市场经济使人们忙于追求财富，而疏于顾及国家和民族的长远利益。

3. 男女比例失衡引发了一系列社会问题

俄罗斯的男女比例失衡问题，表现为男少女多。究其原因，一方面，是由于战争等历史原因造成的；另一方面，据俄媒体报道，是由于虽然新生儿出生性别

比例正常，而女性寿命较长造成的。理论上，女性寿命长是各国的普遍情况，但俄罗斯男性的酗酒习惯，使其寿命更加明显地比女性短。俄罗斯男性的平均寿命低成为男女比例失衡的重要原因。男女比例失衡不仅使生育率更低，同时也引发了俄罗斯的低结婚率和高离婚率等社会问题，直接导致人口数量的下降，俄罗斯的人口问题更加陷入恶性循环。

4. 俄罗斯人口问题的纠结与出路

人口危机不仅影响着国家的经济发展，影响着俄罗斯的民族结构（俄罗斯族的人口优势在逐步减弱），边疆地区的人口空虚甚至影响着俄罗斯的主权和领土完整。有效解决人口问题已经刻不容缓，为此，俄罗斯政府也采取了许多措施。

首先是重视人口政策。俄罗斯政府制定了2011—2015年人口政策规划，目标是要使人均寿命提高到70岁，努力保持俄罗斯人口总数不少于1.42亿人。

其次是鼓励生育。一方面，为提高生育率，加大财政补贴力度。俄罗斯政府决定向产妇发放现金，并为多子女家庭提供缴税补贴以鼓励生育（2008年是俄罗斯的家庭年，鼓励生育）。另一方面，提出拟征收"无子女税"，向所有无子女的成年公民，无论性别、婚否，征收"无子女税"。

结果，2009年8月，俄罗斯近15年来首次出现了人口自然增长的迹象。据俄罗斯国家统计局消息，2009年9月份俄罗斯人口自然增长了5300人（0.004%），人口出生率首次超过死亡率。梅德韦杰夫表示，"2009年俄罗斯的年度人物应该是那些在危机时刻仍坚持生孩子的青年夫妇，他们是值得尊敬的"。由此可见俄罗斯总统对本国国民"生孩子问题"的关注和重视。俄罗斯的人口发展措施带来了正面效果。

第三是制定有效的移民政策。在普京总统任期中，俄罗斯政府曾制定了一项七年的海外同胞自愿返乡计划，吸引海外俄罗斯人返俄。返乡侨民可以得到3000

多美元的安家费，政府帮其解决住房、就业及上学问题。但返乡侨民一般被安置在远东西伯利亚地区，无法生活在莫斯科等大城市，结果效果不明显。近年来，俄罗斯的移民政策逐渐扩大到独联体国家和中国。但俄罗斯在移民问题上的纠结，也使得移民问题难以很快见到成效。俄罗斯人口问题的解决将是一个长期的任务。

资料来源：

① http://www.gks.ru/free_doc/new_site/perepis2010/perepis_itogi1404.htm.
② Demographic Yearbook 2008. United Nations.
③ http://finance.sina.com.cn/roll/20110406/11069643409.shtml.

作者单位：中央编译局俄罗斯研究中心

1995—2010 年间俄罗斯规范价值体系的发展变化

彭晓宇 编译

苏联解体已经 20 年了，在政治制度和国家意识形态发生巨大变化的时候，俄罗斯这个世界大国的人民在思想观念、意识形态上又是如何变化的，社会学博士、教授、俄罗斯科学院社会学研究所副所长娜·吉洪诺娃以多次社会调查的资料为基础，从法律、自由、所有制、父权主义几个方面对最近 15 年来的状况进行了分析。

目前俄罗斯科学界已经认可，传统的、前工业社会所特有的文化模式正在瓦解。问题是这一模式以及作为任何文化核心的规范价值体系被什么所取代，需要研究。人、社会和国家相互关系领域内的规范，它们在最近 15 年来的变化以及这些变化在俄罗斯进一步发展中的评价，是本文研究的主题。

俄罗斯规范价值体系的模式是前工业社会国家主导型社会模式的变种，这个模式的主导规范认为，公共利益，首先是整个社会、人民和国家的利益高于个人的利益和权利。在这个规范体系内，国家是实现公共利益的工具，而国家像任何个人和社会团体一样，在自身活动中应该服从作为一个整体的公共利益。

2010 年的一项社会调查表明，一半以上的成年居民（76% 的被调查者）认为，国家应该始终维护全体人民的利益，而不是个别人的利益。国家有义务和权力代表社会的利益，公民应该对国家表现出最大的忠诚，承认国家有权干涉个人生活，即使这会损害公民权利。在各种情况下，同意在国家利益需要时政府可以直接干预司法的人，很多年来一直比不同意的人要多（2010年，同意的占39%，不同意的占34%，27%的人立场不明确），而在1998年，表示同意的人达46%。

然而有关数据也表明，国家拥有无上权力及其利益优先思想的合法性基础受到迅猛的冲击。这一点在言论自由方面表现得尤为明显：对于在国家利益受到损害时限制言论自由的必要性，俄罗斯人的立场一分为三，尽管在10—12年前承认国家有维护利益的权力的人明显占优势，而现在，36%的人不承认国家可以限制出版自由，即使国家的利益受到损害。这个规范体系已经开始瓦解，严厉的极权或专制国家行为模式不再存在。不过，在这个模式有所松动的情况下，国家限制出版自由权利的去合法化变得十分自然，同时对法律（成文法）这个社会调节器的需求也在增加。对法律需求的增加，不仅表明近些年俄罗斯人对国家干预司法的容忍度降低了，也表明人们开始明白，在任何情况下都要遵守法律。法律面前人人平等（社会现代化重要阶段的标志性口号）在俄罗斯人的意识中其重要性超过了技术革新，甚至超过了实现社会公正原则。

考虑到我们考察的这段时期相对较短，所以对法律需求的增加表明社会意识的变革已经相当快了，俄罗斯人的法律淡漠意识逐渐减轻。尽管认为是否符合法律不重要、而是否公正很重要的人，仍然很多，但在2010年这样想的人第一次低于50%，15年来大约减少了1/4。把必须遵守法律与权力机关的代表是否守法联系在一起的人减少了，但认为即使法律条文已经过时或不符合现实情况也要遵守法律文本的人增加了。

尽管发生这样的变化，也就是说俄罗斯人期待法律这个社会调解器最终能起作用，但在目前，我们大多数国民依然追随"协商"守法模式。这个模式要求：首先，法律规范是所有人必须遵守的，只有这样人们才愿意遵守法律；其次，这些规范要经过道德合法化的过程，符合人们对社会公正的认识。

俄罗斯人认为自由是完全不受控制和毫无约束的行为的看法，也在发生着变化，尽管这个过程很缓慢，直到现在60%的人还相信，自由是做自己的主人，

40%的人认为，自由就是一定的政治权利和自由。现代社会尤其认为，自由是"做什么的自由"，即在法律规定的权利和自由框架内维护自身利益的可能性。这种观念仍然既不认为自由是"意志"自由，也不同意无政府主义认为的自由是"不做什么的自由"（即免除了社会、领导、因各种社会角色而衍生的各种责任的自由）等观点。如果说15年前，甚至10年前，在"自由是做自己的主人"和"人的自由靠他的政治权利和自由来实现"这两个选择中，选择第一个和第二个的人分别是65%和35%，而现在则是60%和40%。

对于俄罗斯人来说，自由还首先是"不做什么的自由"，因此，民主的所有工具性价值都不那么重要了。结果，在俄罗斯人眼中，民主的五个关键标志是：法律面前人人平等（53%）、司法独立（43%）、新闻自由（43%）、选举自由（40%）和自由地表达自己的政治观点（36%）。2010年，不到20%的人认为，多党制、反对派的存在等民主的工具是民主的重要标志。在此还要提醒一下，俄罗斯人认为，反对派的任务不是争夺权力，而是监督政府是否正确地维护了社会利益并帮助政府。

可以说，俄罗斯人很喜欢国家和国家所有制占主导的混合经济制度。他们认为，所有战略性经济部门、保证健康和国民富裕的社会领域，都应由国家控制。通过这个问题，我们可以看到，作为后国家主导型发展模式合法性基础的那些规范在瓦解，更多的人支持用更现代的方式发展俄罗斯经济。但是，认为国家是重要的经济代理人、要求加强国家在经济中的作用、扩大国家所有制，仍然是俄罗斯人与秉承西方文化国家的人民的重要区别。

俄罗斯人对私营经济的态度很宽容，认为私营经济不仅有权存在，而且还应该受到国家的保护。但这只适用于守法和有经济效益的中小企业。此外，在俄罗斯文化中，国家才是全部财富的"实际的"主人，国家在一定条件下把一部分财富给形式上的所有者"使用"。这样，尽管对私营经济的宽容度提高了，俄罗斯的群众基本还是认为，对国家利益有损害的企业应该国有化，且不给任何赔偿。

国家在经济领域和对私有制的超级作用,其合法性是由俄罗斯文化对私有制的特殊看法决定的。从俄罗斯文化的角度看,所有者的权利是不受控制的,可以不受限制地支配其财产。这来自于俄罗斯人认为自由是"摆脱什么的自由"这种特殊看法。但俄罗斯人对所有制领域的认识也发生了很多变化,这表现在他们接受了俄罗斯社会经济发展中的新规范。

从经济全球化条件下成功发展经济的角度看,俄罗斯文化对所有制和调节所有制关系的规范的理解,最有问题的一个观点就是俄罗斯对"外人"(外国公司和外国公民)在俄罗斯境内拥有财产的态度。俄罗斯人不愿意外国人或外国公司成为农业或工业用地的主人,尽管态度已经发生了相当大的变化,甚至可以说是大转变,但仍坚决反对把国家的自然资源转给外国人或外国公司。俄罗斯人一直坚持,国家不仅是自然资源的所有者,也是资源型企业的所有者。

由于俄罗斯人经济规范意识的特点,不能不提到父权主义问题。俄罗斯文化中应有的社会模式是保证社会稳定,排斥一切试图植入新制度的尝试,但这个模式已经开始瓦解。在俄罗斯文化现有的规范模式框架内,国家的主要职能不仅是代表大社会的眼前利益和战略利益,还要关注其中各成员的起码需要,因此要让国家保持"在经济中的制高点"。要执行这些职能,国家权力合法性、公民愿意完成国家要求、公民"听话"是基础。因此,我们这里遇到的不仅有父权主义的期待,而且有流传甚广的反映"保护人与客户"关系的那些规范。

普遍的父权主义期待是大多数居民因结构性局限而无法改善自身状况的结果,而从20世纪90年代时起,规则是人们应该自己承担起自身保障的责任。当时国家不仅放弃了对公民的责任,而且宣布"挽救落水者,是落水者自己的事"。尽管国内政治环境也发生了变化,旧规则还有复苏的迹象,对国家是否关心公民仍心存怀疑。这种怀疑大大超过了公民所积累的生活经验,生活经验使大多数公民相信他们不能独立地解决自己的问题,因为起决定性作用的与其说是自己的努力，不如说是关系和运气。年龄 30—40 岁的最活跃的劳动人口或一直工作、亲眼看到是什么能决定在当今俄罗斯占据优越社会地位的人，与源于常规判断、源于以往经验而未被现实所改变的老年人之间，在这个问题上的看法截然不同，这显著表明，与普遍的父权主义（家长制）期待有关的，既"不是规范"，也"不是现实"。很能说明问题的是，相信不需要国家的物质帮助也可以养活自己和家人的人，年龄段在 25 岁以下。在 26—30 岁之间的人中，认为没有国家的物质帮助自己和家人很难生活的，基本上是各占一半。在 30 岁以上的人中，认为属于后者的，为 14% 和更多。

在这样的情况下，最近 20 年来，俄罗斯人改变了对大社会和小社会利益哪个优先问题的看法也就不奇怪了。在 2000 年，87% 的俄罗斯人在作重要决定时，说他们要遵循个人利益（家人和自己的），只有 13% 的人声称要从国家利益和自己的生产集体的利益出发。后来，由于政权更替，形势的变化使人们更偏向国家和集体利益优先的方向。到 2010 年，大多数人又把家庭利益（60%）或个人利益（20%）放在最前面，只有 20% 的人说会在重要时刻服从国家利益（4%）和集体利益（16%）。而在国家和地方自治机关工作的人中，没有一个人（!）说会服从国家利益，只有 6% 的人会服从集体利益；在领预算内工资的人中，分别是 1% 和 15%；在工业和能源领域中，分别是 3% 和 18%；在金融领域是 4% 和 18%。这是不是在确认这一既成事实：建立在为国家/强国"服务"思想基础上的原有规范模式已经彻底失效，逐渐冲击了这种模式在俄罗斯人规范价值体系中的合法性，相应的行为规范从对实现这一模式至关重要的群体——国家公务员的意识中彻底消失。

因此，20 世纪 90 年代的国家实际上不仅"离开"了经济生活，也"离开"了社会生活，主要后果就是俄罗斯文化中特有的个人、社会和国家相互关系的规范模式在人们眼中失去了合法性。实际上，如果国家没有履行基本的责任，为什么要给它那么多权力呢？最近 10 年，政权能考虑到社会预期，这有助于暂时扩大对政权的授权，使政权以社会的名义行事并为社会服务。但是首先，这个权力不像从前那样无可争议和神圣了。其次，个人、社会和国家相互关系的规范模式所特有的许多具体规则，在最近 15 年开始弱化。第三，这些年国家维护公共利益权力的合法化在很多情况下只是功利性的、实用性的，不是文化规范的特点了。

我们可以从以上阐述中得出三个结论。第一，在俄罗斯人对国家发展基本原则所持态度的规范和内容方面，社会文化的现代化过程还没有结束。不过，在这一过程中所表现出的一系列特点，是任何向现代化过渡的国家在社会文化转型时期都有的。

第二个结论与俄罗斯文化及其规范价值的特点有关，就是国家权力的合法性及其在经济中的特殊地位表明，国家主导及权力与财产的结合依然是俄罗斯社会意识中的准则。国家有限制私人所有者的权力，甚至有剥夺其财产的权力；国家是主要所有者和经济发展的主体，国家与居民之间的关系是保护人与客户的关系。

第三个结论是，尽管这些规则依然占主导地位，但涉及普通公民基本权利和自由领域的规则，在过去 15 年中有了显著变化，国家在该领域的无限权力的合法性受到冲击。

经验材料表明，俄罗斯尽管带有这样的文化模式特点，但在近 15 年来社会文化现代化的步伐大大推进了。一部分规范和价值被取代，另一些则改变了内容。

传统规范和价值的瓦解，始于人们开始意识到自己是自由行事和独立决定自己命运的主体，这是现代社会特有的，是生活多元化和多极化的结果，是城市生活提供了更大自由度的结果。然后，人们意识到保护自身利益（不受国家和周围人的损害）的机制是必要的，认识到社会缺少保护这种利益的有效机制是由于缺少制度。下一步就是，人们认识到司法必须独立，法律面前人人平等，人有权借助群体性行动维护自身利益。这样，离认识到言论自由和其他民主自由的必要性就不远了。

显然，大多数俄罗斯人还未准备好应付更高阶段上经济的竞争，他们的规范和价值更适合工业发展阶段。不过，这对预测国内形势发展是很重要的，在可预见的将来，俄罗斯人还不会为了维护自身利益使用西方国家工业化发展时期特有的、让人联想到社会民主化的那些方式（罢工、工会、游行等）。这不仅因为外部的制度限制，也是因为俄罗斯人的规范和价值特点。就是说，风险将更大，因为在政府丧失合法性的情况下，人民对既有游戏规则的反抗可能会采取不适当的形式，如全国性的发动。这也会减少俄罗斯在国际竞争中的机会。

资料来源：
俄罗斯《社会科学与当代》2011年第4期。

译者单位：中央编译局俄罗斯研究中心

中东欧与中亚观察

2010年中东欧国家选举述评

高 歌

2010年以来，中东欧5个国家先后进行了6次总统或议会选举。

1. 1月10日，克罗地亚总统选举第二轮投票。这是克罗地亚自1991年独立以来举行的第五次总统大选。现任总统斯捷潘·梅西奇已连任两届，不得继续参选，其任期于2月届满。第一轮投票在2009年12月27日举行，没有候选人得票率超过50%。第二轮投票在第一轮投票中得票居前两位的社会民主党候选人伊沃·约西波维奇和独立候选人米兰·班迪奇之间进行，结果约西波维奇获胜，2月10日宣誓就职。

2. 4月11日和25日，匈牙利国会选举。这是1989年以来举行的第六次国会选举。青年民主主义者联盟—匈牙利公民联盟获得自1989年社会制度变化以来获胜政党所能得到的最广泛支持，得票率大大领先于位居第二的社会党。5月29日，以青年民主主义者联盟—匈牙利公民联盟主席欧尔班·维克托为总理，由青年民主主义者联盟—匈牙利公民联盟和基督教民主人民党组成的政府宣告成立，执政两党在国会拥有2/3以上议席。

3. 5月28—29日，捷克议会众议院选举。这是1993年独立以来举行的第五次议会众议院选举。虽然社会民主党得票率最高，但整体而言，左翼政党在选举中不敌右翼和中右翼政党，难以组建新政府。7月13日，捷克总统瓦茨拉夫·克劳斯任命以公民民主党领导人彼得·内恰斯为总理，由公民民主党、巅峰09和公开党组成的政府。8月10日，众议院通过对政府的信任表决。

4. 6月12日，斯洛伐克国会选举。这是1993年独立以来举行的第五次国会选举。方向—社会民主党虽得票最多,但未能成功组阁。7月8日,总统伊万·加什帕罗维奇任命斯洛伐克民主基督教联盟—民主党领导人伊维塔·拉迪乔娃为总理,政府由斯洛伐克民主基督教联盟—民主党、自由和团结、基督教民主运动、"桥"组成。8月10日,国会通过对政府信任投票。

5. 6月20日和7月4日,波兰总统选举。这是1989年以来举行的第六次总统选举。选举原定在10月举行,因4月10日总统莱赫·卡钦斯基遭遇空难而提前到6月。在第一轮投票中,没有候选人得票过半。第二轮投票在代总统、众议院议长、执政党公民纲领党候选人布罗尼斯瓦夫·科莫罗夫斯基和已故总统的孪生哥哥、反对党法律与公正党候选人雅罗斯瓦夫·卡钦斯基之间进行,结果科莫罗夫斯基当选,8月6日宣誓就职。

6. 6月29日,匈牙利总统选举。这是1989年以来举行的第五次总统选举。现任总统绍约姆·拉斯洛的5年任期将于8月5日到期。由于执政联盟在国会占据绝对多数议席,这次选举被认为是一次没有悬念的选举。青年民主主义联盟—匈牙利公民联盟推举的总统候选人、现任国会主席施密特·帕尔战胜社会党推举的总统候选人鲍洛格·安德拉什当选总统,8月6日宣誓就职。

综观以上选举,可以看出:

在政治制度层面上,选举过程平稳有序,表明这些国家的权力交接规则已趋于成熟,西方式民主制度已经确立并协调运作。

在政党制度层面上,第一,虽然国家政治舞台上形成了几个重要政党或政治团体,但具有一定影响力的新党仍在不断涌现。在匈牙利、捷克和斯洛伐克议会选举中,虽然领先的仍是有过执政经历的大党,如匈牙利的青年民主主义联盟—匈牙利公民联盟和社会党,捷克的社会民主党和公民民主党,斯洛伐克的方向—社会民主党和民主基督教联盟—民主党等,但同时一些新党发展很快,得以进入议会,如匈牙利2003年10月成立的尤比克—为了更好的匈牙利运动和2009年成立的绿党,捷克2001年成立的公开党和2009年由基督教民主联盟—捷克斯洛伐克人民党分裂而来的巅峰09,斯洛伐克2009年成立的自由和团结以及"桥"等。其中,尤比克—为了更好的匈牙利运动、巅峰09、自由和团结分别成为匈牙利、捷克、斯洛伐克议会的第三大党，公开党、巅峰09、自由和团结、"桥"还进入了各自国家的政府。

第二，延续了政党联合执政模式。在1989年以来中东欧国家的历任政府中，除少数几个例外，绝大多数都是两个乃至多个政党联合执政。2010年匈牙利、斯洛伐克和捷克上台的政府延续了这一模式，由两个或两个以上政党联合组成。

第三，中左翼政党失势，右翼和中右翼政党占据执政地位。匈牙利国会选举中，社会党失去执政地位，被青年民主主义联盟—匈牙利公民联盟取而代之。捷克众议院选举中，虽然社会民主党得票率名列第一，捷克和摩拉维亚共产党也保持了11.27%的稳定得票率，但由于历史原因，两党不可能联合。即便两党联合，其得票率也不敌公民民主党等中右翼三党，所以由公民民主党联合巅峰09和公开党组阁。斯洛伐克国会选举中，虽然执政的方向—社会民主党胜出，得到了组阁权，但由于方向—社会民主党在上届政府中的执政伙伴人民党—争取民主斯洛伐克运动没能进入议会，斯洛伐克民族党的席位数亦大为减少，而国会其他各党均为右翼或中右翼政党，不愿与方向—社会民主党联合，所以，方向—社会民主党组阁未成，由名列第二的民主基督教联盟—民党联合右翼和中右翼政党组建政府。波兰和匈牙利的新总统也属于中右翼政党。唯有在克罗地亚，社会民主党候选人当选总统。

第四，在匈牙利，极右翼政党尤比克—为了更好的匈牙利运动力量上升，但鉴于执政两党在国会中拥有2/3以上的绝对多数议席，尤比克—为了更好的匈牙利运动不会对匈牙利内外政策产生直接影响。而在斯洛伐克，斯洛伐克民族党影响下降，匈牙利族联盟党没能进入国会，由匈牙利族联盟党的温和一翼组建的"桥"却在选举中取得较好成绩。

在政治局势层面上，选举对各国政局的影响不尽相同。在克罗地亚，左翼总统和右翼政府之间易于产生矛盾。2010年4月，关于对克罗地亚在波黑内战期间所持政策的评价问题，约西波维奇与总理亚德兰卡·科索尔发生公开争执。在匈牙利，执政两党占据国会2/3多数，反对党力量薄弱，且因意识形态差异难以合作，很难对执政党决策产生重大影响，并对其执政地位构成威胁；同时，青年民主主义联盟—匈牙利公民联盟推举的候选人当选总统，保证了政府与总统关系的协调和政局的稳定。在此情况下，以青年民主主义联盟—匈牙利公民联盟为首的政府可以不受掣肘地进行广泛改革，但与巨大权力相对应的是无法推卸的责任。因此，政府可能十分谨慎行事，确保顺利完成4年任期。在捷克，尽管与前两届政府相比，执政三党在议会中略具优势，但没有根本改变弱势政府的格局，政府和政局的稳定性难以保证。在斯洛伐克，面对国会第一大党——方向—社会民主党，民主基督教联盟—民主党能否始终如一地团结执政伙伴与其抗衡，是能否保持其政策顺利贯彻执行和政局稳定的关键。在波兰，当选总统出自执政的公民纲领党，有利于促进总统和政府的沟通，保持政局稳定。

此外，在选举中失利的一些政党领导人纷纷辞职。在匈牙利，社会党失去执政地位后，其主席伦德沃伊·伊尔迪科辞职。7月10日，社会党召开代表大会，选举社会党国会议员团负责人迈什特尔哈兹·奥蒂洛为主席。民主论坛主席达维德·伊博姚也因该党未能进入国会而提出辞职。在捷克，社会民主党主席伊日·帕劳贝克认为，社会民主党虽然得票率领先，但并没有取得胜利，为此，他决定辞去主席职务。在选举中失利的基督教民主联盟—人民党、绿党以及其他一些小党的主席也先后宣布辞职。诸多政党领导人的换马将对各自国家的政局产生何种影响，还有待观察。

作者单位：中国社会科学院俄罗斯东欧中亚研究所

中东欧国家左翼政党缘何失势

高 歌

2011年6月5日,马其顿提前举行议会选举,以社会民主联盟为首的竞选联盟虽较2008年选举时有较大进步,得票率和席位数分别从23.64%和27席增至32.81%和42席,但仍不敌以内部革命组织民族统一民主党为首的竞选联盟,自2006年下台后已连续5年无缘政权。9月20日,斯洛文尼亚社会民主党政府遭议会不信任投票下台。10月9日,波兰举行议会选举,民主左派联盟党的得票率由2007年选举时的13.15%降至8.24%,席位数也由53席减至27席,似乎离政权越来越远。当前,左翼政党仅在黑山和塞尔维亚继续执政,其中,塞尔维亚社会党只是"为欧洲的塞尔维亚"竞选联盟的执政伙伴,不是主要执政党。中东欧几乎成了右翼势力的天下。

表面上看,中东欧国家左翼政党的失势是议会制和多党制下钟摆作用的必然结果。20多年来,左翼政党在与右翼的较量中已经历了几番上下。然而,为什么钟摆都不约而同地摆向右翼党派呢?原因还要从左翼政党自身寻找。

首先,从左翼政党的自身建设来看,左翼政党程度不同地存在着队伍建设不力的问题,党员人数减少、年龄老化,尤其是党内分歧和腐败现象时有出现,严重削弱了党的力量和影响。(1)党内分歧。匈牙利社会党、捷克社会民主党、保加利亚社会党和罗马尼亚社会民主党内部矛盾重重。更有甚者,马其顿社会民主联盟在1993年、2005年和2007年三度分裂。波兰民主左派联盟党于2004年3月分裂,其若干成员另组社会民主党。民主左派联盟党与波兰社会民党、民主党、劳动联盟在2006年9月组建的左翼和民主者联盟也在2008年4月宣告解散。波兰左翼政党重又陷入各自为营的状态，退到了政治舞台的边缘。阿尔巴尼亚社会党执政8年间因内部矛盾四易总理，2004年9月伊利尔·梅塔率领9名议员脱离社会党。党内分歧和组织分裂损伤了左翼政党的整体实力，不利于其扩大政治影响。（2）腐败。对于多数中东欧国家左翼政党来说，腐败已成为其执政地位的巨大威胁。2005年阿尔巴尼亚社会党和波兰民主左派联盟党、2006年捷克社会民主党、2009年保加利亚社会党的下台都与其高层官员腐败和整治腐败不力有很大关系。

其次，从左翼政党的政策选择来看，中东欧国家左翼政党上台后，为顺应"欧洲化"的大势，往往延续右翼政府的私有化和市场化政策，推进经济转轨和欧盟趋同计划的进行，实施紧缩政策，削减工资和社会福利，降低财政赤字。这与其倡导的建立福利国家、缩小贫富差距、提高人民生活水平的承诺背道而驰，以致模糊了与右翼党派的区别，失去了自己的身份特征，也失去了民众的信任和拥护。

以匈牙利社会党为例，1994年社会党执政之初，从民主社会主义立场出发曾一度放慢私有化步伐，但在整个中东欧地区私有化大潮的推动下，它很快便修改了原有的私有化法，加快了私有化的速度，扩大了私有化的范围，在任期内基本完成了私有化任务。不仅如此，为解决危机和保持经济的持续运行能力，推进向市场经济的转轨，社会党还不得不放弃颇具民主社会主义色彩的社会福利和社会保护主张，采取紧缩措施。2002年社会党再度执政后，为改善日益恶化的财政状况，扫清加入欧元区的障碍，依旧实行紧缩政策。2007年初，社会党政府着手进行医疗改革，将私人资本引入医疗保险体系。国际金融危机爆发以来，社会党以退为进，推举党外人士、国家发展与经济政策部长鲍伊瑙伊·戈尔东为总理。新政府成立后，继续推行紧缩措施，削减公共部门、养老和福利开支。紧缩政策的实施加重了民众的就业压力和社会负担，引起社会普遍不满，社会党的支持率持续下降，执政地位难以维持。

左翼政党因其趋同于右翼党派的政策选择而失去民众支持的情况绝不仅仅发生在匈牙利，在其他一些中东欧国家也存在类似现象。

再次，从左翼政党与其他党派的关系来看，在多党制和议会制下，为赢得和巩固执政地位，左翼政党往往需要与其他党派联合竞选或组成政府。一方面，不与其他党派合作，左翼政党仅凭一己之力很难单独执政。在 2010 年捷克和斯洛伐克议会选举中，捷克社会民主党和斯洛伐克方向—社会民主党都名列第一，尤其是方向—社会民主党的成绩比上次选举还好，但就是因为找不到盟友，不得不让位于右翼党派。另一方面，与其他党派合作又使左翼政党易受合作伙伴的掣肘，不利于推行其施政方针，并且左翼政党与执政伙伴的分歧还经常威胁政府的稳定。

在匈牙利，社会党两度执政都是与自由民主联盟联合组阁。自由民主联盟虽然承认社会民主主义是其传统之一，与社会党有某些共同的思想基础，但在一些具体政策上与社会党分歧较大，致使联合政府屡陷危机，社会党的执政质量受到影响。2004 年 8 月，为执行紧缩政策、减少政府开支，彼得·迈杰希总理改组政府，来自自由民主联盟的经济与交通部部长奇洛格·伊什特万被撤换，自由民主联盟强烈反对撤换奇洛格并表示不再信任迈杰希，导致迈杰希辞职。2008 年 2 月，议会通过医疗改革法案，自由民主联盟要求社会党对医疗改革负全责，与社会党的矛盾加剧。医疗改革陷入困境后，自由民主联盟反对社会党适当修改改革方案的主张，两党分歧更为扩大。3 月底，社会党主席、政府总理久尔恰尼在社会党代表大会上批评自由民主联盟，宣布将解除自由民主联盟成员霍尔瓦特·阿格奈什的卫生部长职务，引起自由民主联盟的强烈不满。4 月底，自由民主联盟召开特别代表大会，决定退出联合政府。政府随即改组，社会党一党单独执政，其领导的少数派政府愈发步履维艰。

在捷克，1998—2002 年间，社会民主党一党少数派政府的生存在很大程度上依赖于与公民民主党的一纸协定。由于意识形态完全不同，社会民主党在私有化、国家预算、社会保障、退休制度和教育体制改革等一系列政策方针上很难指望得到公民民主党的支持，因而施政能力受到限制，竞选时向选民作出的承诺无法兑现。2002—2006 年间，社会民主党与基督教民主联盟—捷克斯洛伐克人民党和自由联盟—民主联盟联合执政。三党政府组成仅两个月便发生危机。2002年底，三党没能就共同的总统候选人达成一致，导致力量分散，结果公民民主党候选人瓦茨拉夫·克劳斯当选总统。2005年初，格罗斯总理因购房巨额资金来历不明及妻子经商问题遭到执政伙伴指责，基督教民主联盟—人民党的3位部长、自由联盟—民主联盟的1位部长和1名无党派部长先后辞职，基督教民主联盟—人民党还要求格罗斯辞去总理职务，威胁要退出政府和提前大选。在执政伙伴的压力下，格罗斯辞职，执政联盟三党重组政府。

在保加利亚、罗马尼亚和斯洛文尼亚，左翼政党与其执政伙伴也难免冲突。2005年，保加利亚社会党与西美昂二世全国运动和争取权利与自由运动联合组阁本就是无奈之举，三党曾经是竞争对手，在政策主张上差异很大。罗马尼亚社会民主党与民主自由党的联合政府上台不久便生嫌隙，2009年下半年，随着总统选举的临近，两党的相互攻击逐渐升级。10月，因来自社会民主党的副总理兼内务部长被解职，社会民主党全体部长集体辞职，执政联盟破裂，社会民主党失去执政地位，成为在野党。斯洛文尼亚社会民主党政府之所以在2011年9月被议会投了不信任票，社会民主党与其执政伙伴真理党的分歧导致后者退出政府是一个重要原因。

综上所述，中东欧国家左翼政党的失势是议会制和多党制下与右翼党派轮流执政的钟摆作用的结果，更是由于其在自身建设、政策选择及与其他党派关系方面的困境和失误所致。从这个意义上说，左翼政党要扩大政治影响、提升在政治舞台上的地位乃至上台执政，关键在于加强自身建设，克服党内分歧，坚决打击腐败，同时抓住机会，找准定位，提出切实可行、能为广大民众接受的政策措施，正确处理与其他党派的关系。鉴于捷克社会民主党、斯洛伐克方向—社会民主党、罗马尼亚社会民主党、阿尔巴尼亚社会党与右翼党派势均力敌，克罗地亚社会民主党和马其顿社会民主联盟力量有所上升，它们赢得下次选举，重掌政权，并非全无可能。

中东欧国家左翼政党执政时间

国　家	政　党	执政时间
波兰	民主左派联盟	1993—1997年
	民主左派联盟党	2001—2005年
匈牙利	社会党	1994—1998年、2002—2010年
捷克	社会民主党	1998—2006年
斯洛伐克	民主左派党	1994年3—9月
	方向—社会民主党	2006—2010年
斯洛文尼亚	社会民主党	2008—2011年
保加利亚	社会党	1990—1991年、1995—1997年、2005—2009年
罗马尼亚	救国阵线	1990—1992年
	民主救国阵线	1992—1996年
	社会民主主义党[a]	2000—2004年
	社会民主党	2008—2009年
阿尔巴尼亚	劳动党[b]	1991—1992年
	社会党	1997—2005年
克罗地亚	社会民主党	2000—2003年
马其顿	社会民主联盟	1994—1998年、2002—2006年
南斯拉夫联盟	塞尔维亚社会党 黑山社会主义者民主党	1992—2000年
塞尔维亚	塞尔维亚社会党	2008年—
黑山	"欧洲的黑山"竞选联盟[c]	2006年—

注释：a. 2001年6月，社会民主主义党与社会民主党合并为社会民主党。

b. 1991年6月，劳动党更名为社会党。

c. 其主体为黑山社会主义者民主党和1993年成立的黑山社会民主党。

资料来源：

透明国际网站：http：//www.transparency.org.

作者单位：中国社会科学院俄罗斯东欧中亚研究所

中东欧共产党关于共产党基本理论的认识

马细谱

中东欧的共产党人始终把马克思列宁主义作为自己的指导思想,把实现社会主义作为自己的纲领目标。它们的纲领和章程都对党的奋斗目标、国内外重大问题和国际共产主义运动进行了阐述,表明了原则立场。为适应科学技术进步和信息社会给社会经济所带来的重大变化,各党的纲领和章程都对马克思主义理论和未来社会主义以及国内的重大问题提出了一些新的设想,值得关注。如建立新型的代表全体劳动者利益的政党;承认多种所有制形式(包括生产资料私有制)的存在;实行新的民族政策和宗教政策,允许不同宗教信仰的群众入党;等等。

有的中东欧左翼学者在评价这些共产党的纲领和章程时指出,苏联东欧解体后,各国共产党在制订党纲党章时应该"放弃对历史上经典著作的高谈阔论,正视反革命复辟条件下阶级斗争的具体任务,揭示社会主义崩溃后社会主义运动的未来前景"。这就要求共产党人起来反对私有化及其恶果,谴责贪污腐败和一切犯罪行为,同国际垄断资本作斗争。共产党人要对各国的对内对外政策表明自己的严正立场和态度。

一、坚持以马克思列宁主义为指导思想

各国共产党仍然坚持以马克思列宁主义学说作为党的指导思想,但主张同本国革命传统和具体条件以及国际共产主义运动经验相结合。中东欧的共产党始终把马克思列宁主义作为自己的政策和实践基础,把实现社会主义作为自己的奋斗目标。有的党提出,在新的条件下,争取社会主义的斗争要遵循马克思列宁主义

的基本原则,但一定要结合本国的实际,既要反对修正主义,又要反对教条主义。党要坚持以"马克思主义理论作为党的指导思想",同时又认为"工人运动、社会主义运动、左翼运动的传统"和"历史上的先进思想"也是党的理论基础和行动指南。因此,党要团结一切在当代民主世界中为争取社会主义而斗争的欧洲共产主义政党和社会民主主义政党、工会和新社会运动的左翼。

保加利亚共产党人党在其纲领和章程中指出,"马克思列宁主义就其深邃的哲学实质而言,它是创造性的学说。它要求永远保持其科学性、永久性和生命力"。同时,我们要根据社会所发生的新变化来运用和发展它。马克思主义"完全没有老化和过时",因为它经受了真理的检验。

南斯拉夫新共产党认为,"我们的战略和策略是实现建立在马克思、恩格斯和列宁思想基础之上的科学社会主义"。党遵循"马克思列宁主义、无产阶级国际主义和爱国主义"的原则。它将"国际主义同世界各国共产党人的预见和目标相结合",把"国际主义和爱国主义辩证地结合在一起"。

捷克和摩拉维亚共产党强调,它的纲领"源于马克思主义理论,并同国际共产主义运动、左翼运动以及新思想、新知识相互结合"。它主张各种政治力量相互尊重,实行民主多元化,进行平等对话。它愿同世界上所有左翼政党加强联系,争取加入社会党国际。

二、强调共产党是雇佣劳动者的党

关于党的性质,中东欧各共产党不再强调是工人阶级先锋队政党或无产阶级政党,而是改称工人、农民和知识分子等劳动者的群众性政党。关于党的名称,有共产党、工人党,甚至劳动者"联盟"、共产主义"协会"等不同称呼。因为一些党认为,在当今时代,"工人阶级"这个概念不仅仅指传统意义上的工人和农业无产者,还包括受雇佣的脑力劳动者,如科技知识分子、艺术和文化创作者等。所以,对党员在加入和退出党组织的条件方面也比原来的共产党更加宽松,更加符合现实情况。

南斯拉夫新共产党在其章程中开宗明义写道:"南斯拉夫新共产党是工人阶

级、农民和知识分子的自愿组织，它在多党制条件下进行活动。"南新共认为，它不是前南共联盟思想的继承者，而是前南土地上社会主义运动和共产主义运动中一切有价值的思想和传统的继承者和体现者。党应该吸取迄今国内外社会主义建设的经验和教训，以及世界上一切进步运动的经验。同时，党将根据当代思想和科学技术革命的成就，结合本国的悠久传统和具体情况开展活动。

保加利亚共产党人党特别声明，它"首先是城乡雇佣体力和脑力劳动者的政治组织。无产阶级除传统的工人阶级和农业无产者外，在当今条件下还包括雇佣知识分子劳动者——科技知识分子、艺术和文化创作者。"

捷摩共在谈到党的性质时指出，"捷摩共努力将党建设成群众性政党，在集体讨论和决定、遵循自治原则和党内广泛民主的基础上开展工作"，捷摩共是依法开展活动的政党，是捷克共和国境内的法人代表。捷摩共致力于在当今社会中获得现代的和积极的左翼政党的地位。

匈牙利工人党认为，它是劳动人民的党，基本任务是代表靠自己劳动生活的工人、农民、知识分子、中小企业家、为社会服务的各个阶层和资本主义制度牺牲者的利益。

克罗地亚社会主义工人党认为，党代表"工人、农民和所有以劳动为生者的利益"。

三、以和平方式走向社会主义

绝大多数中东欧共产党认为，武装斗争不再是夺取政权的唯一道路，主张正确对待和积极参加各级选举。在中东欧多党制条件下，共产党拥有一批自己的选民，只要经费许可，都单独或同别的党联合参加选举。有的党成为了议会党，但出于某种考虑不愿成为参政党，声称要做"光荣的反对派"、与各种经济丑闻和政治腐败无牵连的"干净政党"。最典型的是捷摩共，几度进入议会，却始终拒绝入阁。

南新共在2004年的《五一号召书》中专门表达了对当局的"选举歧视"的立场。它强调，尽管目前所谓"欧洲民主"已经变成了"金钱民主"，党也不会为了筹集选举资金而接受帝国主义的经费和搜刮国家财富，但党会打破当局的歧视和阻挠，参加选举。党应该在各级政权机关有自己的代表。

保共产党人党在其《党章》的第二条中说，党要动员保加利亚公民的政治积极性，"通过选举或其他民主形式达到实现没有阶级社会的目的"。党要"参加地方、议会和总统选举，独立地或同其他政治力量结成联盟进入各级政权机构"。党认为，"根据马克思列宁主义理论和历史实践，掌握政权的道路是多种多样的，一切取决于具体条件"。

捷摩共强调在多元政治制度下的活动原则是：党开展工作应从科学认识出发，尊重公开、平等的对话和民主多元化；独立地、以联盟的形式或其他联合的方式积极参加社会政治生活，推动左翼力量团结的进程；党的各级机关同致力于实现社会民主和发展的群众团体、公民组织进行合作；积极参加各级选举。捷摩共期望通过民主的道路实现社会主义目标，拒绝限制民主、歧视、打击不同观点和个人崇拜等方式。

四、建立以公有制为主体、多种所有制并存的经济体制

中东欧共产党从当前所有制的多样性出发，不再坚持消灭私有制是进行社会主义革命的首要条件，但反对执政当局的私有化政策和鲸吞国有资产的行径，主张公有制在社会主义经济中起主导作用。

捷摩共赞成实行社会市场经济，保卫劳动人民的利益。它还主张各种所有制在法律上一律平等，反对国家财产被侵吞或被出卖。在经济方面，它坚持社会所有制优先和主要地位，认为这是源自马克思主义思想的长期传统的战略目标。

南新共主张多种所有制并存，即全民所有制、社会所有制、公共所有制、集体所有制、合作社所有制、私人所有制和个人所有制共存，但全民所有制、社会所有制、公共所有制、集体所有制和合作社所有制应该在所有经济体制中占主导地位；同时，党也赞成私有制，但必须是劳动所得，而非通过剥削他人劳动和雇佣所得；党反对复辟资本主义的所谓改革和新殖民主义的欧洲一体化；党还坚定地反对外来资本和跨国垄断企业的入侵,要求本国经济和自然资源应由本国私人资本掌握。

五、尊重宗教信仰自由

共产党人反对一切形式的种族、民族和宗教歧视,主张各种族和民族之间建立和谐、友好和睦邻的关系,主张思想和宗教信仰自由。南新共认为,"宗教是每个人的私事",党"尊重每个信教群众的感受和看法"。教会应该同国家分离,不应参与政治斗争。党需要在科学基础上广泛宣传唯物主义观点,对宗教采取宽松的态度。

保加利亚共产党人同样认为,在当代生活和活动条件下,宗教信仰自由是每个公民的权利。但党主张政教分离,神学院应从索非亚国立大学脱离;在公立学校、广播电视停止宗教宣传;无神论者需要尊重宗教信徒的宗教感情。

斯洛伐克共产党反对任何出于社会地位、政治信仰、宗教、种族、民族或性别等原因而歧视公民的做法,也反对以任何理由限制公民在教育、健康保护和文化发展等方面的权利。国家是自由选择世界观的保证,它应该是处于教会和宗教纷争之外的社会机构。如果国家要履行这一任务,它与教会分离就不可避免,教会也应该接受国家的法律。

作者单位:中国社会科学院世界历史研究所

中东欧政治体制转轨 20 年的得与失

马细谱

1989—1990 年起,原东欧国家先后开始向新的多元政治体制和市场经济过渡。这是 20 世纪发生的重大历史事件之一,是国际社会主义运动史上的一次重大挫折。中国学者称其为"东欧剧变",并将剧变后的原东欧国家称为中东欧国家。

20 多年来,中东欧国家以西欧为榜样,实施全面转轨,取得了值得肯定的成绩,但也付出了需要思考的代价。总的说来,中东欧各国经过 20 多年的政治经济转轨,社会已由混乱转入正常发展轨道。它们中有的国家已参加了北大西洋公约组织(北约)和欧洲联盟(欧盟),有的正在争取加盟入约,其中大多数国家政局和社会都相对稳定,经济形势普遍好转,对外政策也越来越趋于理性。

过去的 20 年是中东欧国家进行政治、经济和社会重大变革的时期。头 10 年,中东欧国家生产滑坡、经济崩溃、政局混乱、无政府主义泛滥,是苦苦求索而又痛苦的 10 年。它们在急流汹涌的江河中争先恐后地游泳,无法到达理想的彼岸。后 10 年,中东欧国家加入欧洲一体化进程,经济连年实现较高增长。它们终于游到了希望的彼岸,但眼前既有惊喜又充满迷茫。特别是 2004 年欧盟东扩,为中东欧国家回归欧洲开启了一个历史上独一无二的融入欧洲的过程。但 2008 年的全球性金融经济危机和 2010 年开始的欧洲主权债务危机,又沉重打击了这些国家尚不稳定的政治经济体系,造成了一定的负面影响,甚至会制约这些国家的稳定与发展。

我们可以认为,20 年来,中东欧政治体制转轨要好于它们的经济体制转轨。

总体上讲，它们在政治上已经建立起以多党制为基础的议会民主制，但政治体制和政党体制尚不成熟，仍然存在一些不稳定因素。

第一，中东欧各国以和平方式实现政权的转换，进行政治经济和外交全面转轨。剧变初期，原东欧绝大部分国家的反对派都是煽动人们走上街头，采用暴力方式，以达到推翻执政的共产党和摧毁社会主义政权的目的。尽管矛盾和冲突有时表现得相当激烈，但最后大多数国家都是以和平方式解决了问题。当然，在罗马尼亚发生了1989年十二月流血事件、在前南斯拉夫爆发了血腥的内战。捷克和斯洛伐克"分手"则采取了和平协商的方式，被称为"天鹅绒式"革命。正因为如此，这些国家在其后的20年间尽管都经过了五六次或更多次大选和总统选举，政府频繁更迭，但每次基本上都能和平地相互替换，实现和平交权，使政局保持相对稳定。

第二，中东欧各国的政权体制已经成型，国家权力中心亦基本形成。在这20多年间，各国在改名共和国后，都制定了新宪法，从法律上确定了国家的政治体制形式和法制社会。同时，通过了新的政党法和选举法等重要法律法规，规范了国家权力机构和最高领导人的职责范围，确立了立法、行政、司法三权分立，普遍实行总统制（实际上是准总统制或半总统制）和总理制。波兰、斯洛伐克、罗马尼亚、保加利亚、塞尔维亚、斯洛文尼亚等国的总统都是由全民投票直接选举产生，而匈牙利、捷克、阿尔巴尼亚等国的总统则由议会选举产生。而总理一般是由在大选中获得多数席位的政党领袖担任，由他组织一党或多党政府。可以说，中东欧各国的政局基本稳定，其政治转轨的成果得到了社会认可，其发展趋势难以逆转。

第三，中东欧国家政治上已经建立起以多党制为基础的议会民主制。剧变初期，短时间内形形色色的政党和组织竞相出现，每个国家都存在几十个甚至几百个大大小小的党派。议会选举、总统竞选、多党制造成了这些国家社会政治力量的尖锐对立，陷入了严重的无政府主义状态。现在，这种状况有了很大的改变，政党间的斗争逐步纳入法制轨道，政权更迭能依法平稳进行。党派政策在不断趋同，极端的观点受到冷落。近年来，中右和中左党派在中东欧国家政坛崭露头角，且当前各国执政党大都以中右翼党派为主。同时，原来对立的左右两大派在执政理念上并没有多大分歧，如国内政策、私有化、民主自由、加盟入约，对外政策则亲美不脱离欧洲等。由于没有强有力的左翼或右翼政党出现，各国逐渐形成了以右、中、左为代表的多个议会党，从而不得不组建中右、中左甚至右、中、左联合的弱势政府。

第四，中东欧政党政治还不够成熟，西方式的有序轮替制仍在完善之中。例如，没有建立起强大的议会党，在所谓"多党议会制"的体制下，选举新总理和组织新政府经常是一件非常复杂的党际之间的斗争，时常出现议会和政府提前下台的现象。同时，选民参与政治的热情在逐年下降。就参选率而言，中东欧国家普遍从剧变初期的80%—90%降至现在的50%—60%，甚至更低。斯洛伐克2006年达到55%，匈牙利和捷克近几年的最高投票率没有超过65%，波兰由2004年的54%降至2007年的41%。在2005年的波兰大选中，只有40%的人参加投票，创下波兰历届大选的最低投票率。保加利亚1990年的投票率高达90.6%，1994年为74.3%，1997年为62.4%，2001年为67%，2009年为60%。这就造成中东欧国家的议会选举和总统选举均要举行至少两轮投票才能以微弱多数决出胜负。所以，在中东欧国家很少有一届政府或一位总统能够获得连任。再例如，中东欧国家政党体制薄弱，导致经常性政局不稳。最近20年来，保加利亚更换了14届政府、7届议会。具有议会传统的中欧国家波兰、捷克和匈牙利同样政府频繁更迭，政党争斗不止，这跟西方的民主选举和政党正常轮换相差甚远。再例如，近年来，街头政治又在中东欧国家重新出现，有时还相当尖锐。波兰、匈牙利、保加利亚、罗马尼亚等国游行、罢工时有发生，表面上看多为工会组织的反对物价上涨和要求增加工资的活动，很少提出政治诉求，但其背后是政党在操纵，受政党利益驱使。可以看出，中东欧国家要真正形成西方国家的政党（两大党）格局，还有相当长的一段路要走。

第五，中东欧国家至今没有出现占主流的社会思潮，仍存在一些不稳定因素。中左力量不断失利，中右势力纷纷上台执政，民族主义重新复活。自柏林墙倒塌以来，欧洲中左翼力量一直在逐渐削弱。近年，不光是西欧、北欧这些欧盟老成员国的民族主义抬头，在"新欧洲"民族主义也同样死灰复燃。在波兰，掌握国家大权的一度是"超级爱国主义者"和民族利己主义者"法律与公正党"。捷克的极右政党共和党、匈牙利的"约比克"党、保加利亚的极端民族主义政党"进攻党"（"阿塔卡"）和罗马尼亚的"大罗马尼亚"党等都公开反对自己的国家加入欧盟。所以，有学者认为，当前中东欧国家政治舞台上是三种主要政治势力鼎立，即西方式自由民主派势力、民族主义势力和民主社会主义势力。目前，这三种政治势力仍在不断演变，还远没有定型。有些中东欧国家甚至是这三种政治势力的混合物。

这些政治势力沉迷于党派之间的争权夺利，而不关心国家的社会和经济发展，甚至不考虑民族的利益。它们对自己的执政缺乏信心，把国家的落后归咎于过去，现在还在重复剧变初期已经过时的口号和夺权方式。例如，2009年上台的保加利亚右翼政府近两年公布了一大批20年前的内务部和安全部门的档案，致使成百上千的现职公务员和高级外交官被贴上共产党的"奸细"和"情报员"标签而不能继续任职，严重损害了国家的形象。又例如，2010年上台的匈牙利青年民主联盟欧尔班政府不仅否认和打倒社会主义年代的一切，而且称剧变后的20年是"混乱的年代"，提出要在所有领域"建立新制度"，即要"终结多党政治，建立中央集权制"，实现青年民主主义联盟一统天下的局面。这种做法引起国内外舆论和民众的强烈不满，也使匈牙利在国际上的威信扫地。这集中反映了中东欧一些国家多党民主制度不健全，他们一味推行西方的政党模式和政治体制，结果带来一些消极后果。同时，这也衬托出目前欧盟内部软弱无力和指挥不灵的无奈局面。

在东南欧国家普遍存在的毒品走私、有组织偷渡、贩卖妇女儿童、走私武器、偷盗汽车等有组织犯罪活动仍在泛滥，贪污腐败盛行，法制不健全。这种多党政治制度所暴露出的诸多问题，值得人们深思。

另外，民族矛盾和宗教信仰不同也成为影响中东欧国家长久稳定的重要因素。当今的波黑、马其顿、塞尔维亚、罗马尼亚等国都不同程度地受到这些问题的困扰。

中东欧国家社会政治转轨较为顺利和成功的原因有：（1）政治制度转轨进度快、时间短，而且是按和平的方式完成的；（2）政治转轨是在西方的策划下，反对派可以利用一切手段大胆妄为，没有任何顾忌和禁区；（3）历史上受到不公平对待的各种性质的形形色色的资产阶级政党蜂拥登上政治舞台，积极参与多党竞争；（4）议会选举和总统直选以及全民公决形式被普遍接受和采用；（5）人民群众渴望拥有参加政治生活的自由和民主权利，特别是拥有选举权和被选举权，政治积极性一度空前高涨。

作者单位：中国社会科学院世界历史研究所

2011年中亚形势回顾与展望

赵会荣

2011年中亚地区形势的特点是：五国政局仍维持着脆弱的稳定，经济普遍向好，安全风险继续增加，大国在中亚的竞争加剧，地区碎片化凸显。

2012年中亚五国政局发生变化的可能性非常小，经济增长的速度将略有下降，宗教极端主义等非传统安全威胁突出，俄罗斯和中国在该地区的影响力将上升，美国会调整中亚政策，中亚国家之间的矛盾继续发酵。

中亚政治：脆弱的稳定

2011年中亚国家仍维持着脆弱的政治稳定。各国政坛暗流涌动，各派政治力量纷纷觊觎未来的权力分配，其活跃表现引起政府的警惕。五国政府及时采取措施维护政权安全。中亚五国的反对派力量弱小且分散，很难撼动现政权的根基，短期内无法构成对现政权的实质性挑战。

中亚五国相继进入选举年。2011年4月3日，哈萨克斯坦提前举行总统选举，纳扎尔巴耶夫高票当选。2012年1月，哈萨克斯坦还将提前举行议会下院选举，"光明之路"党有可能与执政党——"祖国之光"党一起进入议会下院。2011年10月30日，吉尔吉斯斯坦举行总统选举，前总理阿坦巴耶夫首轮即获得62.52%的选票，顺利当选。未来，他面临着协调各派政治力量、南北矛盾、民族矛盾、促进经济增长等一系列挑战。2012年2月，土库曼斯坦将举行总统选举，现总统别尔德穆哈梅多夫地位稳固，极有可能获得连任。2013—2014年塔吉克斯坦和乌兹别克斯坦将相继举行总统选举。尽管目前还看不到五国政局变化的端倪，但乌兹别克斯坦总统73岁，哈萨克斯坦总统71岁，乌兹别克斯坦、塔吉克斯坦和吉尔吉斯斯坦经济社会领域问题较多，选举将是考验这些国家能否维持稳定的关键。

哈萨克斯坦和乌兹别克斯坦的政治斗争趋于激烈，纳扎尔巴耶夫通过提前举行总统选举使政权安全获得保障，卡里莫夫总统在巩固自身权力的同时为政权平稳交接做准备。2010年底哈萨克斯坦某议员倡议"就支持纳扎尔巴耶夫执政到2020年举行全民公决，修改宪法"，并在全国各地征集签名。纳扎尔巴耶夫拒绝了该倡议，决定提前举行总统选举。该事件很可能是因为哈国内反对派或者政治精英受到外部势力支持试图挑战总统地位，引起纳扎尔巴耶夫总统的警惕。纳扎尔巴耶夫试图通过征集签名的举动检验各政治派别和政治精英的忠诚度，并以提前举行总统选举的方式彻底了断那些觊觎总统权力的人的幻想，确保2016年前的政权安全。为了使2012年议会选举的权力分配对己有利，2011年7月纳扎尔巴耶夫更换了"光明之路"党的领导人，表明他有意支持该党作为第二大政党进入议会并被政府所控制。这样，反对派进入议会的可能性更加渺茫。与纳扎尔巴耶夫相似，乌兹别克斯坦总统卡里莫夫也致力于维护自身权力的稳定，在接班人人选问题上同样讳莫如深。2011年乌兹别克斯坦修改宪法，规定在总统无法履行职责时，由上院议长代行总统职责，并将总理任免权转交议会。

中东、北非变局对中亚政局影响很小，但也令中亚国家政府感到紧张，原因是二者的确在很多方面存在相似性。不过，二者的差异也很大。与中东、北非地区相比，独联体国家对中亚的影响更大。2011年中亚国家的反对派受到中东、北非事件的鼓舞，在西方的支持下加强联合，号召民众起来推翻政府。西方批评中亚国家的民主和人权状况，散布中亚国家可能会发生类似中东、北非国家革命的舆论，向中亚国家政府施压。在这种情况下，中亚各国政府及时加强了对社会各领域的监管，包括网络、媒体、学校、社会团体、对外交流等，努力把外部环境的影响降到最低。

中亚经济：普遍向好，未来增长速度将有所放缓，差距进一步拉大

中亚国家的经济状况差异较大，总体上都处于金融危机后的经济恢复阶段。

2011年前9个月，各国 GDP 增长情况如下：哈萨克斯坦 7%，乌兹别克斯坦 8.2%，塔吉克斯坦 6.5%，吉尔吉斯斯坦 7.5%。估计全年情况：除了吉尔吉斯斯坦全年可能下调到 6.5%，乌兹别克斯坦上调到 8.3% 外，其他国家的情况不变。另外，土库曼斯坦 GDP 全年预计增长 10%。中亚国家对基础设施和工业的投资较大，拉动了经济高速增长。各国还大幅提高工资和退休金，促进国内消费快速增长。2011 年，中亚国家的服务业、交通通讯、外贸、农业领域保持高速增长，外国投资规模进一步扩大。五国之间的经济发展差距进一步拉大。

在财政状况方面，哈萨克斯坦和乌兹别克斯坦财税领域将保持强势。英国"经济学人情报部"（以下简称 EIU）预计，哈萨克斯坦财政赤字占 GDP 比例将从 2010 年的 2.5% 缩减到 2011 年的 2.3%，乌兹别克斯坦 2012—2013 年财政赤字占 GDP 比例为 0.3%—0.4%。①截至 2011 年 9 月底哈萨克斯坦外汇储备为 725 亿美元。②就货币状况而言，哈萨克斯坦坚戈汇率稳定。乌兹别克斯坦官方汇率和黑市差距不断拉大，外汇短缺的情况比较严重。塔吉克斯坦索莫尼汇率受到国际市场影响，汇率波动较大。

在对外贸易领域，2011 年 11 月，哈萨克斯坦与俄白两国签署包括《欧亚经济一体化宣言》等有关一体化新阶段的系列文件。吉尔吉斯斯坦和塔吉克斯坦均表示有意加入关税同盟。哈总统透露，2012 年底哈将加入世贸组织。塔吉克斯坦官方也表示该国加入世贸组织的谈判接近尾声。2011 年 1—9 月哈萨克斯坦外贸额增长 41.3%，乌兹别克斯坦增长 21.6%。2011 年 1—10 月塔吉克斯坦外贸额增长 21.2%，为 36.61 亿美元，逆差为 15.67 亿美元。

在通货膨胀方面，2011 年中亚国家通货膨胀指数普遍较高。EIU 指出，2011 年 1—10 月塔吉克斯坦通货膨胀率升至 8.9%，全年估计为 11%。2012—2013 年乌兹别克斯坦通货膨胀率预计为 11.8%。

中亚安全：动荡的风险在增加

与 2010 年相比，2011 年中亚地区安全形势相对平静，没有发生大规模暴力事件或者社会动荡。然而，地区动荡的风险在增加。

影响中亚地区安全的内部问题没有得到有效解决。2011年中亚国家突出的内部问题包括：国家之间的矛盾、宗教问题、恐怖主义、民族矛盾（乌兹别克族与吉尔吉斯族、乌兹别克族与塔吉克族）、犯罪问题、人口（包括移民问题）、就业、通胀、贫困问题等。阿富汗局势、全球经济形势、北非和中东局势等外部环境恶化使得上述问题更加严重。

中亚国家之间的矛盾继续升级。中亚跨境河流上游国家（塔吉克斯坦和吉尔吉斯斯坦）与下游国家（哈萨克斯坦、乌兹别克斯坦和土库曼斯坦）在水资源分配问题上始终争执不下。其中，乌兹别克斯坦与塔吉克斯坦在修建罗贡水电站等问题上越吵越凶，双边紧张关系从政府层面蔓延到底层民众，影响到民族关系。乌兹别克斯坦和塔吉克斯坦的边境地区都发生过针对对方的小规模民众抗议活动。乌兹别克斯坦、吉尔吉斯斯坦、塔吉克斯坦之间在边界、飞地、跨境运输、矿产开发、能源、生态等问题上口角不断。2010年吉尔吉斯斯坦民族冲突未得到彻底清算，给民族关系留下阴影。另外，哈萨克斯坦与乌兹别克斯坦之间继续为地区领袖地位明争暗斗。

中亚的宗教极端主义、恐怖主义、贩毒等问题因阿富汗形势恶化而更加棘手。2011年美国和北约开始从阿富汗撤军，2014年撤军行动将结束。未来塔利班将以某种形式参与到阿富汗的政治安排中，必然鼓舞中亚地区的宗教极端势力。2011年，乌兹别克斯坦伊斯兰运动组织和伊扎布特组织（伊斯兰解放党）等宗教极端组织在中亚积极扩张势力，在农村地区的影响不断扩大。中亚的宗教极端主义往往与恐怖主义结合在一起。2011年，极少有恐怖事件光顾的哈萨克斯坦发生了三起暴力事件。从暴力事件中使用的武器来看，这些事件与恐怖组织有关。2010—2011年，塔吉克斯坦和哈萨克斯坦均出台法律和法令，对宗教活动进行限制。中亚其他国家政府也采取类似措施，导致政府与宗教团体之间的关系、政府与社会之间的关系紧张。

塔吉克斯坦的政治伊斯兰和军事伊斯兰问题以及吉尔吉斯斯坦的地方主义和

毒品犯罪问题仍很突出。2010年下半年从巴基斯坦和阿富汗流窜到塔吉克斯坦的伊斯兰非法武装在塔东部拉什特地区作乱，袭击政府军。2011年，塔吉克斯坦通过国际合作加强了对该地区的控制，情况略有好转。吉尔吉斯斯坦南部地区的一些政治势力与宗教极端组织和毒品犯罪团伙有密切的接触，对中央政府形成一定牵制。

中亚国家的社会不满情绪加剧。继2007年哈萨克斯坦西部地区发生罢工示威活动后，2011年该地区再次发生罢工示威活动，主要原因是迁入哈萨克斯坦的技术移民和外国哈族移民数量不断增加，与当地居民的就业、生活等利益形成冲突，引起后者不满。据吉尔吉斯斯坦内务部透露，2011年1—9月吉尔吉斯斯坦发生1013起示威抗议活动，表明该国社会情绪的极端化，民众对政府不信任，动辄选择通过街头运动达到自身目的。2011年乌兹别克斯坦和塔吉克斯坦也发生了小规模民众抗议活动。

中亚安全的"国际保险"——国际合作机制对于维护中亚稳定表现乏力。无论是中亚国家之间，还是大国之间以及国际组织之间，对于维护中亚稳定、制止动荡没有形成有效的合作机制。中亚国家人人自危，个个自保，大国的中亚政策各有侧重，活跃在中亚的国际合作机制功能重叠，相互之间缺乏协调，发挥作用有限。

中亚外交：大国竞争加剧，地区碎片化凸显

2011年中亚地区外交形势的总体特点是：俄罗斯强势整合独联体地区，试图加强与中亚国家之间的经济和军事联系。美国提出"新丝绸之路"倡议，促进中亚与南亚在能源和交通领域的一体化，可能将驻阿富汗军事力量向中亚地区转移。中国在中亚地区的影响增强，经济投入受到中亚国家欢迎，但也遇到一定阻力。中亚国家之间的矛盾继续发酵，地区碎片化日趋明显。

哈萨克斯坦继续寻求与各方的合作，不断扩大在地区和国际事务中的影响。

2011年，哈萨克斯坦担任伊斯兰合作组织轮值主席国和上海合作组织轮值主席国。哈萨克斯坦还自荐担任2017—2018年联合国安理会非常任理事国候选国。哈方强调，纳扎尔巴耶夫是欧亚联盟倡议的首倡者。在加入关税同盟后，哈萨克斯坦与俄罗斯的关系进一步密切。哈萨克斯坦重视与中国的关系，认为两国在水资源问题上的合作有重要意义，2011年6月13日中哈关系提升至全面战略伙伴关系是历史性成就，两国领导人提出的2015年贸易额达到400亿美元的目标可提前一年完成。

乌兹别克斯坦与美国的关系继续升温。乌兹别克斯坦与俄罗斯的关系仍处于欲热还冷的状态，乌方反对俄罗斯加强在中亚地区的军事存在，尤其反对俄罗斯在吉尔吉斯斯坦南部奥什市建立第二个军事基地。乌兹别克斯坦希望中国增加对乌投资，希望中资企业在纳沃依自由工业经济区建厂，促进乌对外交通、基础设施和加工业的发展。

塔吉克斯坦外交主要围绕修建罗贡水电站和防止阿富汗武装分子进入两件事展开，进展不顺利，外部环境没有明显改善。2011年俄罗斯和美国积极与塔吉克斯坦接触，希望加强在塔军事存在。塔吉克斯坦与俄罗斯的关系继续恶化。塔吉克斯坦积极寻求美国的经济和军事援助，美国从阿富汗撤出的部分军事力量有可能转移到塔。

2011年，吉尔吉斯斯坦外交主要围绕总统选举展开。阿坦巴耶夫访问俄罗斯和乌兹别克斯坦，获得一定支持。他表示，2014年不再与美国续签租借玛纳斯军事基地的合同，吉尔吉斯斯坦有意加入关税同盟。这表明，俄罗斯仍然是吉尔吉斯斯坦最重要的经济和安全伙伴，未来俄罗斯在吉尔吉斯斯坦的影响将会增强。

土库曼斯坦继续推行天然气外交。2011年11月23日土总统访华，双方签署《关于土库曼斯坦向中国增供天然气的协议》，未来每年出口中国天然气数量增加到650亿立方米。土库曼斯坦还看重伊朗市场和欧洲市场，表示愿意加入纳布科天然气管道计划，呼吁建设土库曼斯坦—阿富汗—巴基斯坦—印度天然气管道。

中亚国家之间在重要的地区性问题和国际问题上缺乏协调，地区一体化进程没有实质性进展。各国都致力于与外部世界发展更紧密的关系，分化趋势明显。

资料来源：

① Economist Intelligence Unit：Country Report：Kazakhstan, Uzbekistan, November 2011.

② 中华人民共和国商务部驻哈萨克斯坦经商处网站：http://kz.mofcom.gov.cn/aarticle/ddgk/tjsj/zhengcfg/201110/20111007779121.html，2011年12月5日。

作者单位：中国社会科学院俄罗斯东欧中亚研究所

历史之窗：苏联解体 20 年

有关苏联剧变问题研究的几点思考

陆南泉

转眼间,苏联发生剧变20年了。我们应该冷静下来回忆一下有关这一重要问题的研究进程,并进行再思考。

先从剧变的含义谈起

笔者这里用的"剧变"一词,所包含的内容有:(1)列宁亲手缔造的、有93年历史和1800万党员、在苏联已执政74年之久的苏联共产党,在短短的时间里被冲垮,丧失了执政党的地位;(2)存在69年之久的苏维埃社会主义共和国联盟解体,原有的15个加盟共和国宣布独立;(3)苏联解体后宣布独立的15个加盟共和国,无一例外地宣布彻底与斯大林时期形成并发展起来的高度集中的政治、经济体制决裂,朝着经济市场化、政治民主化方向的体制转轨。报刊文章中经常出现苏联"解体"的用语,解体只是指原有15个加盟共和国组成的苏联分解了,各自独立成为主权国家,因而这并不能全面反映1991年底苏联发生的巨大变化。

中国对苏东剧变研究大体经历的阶段

第一个阶段,东欧开始发生剧变的时候,我们都认为苏共是列宁创造的共产党,它的基础比较牢固,不至于发生剧变,但结果到1991年12月25日苏联就发生了剧变。从波兰开始,一直到苏联垮台,我们最初研究这个问题的时候,很多人认为这是西方"和平演变"的结果,是外因起主要作用,这是第一个阶段。

第一个阶段时间很短,很快转入第二个阶段。大家认识到,外因论,即用西方国家"和平演变"来说明苏联发生剧变的根本原因,从理论上站不住脚,也跟马克思主义历史唯物主义不相符合,因为历史唯物主义认为,在事物的发展过程中起主要作用的是内因。于是大家就从各个角度来研究苏联剧变的内在原因,有的从民族问题,有的从体制问题,有的从经济问题,有的从对外霸权、外交政策等角度展开研究,应该说取得了很大进展。

第三个阶段是从1996年开始,大家经过第二个阶段的研究之后意识到,从各个角度进行研究是必要的,但是总得讲清楚一个根本性的、深层次的原因。从中央领导到学术界都提出了这样的看法:苏联剧变是各种因素综合作用的结果。即是一种"合力"的结果。这也是大家较为认同的看法,但问题是,如何根据历史唯物主义、辩证法,找出苏联剧变带有根本性的、深层次的原因,或者说起主导作用的因素。正如毛泽东同志指出的:"任何过程如果有多数矛盾存在的话,其中必定有一种是主要的,起着领导的、决定的作用。"① 因此,在分析问题时,就不能简单地把各种相关因素,甲乙丙丁地加以罗列,不分主次,更不能采取实用主义的态度,对苏联剧变过程中呈现出的种种现象,任意夸大或缩小某个因素的作用。

两种不同观点

多年来,在探究苏联剧变根本性、深层次原因问题上,国内学界一直存在着两种观点:一种观点认为,苏共的蜕化变质是主因,而苏共蜕变往往又归咎于苏共个别领导人,特别是戈尔巴乔夫的叛变,甚至有人说他是共产主义的叛徒;另一种观点则认为,斯大林模式长期未进行根本性改革才导致苏联剧变发生。笔者一直坚持后一种观点,就是说由于斯大林苏联模式长期未能进行根本性改革,这种社会主义制度已经走不下去了,已经走入了死胡同。斯大林苏联模式的社会主义在政治与经济体制方面的弊端,带有制度性与根本性的特点。正如普京讲的:

---

① 《毛泽东选集》第1卷,人民出版社1991年版,第322页。

"苏维埃政权没有使国家繁荣，社会昌盛，人民自由。用意识形态的方式搞经济导致我国远远落后于发达国家。无论承认这一点有多么痛苦，但是我们将近70年都在一条死胡同里发展，这条道路偏离了人类文明的康庄大道。"对此，在保加利亚主政35年的日夫科夫，谈到苏东剧变原因时也曾指出，最让人失望的是对社会主义本质问题没有完全弄清楚，在很大程度上理解为像斯大林著作中所定型的那样。而这种情况，在斯大林死后一直保留下来。这里指的是斯大林所确定的社会主义原则。而几十年来，社会主义就是按照那些为它后来的垮台奠定了基础的原则建立起来的。① 中国社会科学院前院长胡绳同志指出："20世纪的历史经验，并不证明社会主义制度已经灭亡，但的确证明社会主义制度必须改革。在20世纪大部分时间通行的社会主义模式并不是唯一可能的模式，随着世纪的更替，新的模式正在促成社会主义的更生。"②

笔者认为，**不能把讲体制的问题跟讲党的问题对立起来**。因为，党的问题只有从制度层面去分析才能得出正确的结论。不从制度层面去分析党的问题，立即就会产生一个问题，苏共党长期以来存在的严重弊端，如高度集权、缺乏民主与有效的监督机制、领导干部思想僵化、脱离群众、破坏法制、个人迷信和特权盛行、不断出现严重的政策失误等，是由什么造成的？十分明显，这些严重的弊端是在斯大林苏联模式的社会主义制度基础上产生的，产生后又由这种制度保证上述弊端的长期存在并发展。因此，当斯大林苏联模式被抛弃时，必然被抛弃的还有由这种制度模式保证其生存的苏共。这里还应当指出的是，正如前文已经提及的，有人在分析党的问题时，实际上主要归咎于赫鲁晓夫、特别是戈尔巴乔夫这两个社会主义"叛徒"，这并不符合史实。有人在文章中提出了一个非常重要、令人深思的问题："一个有着将近2000万党员的大党，就这样在执政74年之后丢掉了执政地位，整个党也随之溃散。迄今为止，无论是在中央还是地方的历史档案中，人们都没有发现在敌对势力取缔共产党时遇到来自党的各级组织进行抵

---

① 参见［保］托尔多·日夫科夫著、吴锡俊等译：《日夫科夫回忆录》，新华出版社1999年版，第226—229页。

② 《中共党史研究》，2004年，第1期。

抗的记载，没有发现共产党员们有组织地集合起来为保卫自己的区委、市委或州委而举行的任何大规模抗议活动的记载，也没有发现人民群众为支持、声援苏共而采取任何有组织的记载。"遗憾的是，提出问题的作者并没有回答这个问题。实际上，回答这个问题并不难，简单地说，那就是因为广大党员和人民对苏共以及由其领导的苏联模式的社会主义制度已经产生了信任危机。可以说，是人民抛弃了斯大林苏联模式的社会主义和不是先进生产力、先进文化及人民利益的代表的苏共。

产生两种不同观点的深层原因

第一，斯大林苏联模式的社会主义，从其本质上来讲，从其主要内容来讲，是不是可以视为科学社会主义？我认为不是，所以必须通过根本性改革来改变这种模式，这是我们的基本观点；另一种观点认为斯大林模式，从其本质上来讲是可以视为科学社会主义的，所以他们竭力维护乃至美化这个模式，为这个模式进行辩护。这是第一个分歧点。

第二，与上一个问题相关，斯大林模式的社会主义是不是社会主义的基本制度？有人说斯大林苏联模式的制度和它的体制，在某些方面尽管有缺点，但是它毕竟是社会主义的基本制度。我认为，它并不能构成社会主义的基本制度。如果我们承认斯大林模式是一种基本的社会主义制度，那就等于给我们自己的改革套上了一个"紧箍咒"，你要改革就要改造这个制度，那你就动不了了，一动就是修正主义，是反马克思主义。所以，在这个问题上的分歧，是对苏联剧变根本原因持不同看法的又一个重要内在因素。这里我们不妨看一看斯大林模式的社会主义与马克思、恩格斯设想的社会主义的区别：从政治上来说，在马克思、恩格斯看来，无产阶级在夺取政权后，近期目标是发展民主，使无产阶级与广大劳动群众成为国家和社会的真正主人。而长远的目标是，运用无产阶级国家的权力，消灭阶级与阶级对立存在的条件，使得社会成为"每个人的自由发展是一切人自由发展的条件"的"联合体"。这也是马克思、恩格斯的社会理想。这个理想的核心是人道主义。在马克思主义经典作家看来，共产主义与"真正的人道主义"

是划等号的。从所有制来说,马克思主义的基本理论是:取代资本主义的新的社会主义生产方式将是实现劳动者与生产资料所有权的统一,它是"联合起来的社会个人所有制"。马克思主义认为:这种所有制具有以下两个方面相互密切相关的本质内涵:一是劳动者集体共同占有和使用生产资料,任何个人均无权分割生产资料;二是在用于集体劳动的生产资料中,每个劳动者都享有一定的生产资料所有权。这就是"在自由联合的劳动条件下"实现劳动者与生产资料所有权相统一的具体形式。可见,不论从政治还是从经济上看,斯大林模式与马克思主义经典作家设想的社会主义相去甚远,它不可能到达科学社会主义的彼岸。因此,我们可以说,斯大林苏联模式的社会主义的失败,并不意味着科学社会主义的失败。正如胡绳同志指出的"苏东社会主义的崩溃……只是社会主义的一种特定模式即斯大林模式的失败"[①]。

第三,我们研究苏联剧变的根本的、深层次原因,是坚持历史唯物主义的方法,还是坚持唯心主义形而上学的方法?这是我们之间的重要区别。所以,我认为讲苏联剧变的根本原因只能用唯物主义的办法来考虑问题,不能用唯心主义形而上学的办法来对待问题。

第四,对苏联剧变在俄罗斯历史发展进程中的作用和影响的评价不同,即苏联剧变是历史的进步还是倒退?笔者认为,尽管俄罗斯在转型过程中出现了不少问题并且发生过严重的转型危机,但是从苏联剧变的历史条件和根本原因来看,从总的历史发展趋势来说,是一个进步。你能说摆脱极权政治搞民主制不对,摆脱高度集中的低效的指令性计划体制搞市场经济不对?实行政治民主化经济市场化,你说是进步了还是倒退了?

最后一个问题,是怎么看待中国的改革所出现的问题。这是我们目前国内两大学派争论的一个很重要的问题,也是与苏联社会主义模式争论密切相关的问题。

中国已经改革开放30多年了,这30多年来,我们不断地"去苏联化",摆

[①] 《胡绳全书》第3卷(上),人民出版社1998年版,第275页。

脱斯大林模式，取得了很大的进展。但是，我们应该看到，在很多方面，特别是政治领域还没有完全走出苏联斯大林模式，因此我们要很好地总结一下，从苏联剧变中吸取教训，思考如何进一步深化我们的改革。

中国的改革取得了很大的成就，大家都承认，但是同时也出现了很多问题，可归结为三大问题：垄断、贫富差距拉大、腐败。这三个问题是因为我们改革改错了、改革改过了头造成的，还是由于我们改革改得不到位造成的？这是我们研究、总结苏联剧变教训时两大学派之间的第五个分歧。

笔者认为，改革并没有错，改革过程中出现的问题正是由于改革没有到位造成的。拿垄断来说，就是一些社会公共资源被一些部门垄断，某些掌握垄断权力的人在谋取私利，因此出现了问题。这些人掌握权力，拥有分配权，利用自己的权力搞腐败、权力寻租，所以需要通过深化改革来解决这些问题，没有别的办法，只能通过改革来解决，而不是倒过来否定改革，再回到斯大林模式，回到原来的模式。所以，要在弄清楚产生问题的原因基础上，在各个领域深化改革，决不能走"回头路"。2006年3月6日，胡锦涛总书记在两会期间指出："要在新的历史起点上继续推进社会主义现代化建设，说到底要靠深化改革，扩大开放。要毫不动摇地坚持改革方向、进一步坚定改革的决心和信心。"

因此，笔者认为，**对照苏联剧变，中国应吸取的最大的教训就是坚持改革，特别是要深化政治体制改革。**

作者单位：中国社会科学院俄罗斯东欧中亚研究所

苏联崩溃与地缘政治

郑异凡

普京在 2005 年的国情咨文中说:"苏联的崩溃是 20 世纪最大的地缘政治灾难。对于俄国人民来说,它是一场真正的悲剧,我们的千百万同胞被阻在俄国境外。"普京此语在我国往往被看做是对苏联解体的重要评价而被引用,既然是"灾难"自然是坏事,至少对地缘政治来说是如此。

不过,对普京此言应当做具体分析。对俄国来说,可以说是最大的地缘政治灾难,因为它失去了沙俄几个世纪开拓掠夺得来的疆土,其地缘政治发生了巨大的变化。以往苏联时期国内各民族之间通婚是平常事,现在由于苏联的解体,许多家庭成了多国家庭,亲戚之间的来往变成了国际交往,还有许多俄罗斯人先前居住在苏联其他加盟共和国,如乌克兰、白俄罗斯,现如今变成侨居他国,被阻在国外。这对俄罗斯人家庭来说确实是一场"真正的悲剧"。

但是,苏联的崩溃却不能用"20 世纪最大的地缘政治灾难"来概括。20 世纪地缘政治发生过多次重大变动,第一次世界大战后,第二次世界大战后,地缘政治都发生过极大的变化,例如"二战"后苏联从地缘政治的变动中获得了极大的好处,把东欧国家变成自己的卫星国,形成"社会主义大家庭"。这一次苏联的崩溃是"二战"后地缘政治变动的继续,这个变动对各个国家来说影响是不同的。

最大的变动是世界上两霸少了一霸,成为美国独霸,世界格局发生了重大变化。

谈俄国地缘政治变动的时候,应当记住俄国地缘政治演变的历史。沙俄通过对周边地区的蚕食扩张,从小小的莫斯科公国变成地跨欧亚的大帝国,这种扩张是靠"剑与火"实现的,而不是像俄共领导人久加诺夫所说的"带去圣经与文明"。十月革命后,苏联继承的是沙俄的版图,沙俄的地缘政治。只有小小的变化——让波兰和芬兰、波罗的海三国和格鲁吉亚独立。但是,这个变化对苏联来说是难以接受的。苏联后来发生的一系列事件都与此相关。1921年苏俄出兵占领并兼并孟什维克领导的格鲁吉亚共和国,而在此前不久俄联邦和格鲁吉亚共和国刚刚签订相互承认的条约。"二战"前夕,苏联以国防的需要为由攻打芬兰,割其领土,说是用其他土地交换,但仅是一句从未兑现的空话。接着出动红军占领并兼并独立的波罗的海三国——立陶宛、爱沙尼亚、拉脱维亚,把这三个国家变成苏联的加盟共和国。波兰已不可能回归苏联,但其通过同德国希特勒签订的密约,实施了对波兰的瓜分。战后还重新划分了西部边界。这样,"二战"结束后,苏联就完全恢复了沙俄帝国的地缘政治。不仅如此,从20世纪20年代开始,苏联就策划蒙古独立,"二战"结束前后吞并了中国的唐努乌梁海地区,扶植蒙古独立,肢解中国,从而改变了中国的地缘政治。

莫洛托夫对此有生动的描述,他在同丘耶夫的谈话中说:"历代俄国沙皇为我们征服了这么多的土地,作为外交部长,我认为自己的任务就是尽量扩大我们祖国的版图。(按:如果各国外长都以扩大版图为己任,那世界肯定要乱了套。)看起来,这个任务我和斯大林完成得并不坏。"战后,一份标明苏联新疆界的地图被送到了斯大林的别墅,斯大林用按钉把它钉在墙上说:"咱们来看看,我们都得到了些什么……北方一切都好,正常。芬兰对我们犯有严重罪过的,所以我们把国界从列宁格勒向前推进了。波罗的海沿岸,自古以来就是俄国的土地!现在重归我们所有。咱们白俄罗斯人现在都集中居住在一起,乌克兰人居住在一起了,摩尔达维亚人也集中住在一起了。西边的情况正常。"说着,他转而指向东方边界:"这儿情况如何呢?千岛群岛现在已归我们,萨哈林岛完全属于我们所有,你们看吧,这有多好!旅顺港是我们的,大连也是我们的",斯大林边说边用烟斗在地图上的中国一带画了一圈,"中东铁路也是我们的,中国、蒙古——这都没问题……可这儿的边界我不喜欢!"斯大林说着指向了高加索以南的地方。

苏联在"二战"中共夺得687707平方公里的土地！苏联版图的扩大是斯大林牺牲他国利益，包括我们中国的利益所建立的"丰功伟绩"。如果有社会帝国主义的话，这就是不折不扣的社会帝国主义！那些为斯大林大元帅歌功颂德的人们，是不是应当想一想战胜国的中国在斯大林的烟斗一挥下的遭遇呢？

苏联地缘政治的变化并未到此停止。"二战"结束后，苏联把自己的势力范围扩大到整个东欧以及部分亚洲，形成"社会主义阵营""社会主义大家庭"，这里根本谈不上什么国际主义，而是赤裸裸的保障苏联自身安全的地缘政治。这些社会主义国家就其地位而言只不过是苏联的加盟共和国而已。

苏联崩溃确实造成了地缘政治的巨大变化，这种变化，对中国来说，对有关各国来说，绝对不是灾难，中国人用不着为之惋惜。

苏联的宪法明文规定各加盟共和国有加入的自由，也有退出的自由。地缘政治的变化是苏联各共和国的自主行为，是它们的人民自己的选择。它们在并入沙俄帝国之前都有自己的独立历史，自己的发展道路，现在不再受强制的统一的模式的约束，不受统一的中央的指挥，按照本国的国情来安排本国的发展，未必是坏事。十月革命前，列宁和布尔什维克党多次宣布民族自决权，宣告各民族拥有分离的权利，后来苏联为维护苏维埃帝国的存在不再允许在国内提自决权，各民族共和国稍有独立的表示，立即受到镇压。20多年前苏联的各民族共和国行使民族自决权，脱离苏联而独立，既不违背列宁的民族自决权原则，也不违背苏联宪法，是合理合法的事。至于各国独立后的发展情况如何，也是他们国家人民自己的事，从现在看到的资料来说，有的国家的发展还相当不错。

对东欧各国来说，更是如此。这些国家社会制度的改变是由于"二战"后苏联红军的进入而发生的，是红军枪杆子下出的政权，很难说是自愿的选择。它们有的（如德国、捷克）在"二战"前已经是相当发达的国家，经济发展走在苏联前面。而在苏联的控制下，东欧各国经济发展缓慢，它们的经济大大落后于先前比它们落后的国家，政治上听令于苏联老大哥，走苏联的路既搞不成社会主义，也搞不成资本主义，实际上是一种新殖民主义。这种状况是无法忍受的，匈牙利、波兰、捷克斯洛伐克为振兴国家先后采取改革措施，以图挽救社会主义，挽救国家。就是这样的改革，苏联也不能容忍，匈牙利、捷克斯洛伐克的改革都被苏联红军的坦克碾碎了，致使社会主义大家庭的成员多次失去挽救社会主义的机会。

地缘政治的变化起初对东欧各国是有影响的，这是因为经互会的解散打乱了原先的经济秩序。但这仅仅是暂时的现象。苏东剧变20年来，这些国家大多数成为现代的民主国家，政治上按民主程序运行，谁能赢得老百姓的选票谁上台，形成良性的竞争机制。经济上也有长足进步，有的已步入发达国家的行列，连当时最落后的阿尔巴尼亚也发生了巨大的变化。

地缘政治的变化对中国来说是利大于弊。同剧变后的俄国打交道要比同超级大国的苏联打交道容易得多，中俄边界问题的解决充分说明了这一点。目前的中俄关系是历史上最好的关系，是两个独立自主的国家之间的平等关系。

讲地缘政治不应当只从苏联或者俄国的角度来看，更应当从各国人民的选择的角度来观察，对苏联治下的某些国家来说，获取独立是世纪梦想，而对东欧各国来说，摆脱苏联的控制，获得真正的独立，从国家的发展来说，其意义不下于"二战"后从德国占领下获得解放。

苏联的崩溃确实造成20世纪最大的地缘政治变化，这是世界历史发展进程的一个重大变化，是有利于有关各国发展的历史的进步。

作者单位：中央编译局俄罗斯研究中心

苏联解体的原因和教训
——应该关注的视角

徐向梅

中国学者研究苏联解体的主要特点

在我国，有关苏联解体问题的研究20年来一直没有沉寂过，其中上世纪90年代最热，除了发表在各种学术杂志上的文章，也出版了很多相关的著作。其中尤以宫达非主编的《苏联剧变新探》、陆南泉和姜长斌主编的《苏联剧变深层次原因研究》为代表，这两本书都强调斯大林模式是苏联剧变的"深层根源"，体制问题是根本。最近几年，中国学者研究苏联问题的重心依然放在探究苏联社会主义失败、苏联解体的原因以及从苏联剧变中吸取哪些教训上，只是研究的方法有些改变，更重视利用解密的档案去梳理历史，探究苏联方方面面的问题，出版了《中苏关系史纲》、《苏共执政模式研究》、三卷本《一个大国的崛起与崩溃》、三卷本《苏联真相——对101个重要问题的思考》等著作。

纵观前后20年，研究苏联解体原因的思路和范畴没有太大的变化，总体来说，研究者都同意苏联解体是由综合性因素造成：历史的、现实的、国内的、国际的、政治经济的、思想文化的，等等。研究的视角基本上包括体制原因、执政党问题、民族问题、改革失误或者是个人因素等几个方面，观点上变化不大。不过谈论西方"和平演变"的声音不多了。还有一个现象就是随着苏联史问题研究的深入，国内形成了比较鲜明的两派，在是否存在斯大林模式、俄罗斯是否掀起重评斯大林热、斯大林大清洗的数字等问题上说法不一。

国内学界有关苏联解体问题的研究主要着眼于下面几个角度。

1. 思想理论滞后。这主要是指苏共在思想理论战线上长期的教条主义倾向和社会主义理论的严重滞后与匮乏，导致其决策频频失误，埋下了失败的种子。

2. 体制根源——对斯大林模式的批判。苏联的危机实际上是斯大林体制模式的危机，苏联没有建立起一个公正、和谐的社会，自由和民主只停留在纸面上，苏联时代的历次改革都没有突破这种模式。体制问题一般都是从计划经济体制的弊端和政治体制的僵化来谈的。

3. 苏共自身的蜕化变质。中国社会科学院李慎明主持的《苏共亡党的历史教训》课题的一个核心观点就是：对苏共亡党和苏联解体起决定作用的因素是作为执政党的苏共本身的蜕化变质，是它背叛了马克思列宁主义、社会主义和人民群众的根本利益，蜕变为资产阶级性质的政党。对此，国内学界有不同意见，前驻俄大使李凤林在《苏联真相》序言中指出，从制度层面去分析，苏共长期以来存在的严重弊端，如高度集权、缺乏民主与有效的监督机制、领导干部思想僵化、脱离群众、破坏法制、个人崇拜和特权盛行、"在册权贵"的形成、不断出现政策失误等，正是在斯大林模式的社会主义制度基础上产生的，产生后又由这种制度保证上述弊端的长期存在并发展。

4. 民族问题严重。从民族问题的角度分析苏联的论著很多，普遍认为民族理论和国家建制上存在巨大缺陷；斯大林时代错误的民族政策埋下了民族矛盾激化的祸根。

5. 改革及其失误成为直接诱因。关于戈尔巴乔夫改革及其失误对苏联解体的作用，学术界也存在分歧。共同之处是都承认它对苏联解体的影响。有人认为主要是因为改革的政治方向不对，有人认为包括戈尔巴乔夫改革在内的苏联改革长期未能摆脱传统体制的束缚，依然停留在运行机制的浅层次上，也有人认为以戈尔巴乔夫为首的苏联领导人在经济领域中所推行的许多决策是不适宜甚至是错误的。中央党校左凤荣在2011年发表的文章《苏联解体20年：对苏联剧变原因的探究》中专门谈到戈尔巴乔夫改革所犯的战略性错误，包括：用行政手段开展"加速战略"和反酗酒运动；实行一切权利归苏维埃；拖延了革新联盟；拖延了党的改革。后面两条也是戈尔巴乔夫在2010年苏联改革25年接受采访时公开承认的两大错误。

6. 个人因素的作用。探讨个人因素在苏联解体中的作用，我国理论界主要着眼于斯大林和戈尔巴乔夫。也有些学者追溯到列宁、赫鲁晓夫、勃列日涅夫等，认为他们都对苏联解体负有间接责任。有学者特别提出要注意地方精英在苏联解体中的作用，苏联解体最主要的干将是各加盟共和国的领导人，正是他们成了苏联的掘墓人。

7. 外因的作用。外因的作用显然是存在的，比如冷战和军备竞赛，西方的和平演变战略，东欧剧变也是一个不可忽视的促动因素，东欧和苏联相互作用相互影响等。不过外因方面不存在大的争论，近些年也谈论不多。

应该关注的几个视角

谈苏联解体问题已经20年了，正像前文指出的，其中有关政治、经济、民族问题等角度都涉及到，但笔者以为还是有几个视角关注不够。

其一是经济视角。苏联经济在封闭的表象背后已经渐渐融入世界，特别是20世纪60—70年代以后，对国际市场的依赖渐露端倪，至1989年苏联的进出口总额已达2200多亿美元，甚至超过了一些发达资本主义国家。依赖一方面体现于粮食进口。1980—1990年间，苏联成为世界上最大的粮食进口国，在世界粮食进口总额中占16.4%。依赖另一方面体现于石油出口。1980年前后，石油和天然气占到苏联向经合组织国家出口额的67%。按照俄前总理盖达尔的说法，苏联的"外贸平衡、收支平衡、居民的粮食供应、保持政治稳定，全都在越来越大的程度上取决于垦荒地的天然气怎样、石油开采的状况如何。"问题严重的是恰在苏联经济越来越依赖于粮食进口和石油出口的时候，80年代中后期，遭遇了国际市场粮食价格暴涨、石油价格快速且持续下跌，这就造成了苏联经济空前的困难。

在俄国历史上因为粮食和饥饿问题引发的各种运动和革命不在少数。1917年二月革命的发端甚至就是"面包骚动"，大概谁都没有想到，就是从"面包骚动"开始，短短八天之内就埋葬了存续300年之久的罗曼诺夫王朝。

粮食危机、石油出口依赖归根结底是苏联经济固有的结构问题。

其二是武装力量视角。笔者注意到2011年戈尔巴乔夫在接受一些西方媒体采访时谈到的一些细节，比如在对苏联解体有着重要影响的两个事件的处理。一个是1991年"8·19"事件——断送了正在拟议中的新联盟条约。苏联以副总统亚纳耶夫为首的紧急状态委员会行动前两个月，戈尔巴乔夫就从布什总统处获知了行动内容，甚至行动小组名单，但是他无所作为。另一个事件是1991年12月8日直接葬送了苏联的别洛韦日协定。俄罗斯、乌克兰和白俄罗斯总统聚集在白俄罗斯的明斯克签署解散苏联、成立独立国家联合体的别洛韦日协定的时候，有人建议戈尔巴乔夫采取强制措施软禁叶利钦等三人。用戈尔巴乔夫自己的话说，在任何情况下不动用武力、不采取强制措施是他始终的道德信条。事实上不只是戈尔巴乔夫个人的道德主张或者个性原因，苏联在阿富汗战败导致苏军内部产生严重的厌战情绪，苏联的公开性和民主化改革所导致的社会迷茫也蔓延到军队，高级将领在形势不明朗的情况下多采取旁观态度，这些都是在苏联解体过程中武装力量缺失的原因。盖达尔在其《帝国的衰亡》一书中讲到："当一个国家失去了对暴力的垄断，甚至连使用暴力的能力都丧失了的话，就不成其为国家了。"

其三是舆论视角。舆论问题不是没有人谈到，但始终是比较敏感。戈尔巴乔夫所倡导的公开性和民主化原则无论什么时候都是受到老百姓欢迎的东西，但是这一倡议所释放出来的媒体和舆论的力量可能是戈尔巴乔夫自己也始料不及的，是导致形势失控的一个重要因素。苏联体制无疑是存在许多弊端的，现实生活中也是有很多不满和无奈的，媒体的渲染、舆论的导向使得在国家面临严重危机情况下的社会更加迷茫。

苏联解体教训之我见

在苏联解体问题上，存在不同的说法，学者们从不同的视角予以解读，中间也存在着很大的分歧、激烈的争论甚至对立。笔者认为，苏联解体从根源上的确是体制问题，是体制造成的所有弊端使苏联共产党在人民中丧失了威信，使人民对政权、对国家的经济和社会失去了信心。如果这种体制继续下去，剧变的出现是迟早的事情。从这个意义上说它是不可避免的。但是苏联解体却可以不在那个时候发生，如果改革得当，甚至也可以不发生。

体制问题存在了几十年，但 20 世纪 80 年代中期以前依然是稳固的；苏联经济存在严重的结构问题，出现粮食危机，与西方存在很大的差距，但是依然保持着不太高的增长，并不是完全的真正意义上的"停滞"；腐败问题、特权阶层问题的确很严重，但是相比今天的俄罗斯，也并非致命问题；苏共党内存在的干部任命制和职务终身制、缺乏理论创新等问题的确从长期来看是危及党的生命力的问题，但也不一定是会导致其顷刻间崩塌的因素；西方的和平演变战略也并不是戈尔巴乔夫上台才开始的；等等。也许正像戈尔巴乔夫自己后来说的，如果他没有在那个时候启动那样的大规模的改革，也许他今天还坐在总书记的位置上。西方政界和学界在苏联解体前也都认为苏联至少还会稳定存在几十年。

从长远来看，改革势在必行。问题是以戈尔巴乔夫为首的当时的苏共领导集团在改革的战略选择上、在改革步骤的控制上都存在严重的失误，既没有一套整体的改革战略，又没有"摸着石头过河"的耐心（这与俄罗斯人的性格有关）。在国家面临严重的经济危机的情况下，经济改革、政治改革、处理民族问题一股脑地应对，而同时在民主化、公开性的大潮下，整个社会、舆论、人心都失去了控制。而且由于戈尔巴乔夫个人品性的关系，又在许多紧要关头拒绝使用强制措施，从而导致局面失控，改革就像开启了潘多拉魔盒。因此笔者认为，吸取苏联解体的教训自然要关注前述诸多方面，如体制弊端、民族问题、党的建设等方面，改革大势所趋。但是如何选择改革策略、如何保持改革在一条可控的轨道上运行至关重要。

作者单位：中央编译局俄罗斯研究中心

俄罗斯政界如何评价戈尔巴乔夫

张盛发

1991年苏联解体后，俄罗斯人对戈尔巴乔夫的评价可谓是毁多誉少、贬大褒小，因为大多数俄罗斯人把苏联解体归咎于这位当时的苏共中央总书记和苏联首任也是末任总统。2011年12月25日，一个让俄罗斯人难以忘怀的重要历史纪念日——苏联解体20周年将要来临，而与此同时，戈尔巴乔夫也迎来了自己的八十寿辰，顿时这位已入耄耋之年的老人再次被推上历史评判的风口浪尖。这次俄罗斯人对戈尔巴乔夫的品头论足表明，关于戈尔巴乔夫及其在俄罗斯历史上的作用，俄社会各界的评论和看法依然是大相径庭。

俄罗斯总统和总理盛赞戈尔巴乔夫

2011年3月2日，在戈尔巴乔夫生日这天，俄罗斯总统梅德韦杰夫把戈尔巴乔夫请到了他在莫斯科郊外的高尔基总统官邸，并告知其签署了关于授予戈尔巴乔夫俄国最高勋章圣安德鲁勋章的命令。梅德韦杰夫指出，授予戈尔巴乔夫此项奖励是对其作为国家元首所做的重要工作的恰当评价。梅德韦杰夫在致戈尔巴乔夫的贺信中还热情称颂戈尔巴乔夫作为一个具有世界声望的政治家在现代史上发挥了特殊作用，"主要是因为您，我们国家开始了大规模的变革。国际关系领域的政策变得更加公开和具有建设性。"

普京在戈尔巴乔夫生日这天也发来贺电并对其赞誉有加："在我国甚至在国外，您都是以对世界历史进程产生显著影响并对加强俄罗斯的威望贡献良多的当代最杰出的国务活动家之一而闻名的。"

戈尔巴乔夫被授予圣安德鲁勋章在俄罗斯社会引起很大反响和争议，支持者和表示愤慨者都不少。

俄罗斯政党领袖评说戈尔巴乔夫

1. 对戈尔巴乔夫的批判与谴责

俄罗斯共产党对于当年辞去苏共中央总书记职务并听任苏共自行毁灭的戈尔巴乔夫怀有强烈的仇恨。在3月初接受国际文传电讯社的采访时，俄共领导人久加诺夫重申了该党对戈尔巴乔夫的一贯看法，认为戈尔巴乔夫将作为一个大国的毁灭者而载入历史。久加诺夫认为戈尔巴乔夫的罪过是不可饶恕的，"由于他的政策，俄罗斯人民在自己的历史上第一次被分割了，他们中有些人生活在不同国家的边界地区。按所有指标衡量，苏联事实上都曾经是一个领先的国家，而现在俄罗斯被远远地抛在后面了，这首先是戈尔巴乔夫的过错。"

俄罗斯共产党第一副主席、国家杜马副主席伊万·梅利尼科夫也对戈尔巴乔夫进行了严厉的谴责。他对国际文传电讯社说："从某个时候起……戈尔巴乔夫实际上就是按照西方脚本行事的，他不仅'交出'了苏联，分割了他的人民及其家庭，而且还在世界上'交出'了我们所有的盟国。"梅利尼科夫认为，戈尔巴乔夫执政的时候，苏联国内确实已经积累了经济问题，在国际经济市场上受到了强烈的压制，但是，"这无论如何不能证明他的行为是正确的，因为他不是以当时所有的巨大的稳固资源为基础来实际地和坚决地解决问题，而是急于去接受外国领导人的虚情假意，后者只是想要打断苏联的脊梁骨。"在梅利尼科夫眼里，戈尔巴乔夫就是"叛徒"。

俄罗斯自由民主党领导人日里诺夫斯基称戈尔巴乔夫是"苏联文明的主要摧毁者"。他指出，"旗帜是漂亮的：民主、人权和自我展现，但结果却是可怕的和悲伤的……戈尔巴乔夫使世界第二强国被消灭了，而且是在没有发生任何军事行动的情况下发生的。"

2. 对戈尔巴乔夫的赞扬和辩护

亚博卢党领袖谢尔盖·米特罗欣认为，戈尔巴乔夫是杰出的历史人物。他认为戈尔巴乔夫"主要的历史作用就在于,他给了我们自由。他不怕承担责任,在这方面他不同于我们当代许多要求现代化者"。

正义事业党两主席列昂尼德·戈兹曼和格奥尔基·博夫特在致戈尔巴乔夫的贺电中说,改革最主要的成功之处就是世界变了样:它变得更加人道、自由和公正,"由于您的政治洞察力以及诸如勇气、智慧、同情心和捍卫自己理想的一贯性的个人品质,这些历史性的变化才有可能产生。"博夫特在接受《生意人报》采访中还讲到,随着时间的推移民众对戈尔巴乔夫的态度正在发生好的转变。博夫特解释说,"他没有为自己聚敛大笔财富,没有贪污。人们指责他使苏联解体,但是解体早在这之前就开始了,这过错不在戈尔巴乔夫,而在于精英们未能阻止解体。"戈兹曼在接受国际文传电讯社采访时称,戈尔巴乔夫是一位可与沙皇亚历山大二世相提并论的杰出的政治家。他说,"我永远感谢米哈伊尔·谢尔盖耶维奇(戈尔巴乔夫)作出的那种选择。要知道那时是他领导着国家,他可以继续'拧紧螺丝',也可以给予自由,而他选择了第二条道路。"

俄罗斯人民民主联盟领导人、前总理卡西亚诺夫在接受国际文传电讯社采访时说,"首先就因为米哈伊尔·谢尔盖耶维奇尽一切可能使20世纪的极权主义帝国实际上是在没有牺牲的情况下崩溃的,他已经确保自己在我国和全世界历史中占有重要的地位。"

俄罗斯人民自由党("没有专横和腐败的俄罗斯")两主席之一弗拉基米尔·雷日科夫称颂了戈尔巴乔夫的国内外成就。他指出,"戈尔巴乔夫肯定将作为20世纪最伟大的世界政治家载入史册,他主要的功绩就是结束了'冷战'。"戈尔巴乔夫让俄罗斯获得了"成为现代化的、开放的和自由国家的历史性机会","俄罗斯没有利用这样的机会,这不是戈尔巴乔夫的过错"。

3. 对戈尔巴乔夫的第三种评价

公正俄罗斯党领导人谢尔盖·米罗诺夫没有评价戈尔巴乔夫的活动,他对俄通社-塔斯社记者说,"我们的后代将对像叶利钦和戈尔巴乔夫这样的政治家作出实际的和或多或少客观的评价。我们离这些事件太近了,我们难以去评价:什么是好的,什么是灾难性的,什么是辉煌的。"

俄罗斯议员对戈尔巴乔夫的不同评价

1. 对戈尔巴乔夫的否定评价

前苏共中央政治局委员和苏联部长会议主席、现俄联邦委员会自然垄断委员会主席尼古拉·雷日科夫一如既往地对戈尔巴乔夫的活动作了否定的评价。他说,"戈尔巴乔夫一下子就摧毁了一个伟大国家,所以,他是以'反面'人物载入我们国家历史的。"

国家杜马统一俄罗斯党党团第一副主席弗拉基米尔·佩赫京认为,戈尔巴乔夫是煽动者和叛徒,他当时"出于自己的政治野心开始改革",而结果就是可耻地毁灭了国家。佩赫京对这位政治家现在一本正经地谈论总统、政府和统一俄罗斯党如何有效工作感到愤慨。

国家杜马信息政策、信息技术和通讯委员会成员、统一俄罗斯党党团成员亚历山大·希施泰因表示,戈尔巴乔夫要对我们国家所发生的事情承担个人的责任,在很大程度上正是由于苏联总统的犹豫和易变,由于他缺乏明确的行动计划,才使国家解体了。

国家杜马宪法立法和国家建设委员会副主席、俄共党团成员维克多·伊柳欣认为,"当时戈尔巴乔夫实际上屈从于那些渴望权力的民族主义者",这样的政策在后来导致了许多冲突,包括武装冲突。他指责戈尔巴乔夫的行为经常粗暴地违反宪法。他指出,"回忆一下由他倡议的关于波罗的海共和国独立的决定就足够了,它使这些共和国讲俄语的居民处于屈辱地位,被剥夺了公民权利。"他认为,国家经济因戈尔巴乔夫的政策而严重受损,"在许多国营企业内部开始建立了合作社,它们使得许多从事影子经济的大商人合法化了",戈尔巴乔夫就是一个破坏者。

国家杜马安全委员会副主席、公正俄罗斯党党团副主席根纳季·古特科夫相信,"在我们国家,戈尔巴乔夫任何时候都不会有正面的形象。"他指出,当然,在国外他被称为发起改革的人,改革导致苏联帝国的瓦解和民主进程发展的机会。但是,在后苏联领土上,前苏联领导人基本上被视为严重损害国家的破坏者。可以原谅戈尔巴乔夫所做的一切，但除联盟解体外。

国家杜马信息政策、信息技术和通讯委员会成员、自由民主党党团成员谢尔盖·伊万诺夫表示，戈尔巴乔夫执政使其想起了尼古拉二世的历史，"一个是未能保住俄罗斯帝国并且退位了，另一个是毁灭了苏联。"

2. 对戈尔巴乔夫的肯定评价

俄罗斯联邦委员会社会政策与卫生事务委员会副主席、萨马拉州行政当局驻联邦委员会代表康斯坦丁·季托夫认为，戈尔巴乔夫在俄国历史上的作用是巨大的，"没有戈尔巴乔夫就没有改革，没有改革就不会转向民主，不转向民主就没有当代俄罗斯。"

联邦委员会公民社会制度发展问题委员会副主席、克拉斯诺达尔边疆区行政机构驻联邦委员会代表亚历山大·波契诺克认为，戈尔巴乔夫是一位"世界性人物"，他"实际地消除了核战争威胁，结束了两种体系的对抗，推倒了柏林墙"。他不否认苏联第一位总统犯了错误，但他强调，谁也没有走过这种道路。戈尔巴乔夫为人类做的是如此之多，他不仅在俄罗斯而且在世界上都获得了应有的评价。

国家杜马卫生委员会成员、统一俄罗斯党团第一副主席塔季扬娜·雅科夫列娃认为，即使社会对苏联第一位也是最后一位总统有各种不同的评价，也不得不说，这个人是当代俄罗斯历史上最重要的政治活动家。她说，戈尔巴乔夫时期的改革永久地改变了国家，把时代划分为前戈尔巴乔夫时期和后戈尔巴乔夫时期。戈尔巴乔夫成功地改变了苏联人的心态。他的改革不仅改变了社会结构而且改变了我们所有的人。所以可以大胆地说，戈尔巴乔夫是一个时代人物。

3. 对戈尔巴乔夫的第三种评价

联邦委员会独联体事务委员会成员、库尔干州行政机构驻联邦委员会代表奥列格·帕捷列耶夫表示难以评价戈尔巴乔夫的作用。他认为，戈尔巴乔夫只是让事情有个开始，但却无法有个结束。戈尔巴乔夫所开始的改革已经由叶利钦、普京和梅德韦杰夫予以完成和正在完成。苏联总统执政总共只有五年，以今天的尺度来衡量，要谈论某种结果，这个时期就太短了。

国家杜马预算和税收委员会副主席、统一俄罗斯党团成员安德烈·马卡罗夫说，戈尔巴乔夫的不幸就在于，他未能真正成为国家总统，实际上他一直就只是苏共中央总书记，遗憾的是，他未能成功地进入到他所面临的那些任务和机遇中去。他还认为，苏联总统要对他执政时期在维尔纽斯、第比利斯和卡拉巴赫所发生的悲剧承担一定的责任，因为这些事件是由戈尔巴乔夫领导的苏共的决定所引起的。

政治学家对戈尔巴乔夫的不同评价

政治学家们对戈尔巴乔夫的历史作用的评价也是完全不同的。

俄罗斯全球化问题研究所所长米哈伊尔·杰利亚金称戈尔巴乔夫是一个毁灭自己国家的软弱者。俄罗斯国际政治鉴定研究所所长叶夫根尼·明琴科认为，戈尔巴乔夫完成了精英代表们提出的任务，寻求机会正式占有人民的财富，并挥霍它，这是苏联权贵集团的梦想。他批评戈尔巴乔夫为实现自己的愿望而依靠西方："戈尔巴乔夫非常想要获得世界声望，他想成为一个拯救世界的人。"在这种情况下，他就面向西方了，但是有些地方他低估了美国人的犬儒主义。

政治学家和史学家丹尼尔·科秋宾斯基则肯定戈尔巴乔夫的历史作用，称"他无疑在一个失去存在意义的帝国中发挥了积极的作用。他的任务就是拆毁它，其方式是温和的、不流血的"。戈尔巴乔夫是一个品行端正的政治家，浪漫主义的热情是戈尔巴乔夫改革的基础，不过他所做的一切损害了自己的地位。

苏联解体已经整整20年，戈尔巴乔夫离开权力宝座同样也已过去20年，与戈尔巴乔夫同辈的政治家大多或者已经离开政坛，或者与现今的当局基本没有瓜葛，戈尔巴乔夫已然成为一名孤独的历史人物。但是，从前面的论述中可以看到，在今天的俄罗斯，对戈尔巴乔夫20年前的历史活动和历史作用并没有盖棺定论，相反，各种评价依然是仁者见仁、智者见智。

作者单位：中国社会科学院俄罗斯东欧中亚研究所

俄罗斯有关1991、苏联解体和戈尔巴乔夫的民意调查

徐向梅 编译

回顾戈尔巴乔夫时代：苏联首任和末任总统的失败与成就

2011年2月19—20日，全俄社会舆论研究中心做了一项社会调查，主题为《回顾戈尔巴乔夫时代：苏联首任和末任总统的失败与成就》，在3月1日公布了结果。

调查显示，在过去的十年间俄罗斯人对戈尔巴乔夫的态度产生了一定的变化。尽管今天大多数俄罗斯人依然难以对戈尔巴乔夫执政时期作出肯定的评价（73%），但是对他表示愤慨的人已经从2001年的30%下降到2011年的20%，表示厌恶的人从9%下降到5%。当然与此同时，表示好感和同情的人也从16%下降到5%，表示尊敬的人从15%下降到10%。比较引人注目的是对他表示冷淡甚至漠不关心的人从25%上升到47%。今天的俄罗斯人把引入民主自由、赋予企业家活动权利和结束冷战视为戈尔巴乔夫执政年代的主要功绩，而把苏联解体、国家衰落、无序、把国家出卖给西方和改革不能贯穿始终等视为戈尔巴乔夫执政时期的主要过失。

苏联解体是不可避免的还是偶然事件？

同样在2011年2月19—20日，全俄社会舆论研究中心做了另一项社会调查，主题为《苏联解体是不可避免的还是偶然事件？》，俄罗斯人对于戈尔巴乔夫在苏联解体中的作用意见不一。42%的人认为，戈尔巴乔夫在苏联解体中所起

的作用是第一位的；37%的人认为，苏联反正会解体，即便坐在戈尔巴乔夫位子上的是别的政治家。年轻人倾向于后一种观点（41%），而老年人则倾向于前一种观点（57%）。持前一种观点的主要是俄共支持者（70%），不富裕的受访者（49%），以及中等城市的居民（49%）。持后一种观点的主要是自由民主党的支持者（42%），富裕的俄罗斯人（44%），莫斯科和圣彼得堡居民（49%）。

20年后看苏联解体

2011年3月19—20日，俄罗斯社会舆论基金会做了一项社会调查，主题为《20年后看苏联解体》。其中几个问题很有意思。第一个是，1991年3月全民公决，您是支持还是反对保存苏联？在2001年3月的调查中有37%的人投了赞成票，3%的人投了反对票；而2011年3月的调查中有18%的人投了赞成票，2%的人投了反对票。第二个问题：如果今天让您投票，您是支持还是反对保存苏联，56%的人支持，22%的人反对。第三个问题：对苏联解体，您是否感到遗憾？在这个问题上，社会舆论基金会公布了从1992年以来多年的调查数据，显示出一个变化的曲线，感到遗憾的人1992年有69%，1997年有84%，1999年有85%，2001年有79%，2006年为62%，2011年为59%。第四个问题：您认为总的来说从苏联解体中俄罗斯是赢了还是输了？2001年调查中有15%的人认为赢了，71%的人认为输了；2011年两个数据分别是20%和53%。最后一个问题：您认为谁应该对苏联解体负最大的责任？1995年的调查数据显示：认为戈尔巴乔夫应负最大责任的有44%的受访者，认为是叶利钦的有16%，认为其他共和国领导人的占9%，认为"8·19"事变组织者的占5%。2011年的调查上述数据分别为38%、20%、4%和5%。

回忆1991年：苏联解体、叛乱、第一台个人电脑……

2011年8月13—14日，全俄社会舆论研究中心针对《回忆1991年：苏联解体、叛乱、第一台个人电脑……》主题进行了社会调查，意在了解在俄罗斯人的眼中1991年哪些事件最重要，调查结果于10月14日公布。对俄罗斯人来说，

1991年最重要的事件是苏联解体和叛乱,那个年代具有里程碑意义的事件是禁止苏共存在、"沙漠风暴"行动以及华沙条约组织解散。

在今天俄罗斯人的眼里,苏联解体和独联体的建立是1991年最重要的事件(48%),占第二位的是八月叛乱,紧急状态委员会试图解除戈尔巴乔夫总统职务(40%)。

此外,受访者认为世界第一台个人电脑的问世(17%)以及世界第一家互联网的建立(15%)其重要性不亚于保存苏联的全民公决、美国与苏联签订的削减战略武器条约以及叶利钦领导改革政府(15%)。

1991年最重要的事件还有禁止苏共活动(10%)、"沙漠风暴"军事行动(9%)、华沙条约组织解散(5%)。

受访者越年轻,越是难于评估1991年究竟哪些事件最重要。对年轻人来说可能是一些事件发挥了更大的作用,对老年人来说则是另一些事件。比如,对老年人来说,苏联解体(56%)、八月叛乱(52%)和保存苏联的全民公决(24%)是最重要的事件;对年轻人来说,更重要的则是第一台个人电脑的问世(23%—24%)和"沙漠风暴"行动(24%)。

资料来源:
① http://wciom.ru.
② http://fom.ru.

译者单位:中央编译局俄罗斯研究中心

关于苏联解体：你所了解的一切都是错的

列昂·阿伦 著　赵铁铸 编译

美国《外交政策》杂志 2011 年 7—8 月号刊登了《关于苏联解体：你所了解的一切都是错的》一文，作者列昂·阿伦系美国企业研究所俄罗斯研究部主任。现将主要内容编译如下。

每一场革命都是一次意外。尽管如此，最新的俄罗斯革命应该属于最大的意外之一。在 1991 年之前的数年里，西方的专家、学者、官员和政治家没有一个预见到苏联即将出现的解体，因为当时苏联拥有一党专政、国有经济和克里姆林宫对国内和东欧诸国的控制。1993 年，保守的《国家利益》杂志关于苏联解体的专刊文集标题就是"苏联共产主义的离奇死亡"。

事实上，1985 年的苏联拥有与十年前大体相同的自然和人力资源。当然，苏联人民的生活水平远远低于大多数东欧国家，更无法与西方国家相比。物资短缺、食品配额、商店前的长队和严重的贫困随处可见。然而，苏联曾经经历过大得多的灾难而且应对自如，丝毫没有放松国家对社会和经济的控制，更不用说放弃控制了。

1985 年前的任何主要经济指标都没有显示出一场灾难马上到来。从 1981 年到 1985 年，苏联的 GDP 增长率尽管与 20 世纪 60 年代和 70 年代相比有所放慢，但是也达到了平均每年 1.9% 的水平。这种无精打采但也算不上悲惨的增长模式持续到了 1989 年。自法国大革命以来，财政赤字一直被认为是革命危机即将出现的突出征兆之一，但是 1985 年苏联的财政赤字不到 GDP 的 2%。尽管苏联的财政赤字增长迅速，但到 1989 年仍然低于 GDP 的 9%，这是大多数经济学家认为属于可控范围内的规模。与此同时，1985年，苏联的国民收入增长超过了2%，直到1990年的5年里，工资在剔除通货膨胀因素后继续增长，年均增长率超过了7%。当然，苏联的停滞状况非常明显，令人担忧。但是，正如卫斯理大学教授彼得·拉特兰所指出的那样，"慢性病毕竟不一定是致命的疾病"。

从苏联政权的角度来看，政治环境也不是那么棘手。经过20年对政治反对派的无情镇压之后，几乎所有知名的持不同政见者要么遭到囚禁、流放（安德烈·萨哈罗夫自1980年后一直被流放）、被迫移居海外，要么死于集中营和监狱之中。

苏联似乎也没有任何其他的革命前危机迹象，包括传统上所说的国家失败的其他原因——外部压力。恰恰相反，正如美国历史学家和外交官斯蒂芬·塞斯塔诺维奇所说的那样，苏联在解体前的十年里接近于"实现了所有的主要军事和外交目标"。当然，阿富汗战争看起来越来越像一场漫长的战争，但是对拥有500万人的苏联军队来说，那里的损失可以忽略不计。

美国也不是苏联解体的催化剂。在阿富汗、安哥拉、尼加拉瓜和埃塞俄比亚等国家，旨在遏制乃至逆转苏联在第三世界优势地位的"里根主义"的确给苏联帝国带来了相当大的压力，但是苏联在这方面的困境也绝不是致命的问题。

作为一场可能耗资巨大的军备竞赛的前身，里根提出的"战略防御计划"确实具有至关重要的意义，但它绝不会给苏联带来军事上的失败，因为克里姆林宫非常清楚地知道，太空防御在数十年内都不可能成为实际部署。

当然，苏联的解体有许多结构上的原因——经济原因、政治原因和社会原因，但这些原因不能充分地解释苏联解体是如何发生的。也就是说，在1985—1989年间，在经济、政治、人口和其他结构性状况没有出现急剧恶化的情况下，苏联的国家及其经济体制是如何突然被许多人视为可耻的、非法的和难以容忍而注定要失败的呢？

像现代的所有革命一样，最新的俄国革命始于"上层"迟疑的自由化，而且它的基本原则远远超出了调整经济或者改善国际环境的必要限度。戈尔巴乔夫改革的核心无疑是理想主义的：他想要建立一个更合乎道德的苏联。

在1987年1月的会议上，戈尔巴乔夫告诉中央委员会："苏联正在形成新的道德氛围。"在这次会议上，戈尔巴乔夫宣布"公开性"和"民主化"是苏联社会改革的基础。在1989年的一次采访中，"公开性的教父"亚历山大·雅科夫列夫回忆说，1983年，他在担任苏联驻加拿大大使十年后回到苏联，感到人们发出如下吼声的时刻就要到了："够了！我们不能再这样活下去了！一切必须采取新的方式。"

戈尔巴乔夫最初的自由化小圈子的另一位成员苏联外交部长爱德华·谢瓦尔德纳泽也对无处不在的目无法纪和腐败行为感到痛心。据他回忆，1984—1985年冬天，他曾对戈尔巴乔夫说："一切都烂掉了，必须改变。"

戈尔巴乔夫和他的团队似乎相信，正确的事情在政治上也是可控的。戈尔巴乔夫宣称，民主化"不是一句口号，而是改革的精髓"。许多年后，他对采访他的人说："不仅在经济和社会层面上，而且在文化层面上，苏联模式已经失败。我们的社会、我们的人民、大多数受教育者、大多数知识分子在文化层面上拒绝苏联模式，因为它不尊重人，反而从精神上和政治上压迫人。"

到1989年，改革带来了一场革命。这主要是因为另一个"理想主义的"原因：戈尔巴乔夫本人对暴力深恶痛绝，因而在变革的规模和深度开始超出他的本意时顽固地拒绝诉诸大规模的高压手段。认为即使是为了"维护制度"而采用斯大林主义的镇压措施也是对他信念的背叛。

亚历山大·鲍文是苏联著名的记者，后来成为"公开性"的热情先驱。他在1988年写道，在人民对腐败、无耻的盗窃、谎言和诚实劳动的障碍日益高涨的"怒火"中，改革的理想"成熟了"。另一个见证者回忆说，对于"实质性变革"的期待四处蔓延，由此形成了一群规模可观的激进改革的支持者。突然之间，观念本身变成了革命发展中一个结构性的物质因素。

用雅科夫列夫的话说，官方的意识形态"像钢箍一样"将整个苏联的政治和经济体制结合在一起。现在，它的公信力正在迅速减弱，新的认知推动了对待政权态度的变化和"价值观的转变"。逐渐地，政治制度安排的合法性开始遭到怀疑。罗伯特·K.莫顿不朽的"托马斯定理"认为，"如果人们把一些情境定义为真实的,那么其结果这些情境就会成为真实的"。在人们对苏联政权表现的看法和评价发生了根本改变以后,也正是因为这种看法和评价的根本改变,苏联经济的实际恶化才作为结果产生了。这成为"托马斯定理"的又一例证。

在1987年写给苏联某杂志的信中,一位俄罗斯读者把他自己周围的情况称为"意识的彻底决裂"。我们知道,他是对的,因为俄罗斯的革命是第一次几乎由民意测验从一开始就勾画出其进程的大革命。就在1989年底,第一次有代表性的全国舆论调查发现,在四代人经历了一党专制之后,实行竞争性选举和让苏联共产党之外的其他政党合法化获得了压倒性的支持。到1990年中期,俄罗斯地区超过半数的受访者认为,如果"政府允许个人自由行动","健康的经济"就更有可能实现。6个月后,一次全俄罗斯民意调查发现,56%的人支持迅速或者逐渐转型为市场经济。第二年,支持市场经济的受访者比例增加到64%。

那些灌输这种明显的"意识决裂"的人与那些引发现代其他经典革命的人没有什么不同:他们是作家、记者、艺术家。正如亚历西斯·德·托克维尔所观察到的那样,这些人"帮助制造了那种普遍的不满意识、那种一致的公共舆论……从而制造了对革命变革的实际要求"。

苏联的状况就是如此。报刊亭前排着的长队——有时候早晨六点街道上就挤满了买报纸的人群,每天的报纸经常在两小时内销售一空,以及主要的自由派报纸和杂志订阅量急剧飙升,证明了大多数著名的"公开性"作家或者萨缪尔·约翰逊口中的"真理的导师"所具有的惊人力量。

对他们来说,道德的复兴是必不可少的。这意味着不仅要全面改造苏联的政治和经济体制,推翻现有的社会规范,而且要实行个体层面的革命,改变俄罗斯国民的个性,正如1987年米哈伊尔·安东诺夫在《十月》杂志上发表的《我们究竟怎么了?》这篇开创性的文章中所宣称的那样,必须把人民从"他们自身中,从那些扼杀人类最高贵品质的道德败坏过程的恶果中",而不是从外部的危险中"拯救出来"。如何拯救呢?通过使新生的自由化成为不可逆转——不是赫鲁晓夫的短命的"解冻",而是气候的根本变化。那什么能够保证这种不可逆转的过程呢？首先是"对精神奴役的重现具有免疫力"。《星火》周刊是宣扬公开性的主要出版物，它在1989年2月写道：只有"不论以何人或何种名义都不会成为警察眼线、不会背叛、不会撒谎的人，才能使我们摆脱极权主义国家的再次降临"。

这种推理具有循环论证的性质，要拯救人民，必须拯救改革，但是要拯救改革，改革必须能够改变人的"内心"。那些公开谈论这些问题的人似乎认为，通过改革拯救国家与把人民从精神困境中解救出来是紧密或许是不可分割地交织在一起的。

在深入研究法国大革命的原因后，托克维尔有一个著名的观点，即与以前的政权相比，革命所推翻的政权往往并不具有那么大的压制性。为什么？托克维尔推测说，这是因为尽管人民"可能遭受更少的苦难"，但是他们"却更加敏感了"。像往常一样，托克维尔深入研究了一些具有重大意义的事件，从美国的"国父们"到雅各宾派和布尔什维克，革命者在本质上相同的旗帜下战斗：提高人的尊严。恰恰是在通过自由和公民权利来寻找尊严的过程中，"公开性"的颠覆意识才得以存在，而且将会继续存在下去。就像《星火》和《莫斯科新闻》必定会对它所发表的文章能与"站在坦克上的鲍里斯·叶利钦"照片并列成为最新俄罗斯革命的象征感到自豪一样。

当然，强烈的道德冲动、对真与善的追求是国家成功改造的必要条件，但不是充分条件。它或许足以推翻旧制度，但无法一下子克服根深蒂固的威权主义的国家政治文化。建立在道德革命之上的民主制度，无法在一个缺乏宝贵的基层自我组织和自治传统的社会中维持正常运作的民主。就像俄罗斯的情况一样。70年的极权主义造成了国内的分化和不信任，使俄罗斯的道德复兴困难重重。尽管戈尔巴乔夫和叶利钦摧毁了一个帝国，但数百万俄罗斯人的帝国式思维遗产使他们容易接受新威权主义的普京主义。普京主义的宣传主题是"敌对势力的包围"和"俄罗斯人站起来了"。此外，斯大林主义给国家造成的巨大悲剧从来没有得到充分正视，也没有得到补偿，正在腐蚀整个道德事业，就像"公开性"的宣扬者所热情告诫的那样。

这就是今天的俄罗斯再一次慢慢走向新的改革时刻的原因。20世纪90年代的市场改革和今天的石油价格为数百万俄罗斯人带来了历史上前所未有的繁荣，但是统治精英厚颜无耻的腐败、新式的审查制度和对民意的公开鄙视引发了公众的疏离感和犬儒主义，其程度开始接近20世纪80年代初期的水平。

2011年2月，俄罗斯总统梅德韦杰夫领导的自由派智库现代发展研究所发表了一份像是2012年总统竞选纲领的报告。报告中说："过去，俄罗斯需要自由以便生活得更好；如今为了生存而必须拥有自由……我们的时代面临的挑战是全面审视价值体系和塑造新的思想意识。我们不可能用旧思维建立一个新国家……国家能够对人作出的最好投资是自由和法治以及对人的尊严的尊重。"

正是这种对自尊和自豪的相同的思想和道德追求——始于对国家过去和现在的无情的道德审视，在短短几年内掏空了强大的苏联国家，剥夺了它的合法性，使之烧成了空壳，最终在1991年8月轰然倒下。这种思想和道德之旅的传奇绝对是20世纪最后一场大革命的核心内容。

译者单位：中国人民武装警察部队学院

苏东剧变多米诺骨牌效应何以会发生

徐元宫

20世纪80年代末90年代初,苏联和东欧一系列社会主义国家执政的共产党丧失政权,苏联、南斯拉夫、捷克斯洛伐克等国宣告解体,世界社会主义运动遭受了前所未有的严重挫折。苏东剧变多米诺骨牌效应何以会发生?

高度同质性导致苏东剧变多米诺骨牌效应发生

苏东剧变多米诺骨牌效应之所以会发生,一个最主要的因素是原先的苏联和东欧一系列社会主义国家具有高度的同质性,这种高度同质性的"质"是苏联斯大林社会主义模式。这种模式最大的特点之一是高度集中,在政治上的表现是整个国家的权力高度集中于苏联共产党一党之手,在苏共党内权力又高度集中于党的领袖一人之手,党内民主及社会民主仅停留在口头或者文字等外在形式的层面上,正常的党内监督和社会监督缺失;对党、国家及社会事务的管理,实行自上而下的干部任命制,各级干部则自下而上地对自己的上级负责和惟命是从,全党乃至整个国家最终形成对党的领袖的顶礼膜拜。高度集中在经济上的表现,是整个国家推行高度集中的计划经济,摒弃商品经济和市场贸易,各企业和生产单位无权决定生产什么,也无权处理和分配自己的劳动产品。高度集中在思想和文化上的表现,则是以斯大林主义为至高无上的圭臬,各种与之相悖的思想和学说基本上都遭到扼杀,公民的独立人格和自由思想遭受钳制。高度集中在社会领域的表现,则是整个社会在包括国家安全机构在内的国家机器的高效、严酷的运作和监督下,缺乏个性、创造和生机活力,人与人之间缺少信任,彼此戒备、猜忌，往往为了自保而不惜做告密者甚至诬告者。

高度集中是苏联斯大林社会主义模式的主要特点，举全党乃至全国之人、财、物力办事是这一模式的主要内容。在特定的时期里，比如遭受敌国入侵战争的时候，这种高度集中往往会产生比较积极的效果。可是，在长期的和平的社会主义建设年代里，这种高度集中往往会造成比较消极的后果，这种消极后果日复一日、年复一年的淤积而得不到及时有效的消解和清除，最终便会酿成这种模式的社会认同度日渐式微和民心尽失。

随着苏联将斯大林社会主义模式移植到东欧各国，这一模式的优点和弊端也被移植到了这些国家。当这一模式的优点日渐式微、而其弊端不断淤积达到一定的度的时候，苏东剧变的发生也就势在必然。

苏联斯大林社会主义模式是怎样移植到东欧各国的？

解密档案材料表明：苏联政府派驻东欧各国的政治、军事顾问是苏联斯大林社会主义模式移植到东欧各国去的重要载体之一。早在第二次世界大战期间苏联顾问就已经在东欧地区出现了，只是这时苏联顾问的任职时间较短，其任务主要是帮助驻在国解决一些与军事相关的迫切的具体问题，比如对空防御、警察部队和内卫部队的创建、国家要人的卫队组建等问题，比如1945年3月就有苏联国家安全部的顾问在波兰活动，根据规定苏联顾问只能在靠近前线的地区开展直接活动，而在其他地区应当"通过波兰的相应机构的负责人，而不是直接地"开展工作。

随着东西方冷战思维的形成和冷战的加剧，苏联领导人从根本上改变了苏联对东欧政策，将苏联模式强加给东欧各国，1944—1947年东欧各国开展的民主革命进程被迫中断，在1947—1948年，东欧各国纷纷走上苏联模式的社会革新道路。为了切实有效地推行苏联模式，从1949年夏天开始苏联加快了驻东欧各国苏联顾问体系的建设，派出的顾问人数逐渐增多，任期也延长了，并且首先是军事顾问的人数和任期得到了调整。被苏联政府挑选出来派遣到东欧地区担任军事顾问的一般都是苏联将军和老资格军官。根据俄罗斯解密档案来看，1949年秋天驻东欧地区的苏联顾问的具体人数是：保加利亚29名，匈牙利13名，罗马尼亚11名，捷克斯洛伐克8名，共计61名军事顾问；而只有罗马尼亚有9名非军事顾问。① 波兰的情况比较特殊，在战争年代和战后最初几年，苏联军官直接编入波兰军队编制内并担任从师长一级到国防部长一级的具体职务。1952年夏天，担任波兰国防部长的苏联元帅罗科索夫斯基建议按照苏联往东欧地区其他国家派遣顾问的原则向波兰派遣顾问，于是从1953年夏天开始苏联军官不再编入波兰军队，而改为派遣苏联顾问到波兰军队，同对东欧其他国家的做法一样。截至1955年，苏联大约派遣了150名顾问到波兰军队，其中包括派往波兰国家安全部门的18名顾问。②

20世纪50年代初苏联派驻东欧地区的顾问人数急剧增加，与此同时，苏联驻东欧各国陆军、海军、空军、国家安全部、内务部、边防站和海关的军事顾问系统形成了；临近1952年春天，苏联驻东欧各国非军事顾问系统也基本形成。苏共二十大之后，随着1956年匈牙利事件和波兰事件的发生以及东欧各国民族精英力量的加强，苏联驻东欧地区顾问系统开始收缩。

驻东欧各国苏联顾问具体开展了哪些工作和活动？

第一，全面而广泛地收集有关驻在国内政和外交的各种情报并及时向莫斯科汇报，为莫斯科决策服务。比如，1947年6月，被联共（布）中央委员会对外政策部门派往捷克斯洛伐克的 П. В. 古利亚耶夫给莫斯科发回了一份有关捷克斯洛伐克局势的详细分析报告，报告指出捷克斯洛伐克共产党人无力掌控国家机关，这一情报引起了苏联最高层领导人的极大不安。而诸如此类的情报从东欧各国不断地汇集到莫斯科，再加上西欧发生的一连串令苏联领导人始料不及的重大政治事件和其他因素的影响，致使苏联领导人从根本上改变了自己原先的对东欧政策，开始积极地推进东欧各国共产党采取激进的斗争方式解除联合政府、建立共产党的一党专政，同时将苏联的发展模式强加给东欧各国。

---

① ГАРФ，ф. 5446，оп. 53，д. 352，л. 9.

② Kochanski. A. Polska, 1944 – 1991. T. 1. Warszawa. 1996, s. 137, 121, 350etc.; NALEPA E. J. Op. cit., s. 133 – 135.

第二，按照苏联模式积极推进东欧各国建立或者改组东欧各国国家机器，促使东欧各国建立极权主义政治。1945年3月，苏联研究制订了《关于（驻波兰公共安全部的）苏联国家安全部顾问的权力和职责的条例》。① 这个条例规定苏联顾问的任务包括帮助组建波兰公共安全部机关、警察机关、内卫部队、边防站、侦察机关、特务机关和侦训机关。1949年，东欧各国国家安全部门成为苏联顾问的一个主要活动领域；1949年秋天，苏联国家安全部成立了一个局，这个局专门负责"帮助各人民民主国家的安全机构"，境外的情报从境外的顾问们那里源源不断地汇集到这个局。顾问们直接参与了东欧各国安全机构的建立，直接将苏联强力部门的活动机制和工作方法移植到东欧各国。在苏联顾问的帮助下，东欧各国都改组了内务部。在匈牙利和捷克斯洛伐克，国家安全机构分立出来成为一个独立的苏联模式的政府部门。

在冷战不断加剧的形势下，保卫国家边界安全是东欧各国共产党政权关注的焦点之一，也是苏联领导人比较重视的一个问题，因而东欧各国军队成为苏联顾问的又一个重要活动领域，因而1950—1951年就有大批苏联军事顾问被派驻到东欧各国军队。当时，莫斯科决定：苏联的将军和高级军官担任东欧各国军事部长、总参谋长及其下属各局局长、各大军事院校、各兵种、各军种、各集团军、各军和各师的指挥官的顾问。顾问们不仅帮助驻在国解决诸如军队的建设、管理、装备和训练等纯粹的专业问题，而且还负责监督各级军官、特别是高级军官的政治倾向。苏联领导人特别关注这类情报，比如1950年1月，苏联驻罗马尼亚国防部总军事顾问 К. С. 科尔加诺夫将军通过苏联武装力量总参谋部向斯大林呈交了一份报告，报告汇报了某些罗马尼亚将军的立场问题，报告的结论指出：罗马尼亚工人党中央书记处"没有按计划地和具体地关心和操持军队"；军队需要充实政工干部，将"年轻的、有能力的和忠诚的人"提拔上来，最好是将中校提拔上来取代将军。随着大批苏联顾问进驻东欧各国军队，东欧各国军队中的

---

① ГАРФ, ф. 9401, оп. 2, д. 93, л. 246; д. 103, л. 108—111; НКВД и польское подполье, 1944—1945 гг. (по《Особым папкам》И. В. Сталина). М. 1994, док. 23.

大批军官遭到了清洗，很多参加过"二战"的东欧各国职业军官被迫退伍并受到了不同程度的迫害。

第三，严密监视驻在国领导人的政治倾向，坚决清除有碍推行苏联模式的东欧各国共产党领导人。1948年5月，驻保加利亚苏联总军事顾问彼得鲁舍夫斯基中将向苏联国防部长尼·亚·布尔加宁汇报了关于保加利亚党的高层领导人的思想情绪。彼得鲁舍夫斯基的这一情报是从保加利亚将军 И. 基诺夫那里得来的。И. 基诺夫曾经在苏联军队服役20年，担任过中校，后来成为保加利亚军队的将军，他在同苏联顾问讨论苏南冲突问题的时候表示：保加利亚工人党领导人中有一批人对苏联在保加利亚解放事业中的作用评价不高，这些人是保加利亚工人党中央委员会书记科斯托夫、内务部部长尤戈夫和财政部部长斯特凡诺夫。彼得鲁舍夫斯基阐述了他本人对于保加利亚形势的观察："……5月1日以相当引人注目的方式展示了铁托的亲和力……扑入视野的是无数的铁托画像……居然有一个单位举着铁托的画像走在了斯大林同志的画像的前面。"① 莫斯科非常重视彼得鲁舍夫斯基的这份情报，12月7日，当苏联和保加利亚两国领导人在克里姆林宫会晤的时候斯大林对保加利亚领导人提出了对科斯托夫和尤戈夫不信任的问题。不久，科斯托夫和尤戈夫等人就厄运临头了！

在冷战加剧的背景下，苏联领导人不会容许东欧各国游离于苏联的指挥棒之外，但凡敢于尝试走本民族特色道路的东欧各国领导人必然会受到镇压，而上述驻保加利亚苏联总军事顾问彼得鲁舍夫斯基发回莫斯科的有关科斯托夫等人的情报则对此起到了比较重要的作用。

苏联顾问被派驻东欧各国，在实现了苏联领导人全面监督和完全控制东欧各国的目的的同时，成功地将苏联斯大林社会主义模式移植到了东欧各国。在移植初期，这一模式曾在一定程度上促进了东欧各国的经济和社会发展，但是随着时间的推移，这个模式所固有的弊端日渐淤积却又得不到及时

---

① Архив Президента Российской Федерации. Ф. 3. Оп. 64. Д. 279. Л. 50；Исусов М.：Последната годината на Трайчо Костов. София. 1990. C. 77.

有效的清除和消解，最终使这一模式及其诞生地——苏联一道寿终正寝，使这一模式的移植地——东欧各国发生了历史剧变，高度的同质性使苏东剧变多米诺骨牌效应得以爆发！

作者单位：中央编译局俄罗斯研究中心

苏联联邦制的问题与缺陷

刘显忠

1922年12月30日,俄罗斯苏维埃联邦社会主义共和国与乌克兰苏维埃社会主义共和国、白俄罗斯苏维埃社会主义共和国、外高加索苏维埃社会主义联邦共和国组成苏联。苏联的成立虽保证了这几个独立共和国在联盟内的平等地位,但苏联的联邦制一开始就存在一系列的问题和缺陷。正是这些问题和缺陷始终没有得到很好的解决,为苏联的解体埋下了隐患,成了苏联解体的重要因素。

首先,联盟方案保证的只是几个联邦主体地位上的平等,而不是各民族的平等。

1922年12月30日成立的苏联,一方面承认了民族共和国存在的权利(如乌克兰和白俄罗斯),另一方面又保留了俄罗斯苏维埃联邦社会主义共和国、外高加索苏维埃社会主义联邦共和国。苏维埃政权建立之初颁布的《俄国各族人民权利宣言》(1917年11月15日)是要保证国内各民族人民无一例外地享有平等、主权、自由自决及自由发展的权利。而苏联的联邦制只允许四个联邦主体,即四个共和国的平等地位,也不是各民族的平等。而且苏联的联邦制,对面积占联盟的90%、人口为联盟的72%的俄罗斯苏维埃联邦社会主义共和国的以"自治化"为基础的联邦制没有考虑到。列宁反对按无疑会伤害乌克兰、白俄罗斯、格鲁吉亚、阿塞拜疆、亚美尼亚民族感情的斯大林的"自治化"计划统一各独立的苏维埃共和国,认为要突出俄罗斯苏维埃联邦社会主义共和国与乌克兰苏维埃社会主义共和国及其他几个独立的苏维埃共和国的平等性,主张俄罗斯将同它们一起平等地加入新的联盟、新的联邦,以争取少数民族的信任。

列宁的构想虽可以保证这几个独立共和国的平等地位，但也同样不能保证各个民族的平等。他在反对斯大林的"自治化"的同时，并没有意识到对作为俄罗斯苏维埃联邦社会主义共和国基础的"自治化"进行改变的必要性，没有意识到按新的原则建立联盟对以"自治化"为基础的俄罗斯苏维埃联邦社会主义共和国造成的可能的冲击。这就使得苏联的联邦制在保证四个联邦主体平等之时，并不能保证多民族的俄罗斯联邦及外高加索联邦内各民族共和国处于平等地位，而是造成了加盟共和国和自治共和国两个等级。由于加盟共和国和自治共和国在权利和地位上的差别，导致了自治共和国纷纷要求变身为加盟共和国。格鲁吉亚不通过外高加索联邦直接加入苏联的要求，就是不甘于自己的自治地位而要将其提高到加盟共和国的水平。不仅格鲁吉亚人有变自治地位为加盟共和国地位的要求，俄罗斯联邦的自治共和国的领导人也意识到，解决这些共和国的经济发展问题最后在很大程度上还是取决于它们的独立程度。他们根据新经济政策所确立的市场关系，提出了赋予俄罗斯的自治共和国以及大州和地区以"共同的苏联联邦内的加盟单位的权利"。

其次，俄罗斯在苏联的地位一直没有得到很好的解决。

在成立苏联时，俄罗斯与其他加盟共和国处于同等地位，但实际上，联盟管理机关与俄罗斯苏维埃联邦社会主义共和国的机关没有分离。在建立联盟时，俄罗斯苏维埃联邦社会主义共和国的最高机关——全俄中央执行委员会、它的主席团、人民委员会以及其他一些机构实际上变成了苏联的中央机关，从俄罗斯一级升为联盟一级。按俄罗斯学者的话说："真正成为前俄罗斯苏维埃联邦社会主义共和国中央国家机关继承者的不是加入联盟的俄罗斯苏维埃联邦社会主义共和国，而是苏联。"俄罗斯联邦也没有像其他加盟共和国一样有自己的科学院、共产党组织、工会、共青团、无线电台和电视台。苏联的这些组织和机构既是联盟的，实际上也成了俄罗斯的。

联盟机关对俄罗斯联邦机关的侵蚀，使俄罗斯联邦的独立性、政治主权大打折扣，代表俄罗斯人的是丧失了民族特征的党的领导人和联盟中央政府。尽管俄罗斯人在苏联处于主体民族的地位，在俄罗斯及联盟的各个机构中也都是俄罗斯人占多数，但这种联盟管理机关与俄罗斯联邦机关不分离的状况，一方面使俄罗斯成了供养其他共和国的"奶牛"；另一方面，联盟中央、党中央对各加盟共和国利益的损害，往往被其他民族指责为"大俄罗斯沙文主义"，又使俄罗斯承担了联盟中央、党中央的罪责。殊不知俄罗斯同样也是集权体制的受害者。俄罗斯在苏联所处的这种地位并不能真正令俄罗斯满意。1949年列宁格勒案件的参加者讨论建立俄罗斯联邦共产党及把俄罗斯苏维埃联邦社会主义共和国政府迁到列宁格勒，就是这种不满的一种表现。1991年俄罗斯率先甩包袱，实际上也与俄罗斯在苏联的特殊地位有关。用当今一位俄罗斯历史学家的话说："俄罗斯族人自己并没有把苏联看成自己的民族国家。"

第三，兼具邦联制和单一制特点的联邦制带来的问题。

1922年12月30日成立的苏联，就中央和地方的关系来看是联邦制，但它的联邦制并不是纯粹的联邦制，而是兼有邦联制和单一制的特点。

它的邦联制特点，是在苏联的宪法中一直都为联邦成员保留了自由退出联盟的权利（第4条）。而在真正的联邦制下，联邦成员拥有的不是退出联邦的权利，而是真正的自治自由和有宪法及政治保证的解决自己内部事务的现实可行的机会。虽然赋予了联盟成员退出权，但在很长一段时间内，无论是宪法还是法律始终都没有对把这一权利变成现实的机制作出详细规定（1990年才有了《退出苏联程序法》），这就使这一权利化为乌有。但这一权利的存在在某种程度上为苏联的解体提供了法律上的依据。

它的单一制特点主要表现为党的集中统一领导。苏联是在国内唯一的政党——布尔什维克党领导下的社会主义联邦。而布尔什维克党是个集中统一的党，各共和国共产党组织完全服从于党中央。如1919年3月俄共（布）第八次代表大会关于组织问题的决议规定，乌克兰、白俄罗斯、拉脱维亚、立陶宛是独立的苏维埃民族共和国，但绝不是说"俄国共产党也应当是在各独立的共产党联邦基础上建立起来的"，"必须有一个统一的集中的共产党"，因此，乌克兰、白俄罗斯、拉脱维亚、立陶宛苏维埃共和国的共产党中央委员会只享有党的省委员会的权利,并完全服从于俄国共产党中央委员会领导。党内有些人已经意识到这一点,格鲁吉亚的Ф.马哈拉泽在1923年的俄共(布)十二大上就指出:"人们在这里谈论独立,谈论自主的苏维埃共和国。大家都清楚,这是什么样的自主性,是什么样的独立性。要知道,我们有一个党,一个中央机关,中央机关最后要为各个共和国,甚至是最小的共和国无条件地决定一切。"

长期不成立俄罗斯共产党也就是要保证一个集中统一的党,斯大林认为成立俄罗斯共产党将"有可能导致党以联邦制的形式分裂"。1936年的苏联宪法第一次从法律上确定共产党在政治体制中的地位和作用,从宪法上确立了党对政权的领导和垄断地位。在具体实践上,1934年1月联共(布)第十七次代表大会决定加强对国民经济建设和文化教育的集中领导,加强党对政府部门的直接领导和控制。斯大林在他管辖的党的中央机构及下级党的机关中设立领导生产建设和教育工作的机构。最初,在联共(布)中央设立了工业部、农业部、交通运输部、计划财政和贸易部、文化部、学校工作部,而在各加盟共和国党中央、省、市和区的党组织领导机关也设立了相应的机构。后来,从联共(布)中央到各加盟共和国和地方党组织领导机关,设立的部门越来越多,以至于政府机关有什么部,党的机关也有什么部。这更加强了党对各加盟共和国在各个方面的控制,使得苏联联邦制的单一制特点进一步强化。而单一制特点的不断强化有违联邦制的基本原则,导致各联邦主体的不满。

第四,按民族特征建立的民族联邦本身不利于联邦制国家的巩固。

苏维埃社会主义共和国联盟,是按民族特征建立的民族联邦,这种联邦本身存在致命的缺陷。苏联按民族特征建立共和国、自治州,进行民族区划,虽保证了各少数民族的自治权,但也导致了少数民族自我意识的觉醒,民族主义情绪增强。这一方面表现为有些新成立的民族共和国和自治州提出修改自己的外部边界以扩大自己的领域范围的问题;另一方面,把某个民族分出来成立独立的民族构成体,促使其他民族也产生了类似的要求。在1925年11月俄共(布)中央组织局《关于民族共和国和州的苏维埃建设》的报告中说:"现在,雅库特的通古斯人、奔萨省的莫尔多瓦族、滨海省的卡累利阿人都有变成自治单位的要求。"而民族主义情绪的滋生,又导致了中央以地方民族主义为借口,在 20 年代末及 30 年代采取不正常的形式进行大规模的反民族倾向主义的斗争。

综上所述,苏联民族问题长期得不到很好的解决,并不能简单地说是斯大林歪曲了列宁在民族政策方面的民族原则,也不像有的学者所说的是斯大林没有尽早结束从联邦制到单一制的过渡。而是因为革命后在帝国废墟上建立的苏联,尽管国家的领导人力求建立一个能够把各民族团结在一起的全新的国家,实际上在制度设计上并没有作到制度创新,没有建立起一个以民权为基础的现代意义上的国家,而是逐渐回归了帝国传统。帝国时期存在的问题在苏联时期仍旧存在,没有得到解决,为苏联的最终解体埋下了隐患,这是苏联解体的一个重要原因。

作者单位:中国社科院俄罗斯东欧中亚研究所

二十年后看戈尔巴乔夫

彭晓宇 编译

2011年3月2日是米哈伊尔·谢尔盖耶维奇·戈尔巴乔夫80岁生日。在生日前一天,他接受了俄罗斯和国外多家报纸的访谈。本文将访谈内容进行了综合整理,以使读者了解当今俄罗斯社会在苏联解体二十年后对戈尔巴乔夫执政和改革所持的主要看法。

在访谈过程中,戈尔巴乔夫尖锐地批评了目前俄罗斯的形势,评论了最近的世界大事。这位苏联时代最后一位领导人,仍然在解释苏联失败是谁的错。戈尔巴乔夫认为他没有机会把改革进行到底,他是被打败了:"改革的图景已经出现。新条约就等着签署。就在那时有人叛乱了。而结果是给叶利钦的冒险开辟了道路"。他相信,苏联是可以保留下来的。"为了保住苏联我战斗到'最后一颗子弹'。经常有人问我'不能逮捕别洛韦日那些人吗?'是的,不能。因为军队、社会和媒体都已经分裂了。"戈尔巴乔夫承认苏联的改革应该开始得更早些。他总结了三个主要错误。第一,不应该修改宪法。修宪使各共和国拥有了自决权、甚至独立权。第二,应该改革党,改成分别独立的共产党、社会民主党和保守党。第三,当时全国各地捉襟见肘的时候,应该拿出1000万—1500万美元,而且首先应该从军队拿。

一、俄罗斯政党和学界对戈尔巴乔夫被授予"圣徒安德烈"勋章反应不一

在戈尔巴乔夫生日当天,俄罗斯总统梅德韦杰夫授予他"圣徒安德烈"勋章。

圣徒安德烈勋章是彼得一世在1698—1699年设立的，是俄罗斯帝国的最高勋章，1917年勋章被取消，1998年7月1日得以恢复，主要颁发给俄罗斯联邦国务和社会活动家和其他为俄罗斯联邦的繁荣和富强有特殊贡献的人。

俄罗斯各政党和政治家对授勋的反应各不相同。

自由民主党对这个决定表示惊讶。自由民主党党团主席日里诺夫斯基说，戈尔巴乔夫是苏联文明的毁灭者。副主席马克西姆·罗赫米斯特洛夫很不理解："为什么给他最高的勋章？因为他毁了一个帝国？他领导俄罗斯的时候，俄罗斯失去了在世界上的重要地位，他还瓦解了可以对抗北约的军事联盟。"

俄罗斯共产党则认为，为戈尔巴乔夫授勋是一种侮辱。俄罗斯共产党中央副主席、杜马议员谢尔盖·奥布霍夫说："全体人民都会因这个勋章而感觉到侮辱，一个毁掉了统一强国的人，居然被授予最高勋章。"俄罗斯共产党第一副主席伊万·梅利尼科夫说："在20世纪历史上，没有人比戈尔巴乔夫给国家造成的损失更大。他践踏了整整几代人所为之奋斗、几十年争取、许多人付出了生命的东西。随着时间的推移，在人们给这个人物的所有标签和定性中，只会有一个最主要的留下来，这个人会被人想起、并且一直与他相伴的词就是'叛徒'。"

统一俄罗斯党人认为，后人会对戈尔巴乔夫的历史作用做出更加客观的评价。国家杜马副议长、统一俄罗斯党党员奥列格·莫罗佐夫说："一些人会因为戈尔巴乔夫的行为结果而恨他，还有很大一部分人认为，是他奠定了当代俄罗斯国家的基础，带来了时代的更替"，莫罗佐夫认为，国家元首授予苏联前总统最高级别的俄罗斯勋章，是对戈尔巴乔夫的行动作出了评价，"我认为，总统这样做是有理由的"。

统一俄罗斯党第一副主席梁赞斯基说，戈尔巴乔夫是优秀人物，"未来的历史会更加客观地评价他"。他认为，戈尔巴乔夫的功绩是打破了原有制度、试图把苏联的计划经济转向到市场经济轨道。但是，他认为，对于这么大规模的改革，"没有考虑到所有可能的后果"。

公正俄罗斯党第一副主席奥克萨纳·季米特洛娃也认为，戈尔巴乔夫的历史作用很重要，整体上是值得肯定的。季米特洛娃认为，戈尔巴乔夫配得上这个奖章,"是戈尔巴乔夫为我们带来了公开性和民主"。"当然,很遗憾一个大国垮掉了。但错的不是戈尔巴乔夫一个人。"

有的专家们认为,这个奖章是国家层面对戈尔巴乔夫成绩的承认。

政治学家德米特里·巴多夫斯基认为,为戈尔巴乔夫授勋是为了调和对他的各种不同看法。在总统梅德韦杰夫的发言中,可以看出对戈尔巴乔夫矛盾的评价。总统说管理国家是一个艰难的工作,但人们对这项工作的评价各不相同。这说明政府也明白社会上存在的不同看法。所以这个奖章是一个解决方案,来调和这些不同看法。巴多夫斯基还认为,一般来说,圣徒安德烈勋章都是授予那些社会和文化人士的。授勋给戈尔巴乔夫,一方面是要表明戈尔巴乔夫的作用和他在国家元首职位上的辛苦工作,另一方面,是要突出这个奖章的社会性和人文性。

二、戈尔巴乔夫在普通民众中越来越被淡化

过去的十年中,普通俄罗斯人对这位前国家元首的态度发生了一定变化。在戈尔巴乔夫生日前夕,全俄社会舆论研究中心进行了一项民意调查,调查的内容是,俄罗斯公民如何看待这位前领导人、他有哪些功绩和错误。

调查结果显示:对戈尔巴乔夫表示反感(从2001年的30%降到了2011年的20%)和厌恶(从9%降到了5%)的人减少了。而同时,好感(16%下降到了5%)和尊敬(从15%降到了10%)也降低了。占调查比例最高的,是无所谓(从25%上升到47%)。

大多数俄罗斯人说很难评价戈尔巴乔夫执政时期的正面因素。作为他的功绩之一,大家经常提起的是国家改革:实行民主自由(10%)和给予经营活动自由。还有5%的俄罗斯人提到了结束冷战。

大多数人更容易想起戈尔巴乔夫时期的不好。大部分受访者提到了苏联的解体(31%)。还有人提到了国家衰退(5%)、秩序混乱(3%),票证制度、把国家出卖给西方、不能把自己开始的行动进行到底(2%)和失业增加(1%)。

对戈尔巴乔夫时期最有分歧的评价是改革和反酗酒运动:一些受访者认为,这是他执政时期的成绩(4%),另一些人则认为这些让人回忆起那个时代的坏处(分别是4%和7%)。

三、西方主要媒体对戈尔巴乔夫持赞赏态度

世界各主要报纸《华盛顿邮报》、《纽约时报》、德国《画报》、瑞士的法文报纸《时报》、奥地利《标准报》都在戈尔巴乔夫生日之际发表相关文章。尽管他所推行的改革总是让人联想到财政赤字、买食品时长长的队伍和沉重的经济改革,但在西方,他被看做是和平的缔造者。西方媒体认为他做得恰如其分,是因为他表现体面,急流勇退,还敢于批评普京并忠实于自己的"理想"。

专家们认为,西方社会和俄罗斯对他的态度截然不同是因为在许多人看来,西方赢得了冷战,而苏联失败了。

译者单位:中央编译局俄罗斯研究中心

未完成的革命

——匈牙利学者对 1989 年剧变等问题的再认识

黄立茀　刘　凡

2011 年 6 月 18 日—7 月 9 日，中国社会科学院世界历史研究所黄立茀研究员与刘凡博士对匈牙利进行了学术访问，与匈牙利科学院历史研究所、匈牙利科学院经济研究所、匈牙利卡尔文纽斯大学冷战史研究中心、匈牙利政治历史研究所，以及匈牙利国立罗兰大学俄罗斯中心、该大学人文系东欧史教研室等多家学术机构进行了交流，就匈牙利学术界当前关注的热点和前沿问题进行了探讨。匈牙利学者基于现实关怀，利用解密历史档案，从新的视角，对 1956 年事件性质和对 1989 年剧变提出了新的观点。

一、对 1956 年事件性质的再探讨：沉重的经济形势将为事件的评价蒙上功利色彩

2011 年是 1956 年事件 55 周年，匈牙利国家将隆重纪念这一事件，学者对事件性质的兴趣又起。以往认为，1956 年事件在政治上具有特殊的意义，也是进行政治博弈、争取群众和占领政治制高点的有力筹码。在这次学术访问中，匈牙利学者提出了与以往全然不同的新的分析视角：目前对该事件性质的评价主要受经济利益的影响。匈牙利罗兰大学俄罗斯中心主任、匈牙利俄罗斯友协主席斯瓦克·朱利叶斯教授，该大学人文系东欧史教研室主任、《Eszmelet》杂志主编克劳斯·塔马斯教授认为，2000 年以前匈牙利是社会民主党（昔日共产党）执政，该政府一方面由于主张全球化资本主义，另一方面由于是前共产党，与俄罗斯关系修好。而 2000 年选举中上台的"青年民主主义者—匈牙利公民联盟"则由于

主张民族资本主义和在经济管理中增强国家的作用,购回已出售给俄罗斯企业的匈石油和天然气进出口公司的股份,损害了俄罗斯公司的经济利益,得罪了俄罗斯。两位教授指出:"在后金融危机时代,新政府面对沉重的经济形势,急切地希望得到贷款缓解经济困难,在购回匈牙利石油股份,已与俄罗斯关系出现龃龉的背景下,青年民主主义联盟政府不能再指望从俄罗斯得到贷款,因而转向与中国政府拉近关系,企望从中国得到贷款。因此,在评价事件时,预计将主要不是强调政治民主方面的意义,而是在谴责苏联军队入侵,维护民族独立的方面无所顾忌——对1956年事件性质的评价将涂上现实经济功利的色彩。"

二、对东欧国家转型的新认识:1989年剧变是未完成的革命,是伪革命

在访问中多位匈牙利学者强调,应该在对1956年事件性质认识的基础上理解1989年剧变。通常的观点认为,1989年革命是1956年运动的继续,是完成了1956年运动未完成的事业,是一场终结斯大林集权社会主义体制、民主的、民族独立的资产阶级的革命。但是,目前不少学者认为匈牙利种种现实情况与1989年革命的目标相矛盾,因而使1989年革命的目标是什么,显得愈益模糊。

匈牙利科学院历史研究所副所长阿提拉·波克说:"如果说1989年革命是反对社会主义的资产阶级革命,但是直至2010年,前共产党一直执政,因此,人们质疑1989年只是伪革命。"波克向我们介绍了美国学者詹姆斯·马克的新作《未完成的革命——昔日中东欧共产主义解读》(The Unfinished Revolution: Making Sense of the Communist Past in Central-Eastern Europe, Yale University Press)一书,援引书中的观点说明自己的看法。他说,"之所以认为匈牙利1989年的转型其实仍是一场'未完成的革命,或是伪革命',是因为在1989年转型以后,前共产党人重又掌握国家政权,以前的政府官员在经济领域和政府部门中的势力不断加强。这种局面激发了人们对1989年的协商转型进行严厉的批评,批评新的领导人允许以前的共产党人和官员继续留在政治体系中,因此,'完成革命'的呼求不断增强。"波克等匈牙利学者进一步指出,由于社会党腐败,在2000年选举

中败北下台，1989年"革命"才刚刚完成。他们说："虽然2000年的选举不是一场轰轰烈烈的群众运动，没有流血和冲突，但是真正终结了前共产党人的执政，因而称得上是一场'真正的革命'。"

匈牙利政治历史研究所研究员米克罗斯·米特洛维奇则全然反对这种观点，他认为，并不因为前共产党下台，1989年的革命就完成了。他说："如果1956年运动和1989年革命的目的，是维护民族独立，1989年以后虽然苏联被赶走了，但是欧盟又来了，过去匈牙利是受莫斯科控制，而1989年后匈牙利一直要看布鲁塞尔脸色行事。"匈牙利科学院经济研究所研究员玛丽亚·乔纳蒂也持这一观点，匈牙利新闻法的通过和修改，典型地说明了这个问题。2011年1月1日，匈牙利通过了一部严厉的新闻法，根据这项法案，政府将成立一个由多位执政党成员组成的"全国媒体及通讯委员会"，负责管理广播、电视、报刊、网络等媒体的新闻报道。这个媒体委员会主要监督新闻报道是否符合公众利益、涉及国家安全，对于违反规定的新闻机构将处以重罚，其中平面类及网络类媒体的罚款金额将可能高达9万欧元，广播类媒体违法罚金则可能超过70万欧元。该法也适用于国外媒体，对违反该法案的外国媒体最高可处以2亿福林（当时币值约合660万人民币）的罚款。新媒体法通过以后，欧盟对之进行了严厉抨击。由于群众不满和欧盟的强大压力，2月份匈牙利政府对新媒体法进行了修改：大大削减了国家对匈牙利媒体监督的范围，对新闻报道的审查将仅限于广播，此外，新媒体法不再适用于外国媒体。

米克罗斯·米特洛维奇强调，"匈牙利制定何种媒体法，是匈牙利国家自己的事情，抛开媒体法修改什么内容不说，在欧盟的压力下进行修改这一行动本身说明，匈牙利仍然在欧盟的控制之下。这与1989年革命追求民族独立的目标相悖。"

米克罗斯·米特洛维奇还强调，"如果1989年革命的目标是民主革命，那么，现在建立的不是民主政权，是资产阶级的专政，而且是资产阶级右翼的专政，匈牙利新闻法和2011年的修宪就说明了这一问题。"米克罗斯·米特洛维奇向我们介绍，2010年12月30日匈牙利国会通过了新闻法的法案，当天夜间，布达佩斯爆发了大规模的示威活动，许多市民和大学生走上街头，质疑新法案中的关键条文：何谓"不符合公众利益"、"涉及国家安全"？由于法案对此没有明确具体的规定，只能是"媒体委员会"说了算。但是，他们能公平公正地裁定吗？群众对此感到担忧。而"新政府无视群众的强烈反对，坚持2011年1月1日新闻法生效，这难道是民主吗"？米克罗斯·米特洛维奇还介绍了新宪法。2011年4月25日施米特总统签署了名为《基本法》的新宪法，新宪法将于2012年1月1日起正式生效。匈牙利现行宪法制定于1949年，1989年10月的宪法修正案对其进行了重要修改，而这次修宪，青年民主主义联盟政府以自己的价值观改造宪法，至少在三个方面违背了民主原则："第一，新宪法中特别强调基督教的价值观，将其作为匈牙利历史和文明的基础，这对那些并不认同基督教价值观的族群是不公平的。第二，新宪法扩大了政府和总理的权力，损害了以'三权分立'为原则的民主制度的基础。第三，新宪法的制定程序不民主，新宪法文本的草拟没有反对党的参与，完全由执政党青民盟一党独立完成。"许多学者指出，正是由于新宪法存在上述违反民主原则的问题，其被通过引发了匈牙利群众的强烈质疑，在4月18日国会正式投票表决前三天，近万名匈牙利民众举行"反对专断的制宪活动"的抗议活动，但是，新政府倚仗在议会中拥有2/3多数席位仍然强行通过了新宪法。

我们访问的几乎所有匈牙利学者都对新媒体法、新宪法被强行通过和生效表示强烈不满，他们认为，这两个行动说明，"新政府可以凭借在议会中占2/3的绝对多数，如同过去的专制政府一样，达到自己的任何目标"。米克罗斯·米特洛维奇说，执政党青年民主主义联盟多数不仅强行通过新闻法、新宪法，"而且其上台以后，在许多大学研究机构中撤换了批评右翼的领导，同时，在媒体中不允许抨击右翼的言论发表，这是典型的资产阶级右翼专政"。综上所述，他们认为"1989年革命追求的匈牙利民族独立、民主的目标没有实现。革命的目的是什么？愈益模糊。因此1989年只是伪革命，1989年迄今为止的转型，仍是没有完成的革命"。

作者单位：中国社会科学院世界历史研究所

《20 世纪俄国史》前言

安·波·祖波夫 著 郑异凡 译

这是由 40 多位国内外学者撰写的历史。我们有明确的任务，阐述 20 世纪俄国人民的生活和道路的真相。1927 年著名历史学家尼古拉·戈洛文将军问尼古拉·尼古拉耶维奇大公："如何书写俄国？"大公回答说："只有我们真实讲述俄国，只讲真相的时候，俄国才能得到解放。"俄国诗人弗拉季斯拉夫·霍达谢维奇说过："真理不能是低下的，因为没有东西高于真理。"这就是本书的立脚点。

我们的出发点是，正如人的任何创造一样，历史不仅要记载事实，而且要记载对这些事实的道德思考。善和恶不能不作价值评价地混在历史叙述之中。我们认为，最高价值不是土地，不是国家，而是人，活生生的个人。人们创造国家。在人遭受磨难，生活糟糕，不能像样地教育孩子、教他们懂得正义和善良，在他们被剥夺财产甚至生命的地方，我们必须说这是历史的失败，是生活的倾覆，是民族的悲剧。不过我们也相信，历史的悲剧不会凭空而来，人对善恶的选择决定了自己未来的幸福或痛苦。在这一点上民族与个人没有区别。只是前者的选择是集体作出的。

20 世纪的俄国是分裂的，到现在也没有统一起来。1917—1922 年的国内战争是同室操戈，然后俄国的一部分，在很多方面是优秀的、最负责任的、有文化的、善于思考的那一部分离开或者被驱逐出境。出现两个俄国——国外的和国内的。因此从国内战争开始我们讲述的不是一个俄国，而是两个俄国——不讲国外的俄国，俄国社会就不是完整的。一个俄国生活在"罕见的自由之中"，但没有土地；另一个俄国生活在自己的土地上，但没有自由。

这里还有第二种分裂。社会和政权的分裂。留在国内的并非所有的人都容忍共产主义制度，这种制度在"十月"之后在历史上的俄国大部分地区确立了下来。俄国再次一分为二——有人追随政权、共产主义制度，有人反对共产主义政权，自觉不自觉地违抗其意志。因此我们对社会的历史、人民的历史、人民的情绪所给予的关注并不亚于政权和国家的历史。

在历史中，数量和影响之间没有硬性联系。有时一个人能够改变千百万人的命运，为数不多的人可以使大多数人从善或从恶。同俄国国内的人相比侨民人数不多，有时仅有数百人，至多也只是几千人同制度进行自觉的斗争，但对他们的事业和思想应当像对待多数人民的行动那样予以注意。因此在本书中可以看到专门的章节，讲述俄国人争取自己和自己的同胞的自由、反对专制制度的斗争。

最后，我们的任务是使俄罗斯历史回归人和历史事实，使不写人的对"客观过程"和"动力"的描述重新变成人和事实的历史。我们力求把历史写成人的历史，而不是过程和力量的历史。

译者单位：中央编译局俄罗斯研究中心

中央编译局俄罗斯研究中心简介

中共中央编译局俄罗斯研究中心于 1999 年 11 月 3 日正式成立，是中共中央编译局最早成立的局属非实体、非营利性的学术研究协调组织之一。创办人和第一任主任为原副局长李兴耕，第二任主任为局原秘书长张海滨，第三任主任为局秘书长杨金海，现任主任为徐向梅研究员。俄罗斯研究中心的日常事务最初由中央编译局世界社会主义研究所负责管理。2011 年因机构调整，俄罗斯研究中心的日常事务转由世界发展战略研究部负责。现中心成员以世界发展战略研究部国际发展研究处同志为主，还吸收了本局马克思主义研究部、马列著作翻译部、中央文献翻译部和马列主义文献信息部从事相关问题研究和翻译的部分同志。

中心宗旨是依托和整合中共中央编译局俄罗斯问题研究及编译方面的力量，广泛联系国内外相关学术机构及研究人员，从事有关俄罗斯兼及中东欧和中亚历史与现状问题的研究，重点是当前俄罗斯政治、经济、社会领域中的重大现实问题及政党、思潮、流派的理论与实践，为中央决策机构服务。

中心成立以来主要开展了以下工作：

（一）国际国内学术交流

中俄经济社会发展比较论坛是由中共中央编译局和俄罗斯圣彼得堡大学联合创办的国际学术交流平台，合作具体事宜由我局俄罗斯研究中心负责协调和组织。目前论坛已经形成中俄双方的长期合作机制，从 2003 年至今已分别在中俄两国举办十一届国际会议，针对中俄两国社会、政治和经济发展的重要问题进行深入探讨。

第一届，2003 年 11 月在中央编译局举行，主题是：《市场经济与公民社会》；

第二届，2004 年 6 月在圣彼得堡大学举行，主题是：《市场经济与社会公正》；

第三届，2004 年 11 月在南京师范大学举行，主题是：《政治改革与社会稳定》；

第四届，2006 年 10 月在圣彼得堡大学举行，主题是：《俄中社会政治发展模式比较》；

第五届，2007 年 11 月在山东大学举行，主题是：《社会转型与政党的变迁》；

第六届，2008 年 10 月在圣彼得堡大学举行，主题是：《中俄社会分化及其政策有效性》；

第七届，2009 年 10 月在天津师范大学举行，主题是：《多民族国家民主政治建设中的政治稳定问题》；

第八届，2011 年 5 月在中央编译局举行，主题是：《民主与现代化——有关 21 世纪的挑战》新书发布会暨"多民族社会的民主制度"国际学术研讨会；

第九届，2011 年 11 月在圣彼得堡大学举行，主题是：《俄罗斯与中国现代化的比较分析》；

第十届，2012 年 10 月在中国青年政治学院举行，主题是：《全球化背景下的中俄青年问题》；

第十一届，2013 年 10 月在圣彼得堡大学举行，主题是：《社会发展与生态文明》。

参加论坛的包括中国、俄罗斯、美国、日本、德国等许多国家的知名学者，以及部分政界和社会人士。论坛在国内外产生良好的社会影响。其中 2011 年 5 月的第八届论坛——《民主与现代化——有关 21 世纪的挑战》新书发布会暨"多民族社会的民主制度"国际学术研讨会，被作为重要学术事项在当年秋季的俄罗斯雅罗斯拉夫尔总统论坛上做了专题介绍。

此外我中心还独立或与国内其他学术单位联合举办了多次学术研讨会，针对苏联历史问题、俄罗斯当前形势进行深入探讨。比如：

2000 年与中央党校党建研究部召开两次关于俄罗斯国家杜马选举的讨论会；

2001 年 6 月，与上海华东师大俄罗斯研究中心在上海联合举办"俄罗斯社会转型学术研讨会"；

2002 年 12 月，在编译局主办"普京时代的俄罗斯"学术研讨会；

2007 年 9 月，与南京师范大学及中国社会科学院马克思主义研究院在南京联合举办了"十月革命与东方社会主义"国际学术研讨会；

2007 年 10 月，与北京大学国际关系学院、北京市共运史学会在昌平联合举办"从十月革命到中国特色社会主义道路——纪念十月革命 90 周年"学术研讨会；

2013 年 9 月，在编译局主办"《苏联史》新书发布会暨苏联历史重要问题研讨会"；等等。

与此同时，中心经常邀请一些国外知名学者和政治家来我局访问并作学术报告。如：俄罗斯著名学者罗伊·麦德韦杰夫、亚·布兹加林、弗·伊诺泽姆采夫等。

中心还不定期举办中心成员内部科研成果汇报交流会，互相通报各自的研究领域、成果以及相关信息，并对苏联历史问题、叶利钦和普京时代的俄罗斯政治、经济与社会问题交流看法。

中心不定期邀请俄罗斯专家与中心成员共同举办俄语沙龙，目的是提高中心研究人员的俄语交流水平，加强信息沟通。俄语沙龙至今已成功举办近 30 场。

(二) 出版期刊

俄罗斯研究中心在 2000 年曾经编辑出版 5 期《俄罗斯研究信息》内刊,后因经费问题停刊。2010 年,在中央编译局社科基金和东方历史学会(北京)的大力支持下,中心决定重新启动这项工作,开始不定期组织编辑出版内部杂志《俄罗斯研究信息》。

《俄罗斯研究信息》长期辟有热点聚焦、政党政治、社会经济透视、中东欧观察、历史之窗、信息园等栏目,及时反映俄罗斯以及中东欧和中亚国家当前政治、经济和社会发展的最新动态以及学术研究动态,以及苏联历史研究的一些新材料和观点。为这个刊物撰稿和提供资料的除了我局的研究和翻译人员外,还有国内外学术研究机构及高校的专家学者和翻译工作者。

《俄罗斯研究信息》每期 2.6 万字左右,从 2010 年至 2013 年底已编辑出版 34 期,近 90 万字。杂志以内部赠阅方式发行,赠阅范围涵盖中央政策研究室、国务院研究室、中联部、外交部等中央国家有关部委,中国社会科学院、中央党校和高等院校相关学术单位和学者。《俄罗斯研究信息》出版后受到中央有关部门、学术机构、同行专家学者的好评,目前已成为我中心与国内学术界交流的重要平台。

(三) 学术研究

中央编译局俄罗斯研究中心的工作重点是俄罗斯当代政治、经济、社会问题以及苏联历史问题的研究和重要文献译介。

下面是我局科研人员近年有关俄罗斯和苏联历史方面的专著、编著和译著(1996 年至今,不完全统计,不含我局人员参加外单位著作):

1.《苏联史》,共 9 卷,2013 年出版 5 卷(郑异凡主编,北京:人民出版社 2013 年版)

2.《雾霭——俄罗斯百年忧思录》(述弢译,北京:社会科学文献出版社 2013 年版)

3.《民主与现代化——有关 21 世纪挑战的争论》（徐向梅、高晓惠、李铁军、彭晓宇等译，北京：中央编译出版社 2011 年版）

4.《苏联真相——对 101 个重要问题的思考》（郑异凡为五位主编之一，北京：新华出版社 2010 年版）

5.《布哈林文选》（郑异凡编，北京：人民出版社 2010 年版）

6.《托洛茨基文选》（郑异凡编，北京：人民出版社 2010 年版）

7.《列宁传》（季正聚著，北京：人民日报出版社 2009 年版）

8.《斯大林传》（戴隆斌著，北京：人民日报出版社 2009 年版）

9.《马克思人学思想的现代解读——弗罗洛夫人道主义思想研究》（姚颖著，北京：中央编译出版社 2009 年版）

10.《二十世纪俄罗斯档案文件》11 卷，（李京洲、赵国顺等译，北京：人民出版社正陆续出版）

11.《托洛茨基读本》（郑异凡编，北京：中央编译出版社 2008 年版）

12.《全球化的边界》（赵国顺、李京洲等译，北京：中央编译出版社 2008 年版）

13.《俄国熊看中国龙——17—20 世纪中国在俄罗斯的形象》（孙凌齐等译，重庆：重庆出版社 2007 年版）

14.《奔向自由》（何宏江、李京洲、赵国顺等译，北京：中央编译出版社 2007 年版）

15.《当代俄罗斯政党》（刘淑春、李兴耕、高晓惠、曲延明等著，北京：中央编译出版社 2006 年版）

16.《由乱而治——俄罗斯政治历程（1990—2005）》（徐向梅著，北京：中央文献出版社 2006 年版）

17.《布哈林论》（郑异凡著，北京：中央编译出版社 2006 年版）

18.《被无知侮辱的思想——马克思社会理想的当代解读》（孙凌齐译，北京：中央编译出版社 2006 年版）

19. 《市场经济与公民社会——中国与俄罗斯》国际会议论文集（俞可平主编，北京：中央编译出版社 2005 年版）

20. 《史海探索》（郑异凡著，合肥：安徽大学出版社 2005 年版）

21. 《俄罗斯银行制度转轨研究》（徐向梅著，北京：中国金融出版社 2005 年版）

22. 《历史性突破——俄罗斯学者论新经济政策》（王丽华主编，北京：人民出版社 2005 年版）

23. 《让历史来审判》（何宏江等译，北京：人民出版社 2005 年版）

24. 《大元帅斯大林》（何宏江、李京洲等译，北京：社科文献出版社 2005 年版）

25. 《赫鲁晓夫回忆录》（张祖武译，北京：中央编译出版社 2005 年版）

26. 《戈尔巴乔夫回忆录》（张祖武等译，北京：中央编译出版社 2004 年版）

27. 《全球化与人类命运》（何宏江、刘燕明等译，北京：新华出版社 2004 年版）

28. 《赫鲁晓夫画传》（邢艳琦著，上海：华东师范大学出版社 2004 年版）

29. 《前车之鉴——俄罗斯关于苏联剧变问题的各种观点综述》（李兴耕、翟民刚、高晓惠等著，北京：人民出版社 2003 年版）

30. 《现代化之路——中国、俄罗斯、东欧国家改革比较》（徐向梅主编，北京：当代世界出版社 2003 年版）

31. 《苏联外交秘闻》（李京洲等译，北京：东方出版社 2003 年版）

32. 《苏联历史档案选编》34 卷本（郑异凡任副总编并担任 5 部分卷主编，戴隆斌、孙凌齐、赵国顺等各任一分卷主编，北京：社科文献出版社 2002 年版）

33. 《俄罗斯思考》（何宏江等译，北京：军事谊文出版社 2002 年版）

34. 《肖洛霍夫评传》（孙凌齐译，北京：中央编译出版社 2002 年版）

35. 《不惑集——苏联历史问题文集》（郑异凡著，沈阳：辽宁教育出版社 2000 年版）

36. 《斯大林模式研究》（李宗禹、郑异凡等著，北京：中央编译出版社1999年版）

37. 《列别德将军》（邢艳琦等译，北京：东方出版社1999年版）

38. 《风雨浮萍——俄国侨民在中国（1917—1945）》（李兴耕、张海滨、徐向梅等著，北京：中央编译出版社1997年版）

39. 《"十月"的选择——90年代国外学者论十月革命》（刘淑春、翟民刚、王丽华等译，北京：中央编译出版社1997年版）

40. 《天鹅之歌——关于列宁晚期思想的对话》（郑异凡著，沈阳：辽宁教育出版社1996年版）

图书在版编目(CIP)数据

俄罗斯问题研究. 2011 / 徐向梅主编. —北京:
中央编译出版社,2014.6

ISBN 978-7-5117-2097-9

Ⅰ.①俄… Ⅱ.①徐… Ⅲ.①俄罗斯-研究
Ⅳ.①D751.2

中国版本图书馆 CIP 数据核字(2014)第 054423 号

俄罗斯问题研究. 2011

出 版 人	刘明清
出版统筹	薛晓源
责任编辑	薛迎春
责任印制	尹 珺
出版发行	中央编译出版社
地 址	北京西城区车公庄大街乙 5 号鸿儒大厦 B 座(100044)
电 话	(010)52612345(总编室) (010)52612336(编辑室) (010)52612316(发行部) (010)52612315(网络销售) (010)52612346(馆配部) (010)66509618(读者服务部)
传 真	(010)66515838
经 销	全国新华书店
印 刷	北京中印联印务有限公司
开 本	787 毫米×1092 毫米 1/16
字 数	270 千字
印 张	17.75
版 次	2014 年 6 月第 1 版第 1 次印刷
定 价	54.00 元
网 址	www.cctphome.com 邮 箱:cctp@cctphome.com
新浪微博	@中央编译出版社 微 信:中央编译出版社(ID:cctphome)

本社常年法律顾问:北京市吴栾赵阎律师事务所律师 闫军 梁勤
凡有印装质量问题,本社负责调换。电话:010-66509618